健美操的

美学特征与编排艺术

傅金芬　著

九州出版社
JIUZHOUPRESS

图书在版编目（CIP）数据

健美操的美学特征与编排艺术 / 傅金芬著 . -- 北京：九州出版社，2020.8

ISBN 978-7-5108-9401-5

Ⅰ . ①健… Ⅱ . ①傅… Ⅲ . ①健美操 – 研究 Ⅳ . ① G831.3

中国版本图书馆 CIP 数据核字 (2020) 第 149170 号

健美操的美学特征与编排艺术

作　　者	傅金芬　著
出版发行	九州出版社
地　　址	北京市西城区阜外大街甲 35 号 (100037)
发行电话	(010)68992190/3/5/6
网　　址	www.jiuzhoupress.com
电子信箱	jiuzhou@jiuzhoupress.com
印　　刷	涿州军迪印刷有限公司
开　　本	710 毫米 ×1000 毫米 16 开
印　　张	13.75
字　　数	225 千字
版　　次	2020 年 8 月第 1 版
印　　次	2022 年 8 月第 2 次印刷
书　　号	ISBN 978-7-5108-9401-5
定　　价	68.00 元

前　言

健美操是一项深受广大群众喜爱的、普及性极强的，集体操、舞蹈、音乐、健身、娱乐于一体的体育项目。长期参与健美操运动，有助于降低体脂、血压，而且能增加肌肉的力量素质和柔韧素质，增强人体的协调性，从而提升人体基本的身体素质能力。健美操属于一种新兴的体育运动项目，主要以身体为载体、以健美为目的、以肢体锻炼为根本、以艺术表现为方式，有机地将体操、武术、舞蹈以及音乐融为一体，也是一项塑造体形美、展示艺术美的体育运动项目。随着社会的发展和人们审美观念的提高，对健美操的审美与编排艺术追求也提到了更高的境界，很多健身俱乐部，单位等为庆祝活动都举办一些大众健美操的表演，比赛，这就涉及健美操的编排，要想编排一套高水平的健美操，除了有健美操的深厚功底外，还要有好的方法和技巧。

基于此，笔者撰写了《健美操的美学特征与编排艺术》一书。全书在内容编排上共设置六章，其中第一章解读了健美操运动的发展历程、分类与特点以及科学原理与健身价值；第二章分析了新媒体视角下健美操发展趋势、新规则导向下竞技健美操发展趋势以及教学改革趋向下健美操发展趋势；第三章探讨了健美操与美学的辩证关系、健美操艺术美的构成要素、健美操的审美属性以及多元艺术视角下的健美操审美；第四章论述了健美操创作编排的重要性、影响因素与原则、过程与方法、构成要素、音乐选择与空间应用以及发展态势；第五章对健美操的竞赛组织与管理进行探究，内容涉及健美操竞赛组织的要求、健美操竞赛裁判规则、健美操竞赛的现场展示以及健美操竞赛的艺术赏析；第六章突出实践性，分别从健身健美操的创新、竞技健美操的创新以及高校健美操教学模式创新三个方面对健美操创新实践与教学模式创新进行研究。

全书结构严谨，内容翔实，通俗易懂，理论结构合理，构成要素完整。本着务实、求新与开拓的精神，在总结、研究、提炼的基础上，准确把握健美操的发展方向，从理论和实践结合的角度加以融合，力求做到全面、科学、实用，以便读者更好地进行各个项目的学习。

笔者在撰写本书的过程中，得到了许多专家学者的帮助和指导，在此表示诚挚的谢意。由于笔者水平有限，加之时间仓促，书中所涉及的内容难免有疏漏之处，希望各位读者多提宝贵意见，以便笔者进一步修改，使之更加完善。

目 录

第一章 健美操运动概述

健美操是以身体练习为基本手段，根据练习者的特点，严格按照全面、协调发展身体的原则组编成操，在音乐的伴奏下，达到增进健康，培养正确体态，塑造美的形体，陶冶美的情操为目的的一种体育项目。本章重点论述健美操运动的发展历程、健美操运动的分类与特点以及健美操运动的科学原理与健身价值。

第一节 健美操运动的发展历程

一、国际健美操运动的发展历程

（一）国际健美操运动发展

健美操的起源可追溯到两千多年前，那时的古希腊人出于朴素的唯物主义观点和乐观主义精神，把身体的健美、力量与生命联系起来，认为世界万事万物之中，唯有健美的人体才是最匀称、最和谐、最庄重、最有生气和最完美的。早在2400年前，古希腊雕刻家米隆塑造了一个显示男子健与美的典型——“掷铁饼者”，这是古希腊人崇尚人体美的历史见证。爱神维纳斯就是当时希腊人心目中最理想的女子健美楷模。古希腊人喜爱采用跑、跳、投掷、柔软体操和健美舞蹈等各种体育项目进行人体美的锻炼，同时提出了“体操锻炼身体，音乐陶冶精神”

的主张，对人体美的崇尚举世闻名。[①]

通过练习起源于印度的瑜伽可以有效调节人体与心灵的平衡。瑜伽的理念在于人与自然的关系，很多动作的灵感来源于天地万物。瑜伽练习可以使人身体完全得到伸展，精神得到放松与恢复，对身体体质和心灵起到有效的均衡作用。健美操早期起源的动作主要包括：站、立、跪、坐、卧等基本姿势，随着健美操的发展，在原有基础姿势上又衍生出一系列健美动作并加入音乐，让健美操变得更加有律动感。现代健美操的形式更加多元化，也更加符合现代人对形体的需求标准。

随着时代的发展，人们摄入营养的变化，现代人与古代人在健身需求上也有所不同，现代健美操因此在20世纪60年代应运而生。现代健美操早期的形成是为了配合宇航员太空训练而做的创新和变革。在原有健美操的基础上融合了音乐以及训练器材，具备音乐节奏感的健美操很快受到当时健身人士的追捧。1969年，健美操中融入了现代舞和体操的元素，让健美操具备的时代化特征更明显，也更加受到大众的喜爱，接受度更强。

健美操的兴起关键在于人们的推动和传播。在这个过程中，健美操杰出人士简·方达从人类体态的需求和动作的规范化出发，出版了同名健美操书籍《简·方达健美操》和录像带，一经出版就立刻受到了人们的追捧，流传至今成为健美操经典。《简·方达健美操》到目前为止已经被翻译成20多种文字传播到世界各地，为健美操运动的兴起做出了突出的贡献。经过长时间的传播和发展，健美操已经成为备受世界各地人们喜爱的一种运动。健美操兴起于欧美发达国家，经过几十年的传播和发展，早已发展到世界各地，部分发展中国家也开始流行健美操。健美操的传播体现在不同形式上，最直观的是起宣传作用的书籍和音频，以及在健身房直接开设健美操课程和培训体系。

美国是对健美操发展有着较大影响的国家。美国具有较大的健美操市场，美国全国各地分布着不同规模的健美操健身房和场所，1984年用于健美操的活动经费就高达2.4亿美元。练习健美操的人群年龄分布广泛，多达7万余人。美国既推动了塑造体型、健康身心的健身健美操的发展，同时又是竞技健美操的创始

① 赵晓玲 . 健美操教程 [M]. 重庆：重庆大学出版社，2017.

国。美国作为健美操代表国家，在推动健美操全世界传播与发展中做出重要贡献。美国本土健身人群热衷于健美操活动的多样化举办和推广，衍生出一系列针对健美操的竞技运动赛事，来提高人群的参与度和兴趣度，美国也就顺其自然地成为运动赛事举办的主场地。

欧洲各国人士也是热衷于健美操运动的主要人群，在欧洲流行健美操运动的国家包括俄罗斯、意大利、罗马、法国、德国等大部分发达国家。欧洲国家为了普及国民健身意识，提高身体素质，将健美操内容有意识的加入在校生体育课程中，教学指导明确提出健美操概念并形成系统化课程。为了迎合民众兴趣爱好，电视节目推出健美操特别节目，在当时风靡全国。

健美操在亚洲也得到了迅猛发展。亚洲健美操的发展晚于欧美国家，但是随着社会民众需求不断增加，亚洲健美操的发展逐渐超过欧美国家，主要体现在中国、日本、韩国、新加坡和东南亚部分国家。健美操在亚洲的发展最早起源于日本的引入和推广。日本为了提高人们对于健美操的参与度和积极性，将运动赛事和健美操健身相结合，并且在日本设立国际健美操联合会，吸引世界各地的健美操爱好者。

（二）国际健美操组织发展

1978 年 10 月，中国体操协会加入了国际体操联合会（International Gymnastics Federation），成为其会员国。国际体操联合会（简称国际体联，FIG）是世界历史上最悠久、规模最大的国际单项体育组织之一，成立于 1881 年 7 月，总部设在瑞士，原有体操、艺术体操等项目。于 1994 年接受健美操为其正式的比赛项目，并首次颁布竞技健美操竞赛规则，并且每 4 年修改颁布一次竞赛规则。从 1995 年开始每年举办 FIC“健美操世界锦标赛”，每届均有 40 多个国家、百名以上的运动员参赛。随着规则的修订，从 2000 年起每逢双数年举办世界锦标赛。中国健美操协会只参加国际体操联合会健美操委员会组织的国际性的健美操比赛。

二、我国健美操运动的发展历程

（一）我国健美操运动起源发展

中华人民共和国成立后，我国努力提高民众身体素质，20 世纪 80 年代，健美操作为一个推广性运动进入民众生活，备受社会大众喜爱，也得到我国国家政策性的引导支持。由于健美操的音乐律动性和节奏感，使其在我国青少年人群中倍受欢迎。北京体育大学在 1985 年整理出一套符合我国青少年身体素质的健美操，称之为第六套健美操“青年韵律操”，推出之后首先试用于全国各大高校青年学生，并在大学里推出健美操选修课，增加校内学生健美操课程学习的系统化。

随着高校课程的需求，北京体育大学在 1986 年编辑了我国首套权威性的健美操课程教材书《健美操试用教材》，使健美操在全国高校中得到进一步推广，也受到学生们的欢迎和喜爱。在国家教育局的引导和高校的推广下，健美操由青年团体逐步推广到全国各地各个阶层年龄人群中，得到了非常好的回馈和响应。1987 年，中央电视台联合学院和研究所发起了一场关于健美操的运动赛事“长城杯”，随后又分别组织过少年儿童、青年、中老年健美操赛事，赛事以健身为主要目的，健美操作为比赛内容。但是由于当时环境和技术的局限，赛事的举办并不成熟完善，也不具备系统规模性。

直到 20 世纪 90 年代初，民众对于健美操的认识和学习逐步规模化、系统化，我国成立了健美操协会，健美操赛事举办越来越正规化。目前，我国每年都要举办各种健美操比赛，如全国健美操锦标赛、全国大学生健美操比赛和全国职工健美操比赛等。1997 年开始，全国健美操锦标赛增加了中老年组的比赛，扩大了规模和影响，吸引了更多的人参与健美操运动，使健美操运动在中国健康有序地发展。

近年来，我国健美操的国际交往也逐步增加。1987 年，我国组建的健美操队首次走出国门，前往日本交流学习。1987 年，我国举办了“长城杯”健美操友好邀请赛，健美操在我国的发展逐渐专业化、国际化。1995 年，我国参加了法国举办的健美操锦标赛，正式进入国际级赛事。1998 年，随着健美操协会归于体操中心，我国更加重视健美操运动与国际间的友好交流，我国民众身体素质不断增强，在健美操国际运动赛事表现出更加积极地参与热情。1998 年，日本、意大利、美国都举办了健美操大型赛事，我国积极响应支持并参与其中，我国民众也对赛事的参加表现出了高度的热情，虽然成绩较为普通，但作为我国健美操正式走入世界平台，这是一个好的开始。

2006年6月1日至3日，在江苏省南京市举行的第九届世界健美操锦标赛上，中国选手敖金平获得男子单人操冠军，实现了中国在世锦赛上金牌零的突破。中国选手在本次世锦赛的5个单项中获得两金两银一铜，全面创造了中国队在世锦赛上的最好成绩。

2007年5月12日，在法国举办的第三届世界杯总决赛中，中国健美操队获得两金、一银、一铜，总分第一的佳绩。

2010年6月17日至21日，在法国举行的健美操世界锦标赛上，中国健美操队获得一金、一银、一铜的优异成绩。

2011年2月24日至27日，在法国举行的健美操世界杯系列赛（第一站），我国健美操运动员大获全胜，把比赛五个项目的金牌全部摘入囊中。

2011年5月12日至l5日，在保加利亚举行的健美操世界杯系列赛（第二站），有24个国家的700多名运动员参赛，中国健美操队在本次比赛中获得四金一银的优异成绩。

2012年6月4日，在保加利亚索菲亚举行第12届健美操锦标赛事中，我国取得了前所未有的优异成绩，参赛选手荣获四枚金牌和两枚铜牌，其中三位属于蝉联世界冠军。

2018年“民体杯”全国民族健身操比赛的规定套路为第十一届全国民族运动会民族健身操规定套路，比赛执行国家民委、国家体育总局2018年审定的《民族健身操竞赛规则》，依据比赛成绩录取前8名，设一等奖1名、二等奖3名、三等奖4名，来自全国的18个省市代表队，共320名选手参加了此次比赛。

（二）我国健美操协会发展

（1）中国健美操协会。中国健美操协会成立于1992年9月，总部设在北京。这个协会每年举办健美操指导员、教练员、裁判员的培训班，并且举行全国健美操锦标赛。1997年初，中国健美操协会由社会体育中心并入国家体育总局体操运动管理中心，理顺了我国与国际健美操组织的关系以及我国健美操组织内部管理体制。中国健美操协会先后制定了《健美操活动管理办法》《全国健美操指导员专业技术等级实施办法》《全国健美操大众锻炼标准实施办法》等，这些对我国健美操运动的普及与提高具有较大意义，标志着我国健美操运动进入一个崭新的发展阶段。

（2）中国大学生体育协会健美操分会。协会成立于 1992 年，是一个专门管理高校健美操开展工作的组织。并且致力于中国学校健美操、艺术体操、动感啦啦队、体育舞蹈、健身健美等项目的全国推广开展、师资培训、资格认证、技术指导与赛事活动的举办以及与国际交流工作。协会每年举办一次全国大学生健美操锦标赛，以及一次健美操全国高校教练员、裁判员培训班，至今已举办了二十余届。

第二节　健美操运动的分类与特点

一、健美操运动的分类

目前健美操运动的种类繁多，根据其目的和任务可以分成三类：健身性健美操、竞技性健美操和表演性健美操。健身性健美操的宗旨是“健康第一”；竞技性健美操的目的是获得佳绩、夺得冠军；表演性健美操的目的是为了娱乐、观赏，追求形体美和愉悦性。

（一）健身性健美操

健身健美操也称为大众健美操，它有音乐节奏鲜明、旋律轻松愉快、音乐速度较慢、动作简单、运动强度较低、动作形式多、以对称的方式出现、重复次数多、场地要求少、随意性大等特点。主要以健身、健美、健心为目的，集健身、娱乐、防病于一体的群众性、普及型健身运动。健美操的练习形式分为热身部分、有氧练习部分、形体练习和放松部分等几大块，成套动作一般是从头颈、四肢、全身、跳跃、放松等练习顺序来编排。活动的顺序是从身体的远端开始，逐渐过渡到躯干部位。健身性健美操适合人群广泛，是一项很好的体育休闲、娱乐健身活动。根据不同的分类标准将健身性健美操分为以下方面：

（1）根据年龄划分。根据人在不同年龄阶段的不同生理、心理、体态、体能等特征和锻炼需要，将健身性健美操分为老年健美操、中年健美操、青年健美操、少儿健美操、幼儿健美操等。

（2）根据性别划分。按照性别分为男子健美操和女子健美操。男子健美操的动作设计突出“阳刚”，动作幅度大而有力；女子健美操的动作设计突出“阴柔”，强调的是艺术性和柔美性。

（3）根据人数划分。按照人数主要划分为单人、双人、三人、六人和集体健美操。集体健美操在练习时，除了包括平时锻炼的动作外，往往增加一些动作组合和队列、队形的变化，以反映练习者平时锻炼的情景。

（4）根据人体解剖部位划分。按人体解剖部位划分为颈部健美操、肩部健美操、手臂健美操、胸部健美操、腰腹部健美操、髋部健美操、腿部健美操等。这主要是针对人体某个部位进行针对性的健身锻炼。例如，腿部健美操主要锻炼腿部肌肉功能以及关节的灵活性。

（5）根据练习形式划分。按照练习的形式可以划分为徒手健美操、持轻器械健美操、专门器械健美操等。其中徒手健美操最为常见。持轻器械健美操中常用的器械有哑铃、球、橡皮带、彩带、棍等。专门器械健美操中常用的器械有踏板、健身球、圆盘、体操垫、健身器等。

（6）根据动作风格划分。按照动作风格划分为拳击健美操、搏击健美操、拉丁健美操、迪斯科健美操、武术健美操、舞蹈健美操、仿生健美操等。不同动作风格的健美操就是在传统健美操的基础上结合了其他不同运动项目的元素而成的。例如，拉丁健美操中就是结合了恰恰、伦巴、桑巴等各种拉丁舞的元素，再结合现代健美操的基本步伐，使其动作丰富、时尚。

（7）根据目的和任务划分。按照目的和任务划分为形体健美操、康复健美操、热身健美操、韵律健美操、姿态健美操、保健健美操和减肥健美、产后健美操等。

（二）竞技性健美操

竞技性健美操是根据竞赛规则与技术规程的要求，创编出的具有较高艺术性、展示运动员高水平专项技术能力的成套动作，以比赛取得优异成绩为主要目的的竞技运动。竞技健美操只进行自编动作比赛，自编动作必须符合要求。每套动作有一定的时间限制，成套的动作要根据其基本步伐、特色、难度、完成情况、时间、体型等各种因素来评分。

六人操项目已取消，现有男子单人操、女子担任操、混合双人操、三人操、五人操、有氧舞蹈、有氧踏板。并且为了保证比赛的规范性和公正性，对各项参赛人数、比赛场地、参赛服装和成套动作的时间等都做了严格的规定。

国际上较大规模的竞技性比赛有国际体操联合会（FIG）组织的健美操世界锦标赛；国际健美操冠军联合会（ANAC）组织的世界健美操冠军赛；国际健美操联合会（IAF）组织的健美操世界杯赛等。

我国正式的大型竞技健美操比赛有全国健美操锦标赛、全国健美操冠军赛、全国青少年健美操锦标赛等。

（三）表演性健美操

表演性健美操是指根据不同目的、场合、要求、表演者等情况进行编排，并在各种节日庆典和宣传活动中表演的健美操。表演性健美操的主要目的就是为了“表演”。在表演性健美操中竞赛规则、比赛人数、形式、规模及动作的设计和选择限制性较小，自由度较大，目的是为了使比赛更具观赏性。通过表演来展示健美操的魅力、价值和活力，使观众在观赏中陶冶情操、愉悦身心、净化心灵，同时起到宣传和推广健美操的作用。

表演性健美操的比赛时间一般为 2 ~ 5 分钟，内容可以根据需要和表演者的特点选择。为了取得较好的表演效果，一般动作重复较少，音乐速度可快可慢，强调动作的新颖性。表演者可以利用轻器械或一些风格化的舞蹈动作来烘托气氛、感染观众、增加表演效果。表演性健美操常用的形式有有氧拉丁操、有氧搏击操、健身街舞、踏板操等。由于表演性健美操的动作比健身性健美操的动作复杂多变，因此要求表演者要具备较好的协调性，还要有一定的表演意识和集体配合的意识。表演性健美操主要分为以下三种：

（1）健身表演类健美操。健身表演性健美操主要有健身健美操、踏板操和搏击操。在这类操的创编中，需要有意识地强调该类健美操本身特点的动作，尽可能地展示动作本身给身体带来的作用，集中展示其精华部分。

（2）技巧表演类健美操。展示技巧类健美操强调以高难度动作等技术作为支撑，并融合技巧的成分。动作难度大是展示技巧类健美操的主要特征。

（3）艺术表演类健美操。艺术表演性健美操突出的是其外在艺术性。主要用于大型比赛和活动的开幕式或中场休息，以及新产品展示或活动现场。主要是为了吸引观众眼球，丰富群众体育文化生活；从外在展示上来说，突出的是动感美、活力美和韵律美。

二、健美操运动的特点

（一）健美操运动的总体特点

1. 健美操运动的美学特点

健美操这一体育项目与其他项目最为不同的一点是，健美操运动是以自然人体为对象的，是让练习者运用自己的力量来实现自身关于人体美的追求。健美操从本质上来说是一种人体运动的方式，所讲究的是动作既要美观又要大方，而且还要在音乐的伴奏中，准确地将动作展现出来，符合节奏的规律。同时，在健美操训练的过程中，还要有效地运用身体的各个部位，使人体能够和谐地发展，培养比较匀称健美的体形。健美操不仅注意培养练习者的外在美，而且还要注意对练习者的内在美的培养。因为人体运动是受主观意识指挥的一种精神作用的外在表现，所以人体又能在运动的过程中体现出意志、道德、情操、情感、作风、气质等内在美。健美操所表现出的力与美，即外在美与内在美，构成了健美操的美学特点。①

2. 健美操运动的力度特点

健美操运动不论是它的技术动作，还是它的难度动作都是以力度为基础的，它所表现的力是力量、弹力、活力的综合。健美操动作所要求的力度和力量性是非常强的，它要求练习者在进行健美操动作时要展现出较高的力度感。健美操的这种力量性不同于体操的力量性，因为它没有体操的呆板性，其力量表达是更为

① 满小妮，杨旭东，于天博．现代健美操运动技能分析与教学研究 [M]. 北京：中国纺织出版社，2018.

自然的；健美操的这种力量性也不同于舞蹈的力量性，因为它没有舞蹈抒情性，其力量表达是更趋向于较为欢快、有力的力量展现方式。健美操展现的动作力量性的风格，可以充分表现出人体“健的风采、美的神韵、力的坚韧”。健美操的力度性具有强烈的感染力，是最能表达人的“个性”的。其运动方式所表现出的力与众不同，也是健美操的一个显著特点。

3. 健美操运动的音乐特点

音乐是按一定规律运动着的声音，它能唤起人们长期积累起来的生活艺术的实践经验，使人在头脑中恢复某些事物之间的联系或形成某些事物联系关系的重新组合，使人们产生艺术联想。这种联想是形象性的，是以直接或间接的生活实践经验为依据的。音乐对人的情感、情绪变化以及对人体的运动都会产生重要的影响。关于健美操运动为何能够受到人们的喜爱，在研究中，发现不仅是因为健美操本身的功效性，还因为现代音乐给健美操带来了活力。当练习者一听到这种旋律优美的音乐及强劲的节奏之后，便会产生一种自然的、想参与的刺激作用。健美操音乐的旋律是轻快、优美或浑厚、沉稳、热情、奔放的，而绝不应是哀怨、消沉、伤感的颓废之音。音乐曲调健康活泼能振奋精神，消除身心紧张和疲劳，获得心理和生理上的平衡。

4. 健美操运动的创新特点

人体的结构是复杂的，情绪是丰富的，并且性格还是迥异的，因此这也在一定程度上决定了健美操动作的丰富性。在健美操的动作中，不仅保留了徒手体操中各种类型的基本动作，而且还吸收了相关的运动项目和艺术门类中的许多动作，再经过提炼、升华，从而使之成为具有健美操风格的动作。健美操动作通过七种基本步伐的变化和组合，身体关节面和轴的变化，各种队形的点、线及方向的变化，极大地丰富了健美操的内容，同时为健美操的创编提供了源源不断的素材。所以，不断创编出新颖的健美操动作是有利于健美操的发展的。

（二）健身性健美操运动的特点

（1）音乐的节奏性特点。根据实践可以发现有节奏的运动能够使人的身体呈现最适宜的协调。因为人们在收听音乐的过程中，会根据音的高低、快慢等节奏的变化，而产生相应的身体的韵律感，从而可以在做健美操运动的时候更能够充满活力。

健美操的音乐与普通的音乐相比的话，其不同之处是，健美操的音乐更能够激发健美操学员的情绪，能够使健美操学员在完成动作的过程中准确地把握每一个节拍，而且还能够陶冶健美操学员关于“美”的情操，消除和延缓其在练习健美操过程中的疲劳，增强健美操的练习效果。只有按照健美操的音乐来做动作时，才更能够展现出健美操的节奏性，才能使练习者从中体会锻炼给身体带来的变化。同时，调节人的思想情绪，提高人对美的鉴赏能力。

（2）运动过程的有氧性特点。健身性健美操在组合编排、动作设计方面始终遵循有氧运动的规律，保证练习者在长时间运动时摄入足够的氧以便促进体内脂肪的氧化分解，加快体内的新陈代谢，消除体内多余的脂肪，强化呼吸系统、心血管系统的机能，增进健康、增强体质。

（3）身体的节律性弹动特点。健身性的健美操所展现出来的是动作的节奏性，并且其节奏性是与健美操音乐的节奏相吻合的，是根据健美操音乐的节拍来完成各种各样的步伐。在动作过程中，身体节奏性的弹动是动作连续流畅完成的基本前提。

（4）健身的实效性特点。健身性健美操的目的是在健身的基础上把形体美、姿态美、动作美和精神美有机地结合起来，既注重外在美的训练，又强调内在美的培养。它是为了锻炼人们的身体，使其能够健美的发展，并且以人体解剖学等学科的理论为基础进行编排的。因此健美操的动作幅度一般是比较大的，其动作内容与其他运动相比也是比较多的。在全面锻炼人体的基础上，还可以对身体某一部位进行有针对性的锻炼，如胸部健美操、腰腹健美操、形体健美操等，让人们在练习健美操的过程中，不仅可以锻炼自己的身体，还可以对自身的身体形态进行修正。而这种健与美的统一，正是健美操本质特征的表现。

（5）身体姿态的控制性特点。健美操对于身体姿态的控制性是极强的，因为在练习健美操动作的过程中，不管健美操的动作是多么复杂，对于整个身体的要求是必须控制在标准健康位置之内。无论是进行徒手健美操练习，还是轻器械健美操练习，都必须保持身体姿态的健康位置。通过对身体姿态的控制来体现动作的速度、幅度等，展现健美操的动作特点。并通过对身体姿态的控制来提高人体的体态美，实现健美操健身的功效。

（6）广泛的适应性特点。练习健美操的形式是多样的，并且在练习健美操的过程中，对于人的运动量的大小都是可以由练习者本身自我控制的，对于健身的场地要求也不是很高。所以，健美操这一健身性的运动是适合各个年龄层的，对于性别、身体素质等方面也没有要求，是具有广泛群众性的健身性运动。健美操的娱乐性是主要体现在人们在锻炼过程中所感受到的关于“美”的愉悦之中。随着社会的发展，经济的进步，人们在享受物质生活的同时，对于精神文化的需求也越来越多。人们在不忙于工作的闲暇时间都在寻找能够释放压力的娱乐和锻炼方式。健美操是时代的产物，它那种激情奔放的动作和明快舒畅的音乐，可使人们在健美操锻炼的过程中消除在工作中产生的压力，得到情感上的释放。

（7）健身的安全性特点。健身性健美操的动作以及运动节奏，是符合人体运动规律的，并且其运动量也是人们所能够负荷的，是适合各种体质进行锻炼的有氧运动，可以使每个健身者在其体能所能承受的范围内进行身体的操练，从而可以在安全的范围内进行锻炼，达到快乐健身的目的。

（三）竞技性健美操运动的特点

（1）以传统健美操为基础。竞技健美操保留了传统健美操的基本特点，如动作的弹性与控制、传统健美操中常用的七种基本步伐以及体现肌肉力量的动作。不同于传统健美操的是竞技健美操的动作幅度更大、力度更强、速度更快，给观众的视觉感受更深刻、更有刺激性。因此竞技健美操是以传统健美操为基础，是在普及的基础上求发展，从比赛中求提高。

（2）难度较大，体能要求较高。竞技性的健美操运动对运动员的体能要求是比较高的，因为是需要运动员在音乐的伴奏下，连续完成复杂和高强度动作，难度是比较大的。所以对于参与竞技性的健美操运动的运动员的要求也是比较高的。

（3）高度的艺术性。竞技健美操属于难度较高的竞赛项目，其特征主要是体现在“健、力、美”这三个方面。因此这就要求竞技健美操运动员必须规范、优美、自信和充满活力地完成动作。运动员在比赛中所表现出的健美的体魄、高超的技术、流畅的编排和充沛的体力等，充分体现出热情、活力、魅力、情感以及非凡的气质，给人留下深刻的印象。

（4）节奏韵律感强。竞技性的健美操的节奏是非常强烈的，其音乐特点也是比较强劲的，这样不仅可以烘托气氛，而且还可以激发人们参与竞技的热情。竞技性的健美操音乐具有自己特有的形式，其主要作用是烘托成套动作的效果与气氛。运动员可以将音乐的风格用肢体语言和面部表情表演出来，同时音乐主旋律的选择、节奏速度、高低音和后期动效的制作可使运动员的表演得到升华，与观众产生共鸣。

第三节　健美操运动的科学原理与健身价值

一、健美操运动的科学原理

（一）人体肌肉系统及其原理

提高健美操锻炼的科学性应了解健美操运动为何会增长肌肉，以及肌肉活动的原理。

1. 人体肌肉系统认知

人体的肌肉系统以及位置与功能主要有以下方面：

（1）斜方肌。斜方肌位于项背部皮下，一侧成三角形，两侧相合成斜方形。机能：近固定时，上部纤维收缩，使肩胛骨上提、上回旋、后缩（靠近脊柱）；中部纤维收缩，使肩胛骨后缩；下部纤维收缩，使肩胛骨下降、上回旋。远固定时，一侧上部收缩，使头向同侧屈和向对侧回旋；两侧收缩，则使头和脊柱伸直。

（2）背阔肌。背阔肌位于腰背下部皮下，为人体最大的阔肌。上部被斜方肌所遮盖。机能：近固定时，使上臂伸、内收和旋内。远固定时，可将躯干向上臂拉引，还可提肋，辅助吸气。

（3）胸大肌。胸大肌位于胸前浅层，为扇形扁肌。机能：近固定时，可使上臂屈、内收、旋内。远固定时，拉引躯干向上臂靠拢，还可提肋，是辅助吸气肌。

（4）前锯肌。前锯肌位于胸廓的外侧皮下，上部为胸大肌和胸小肌所遮盖，将肩胛骨内侧向前拉的胸部肌肉，每组两块的前锯肌从胸前部的肋骨开始，围绕体侧延伸到肩胛骨。

（5）三角肌。三角肌位于肩关节前外后方，是一块三角形的肌肉。机能：近固定时，前部纤维收缩，使上臂屈和旋内；中部纤维收缩，使上臂外展；后部纤维收缩，可使上臂外旋。三部纤维同时收缩，可使上臂外展。此外，该肌对加固和稳定肩关节有重要的作用。

（6）肱二头肌。肱二头肌位于上臂前面，上部被三角肌、大胸肌遮盖，属梭形肌，有长、短二头。机能：近固定时，屈上臂和使前臂屈和外旋，当前臂外旋时，屈的作用最大。远固定时。使上臂向前臂靠拢。

（7）肱三头肌。肱三头肌位于肱骨后面。有三个头：长头、外侧头、内侧头。机能：近固定时，伸上臂和伸前臂，该肌是伸前臂的主要肌肉。

（8）前臂肌。前臂肌前臂肌多为具有长腱的长肌，分前、后两群，每群又分为浅深两层：第一，前群：位于前臂的前面及内侧。机能：主要是屈腕、屈指和使前臂内旋。第二，后群：位于前臂的后面及外侧。机能：主要为伸腕、伸指和使前臂外旋。

（9）臀大肌。臀大肌位于骨盆的后外侧面。机能：近固定时，伸大腿且外旋。该肌上半部可使大腿外展，下半部则使大腿内收。远固定时，一侧收缩，使骨盆转向侧面，两侧收缩，使骨盆后倾。

（10）股四头肌。股四头肌位于大腿前面，由四个头即股直肌、股中肌、股外侧肌、股内侧肌组成。机能：近固定时，可伸小腿，是伸小腿唯一的一块肌肉，股直肌还可屈大腿。远固定时，可使大腿在膝关节处向前伸，保持肌骨垂直位。所以，该肌也是维持人体直立的一块主要肌肉。

（11）股二头肌。股二头肌位于大腿后面外侧。有长短两头。机能：近固定时，可使小腿屈和外旋。小腿伸直时，长头可使大腿后伸。远固定时，可使大腿在膝关节处屈（牵拉股骨向后），在小腿伸直时，则使骨盆后倾。

（12）小腿三头肌。小腿三头肌位于小腿后面浅层，有腓肠肌和比目鱼肌组成。腓肠肌在浅面，比目鱼肌在深面。机能：远固定时，使股骨下端和胫骨、腓骨上端拉后方。该肌也是维持人体直立的一块主要肌肉。在走、跑、跳时，小腿三头肌对屈足起到重要作用。

2. 人体肌肉活动的原理

（1）肌肉生长原理。

1）肌肉增长与年龄的关系。人体肌肉的增长是随年龄增长而不断变化的，可分为快速增长、相对稳定和明显下降 3 个阶段。男子从出生起，随着机体不断生长发育，肌肉逐年增长，25 岁时达到最高值，以后又逐年缓慢下降。女子 22 岁左右达到最高值。少年时期肌肉的含水量比成人高，而肌肉蛋白能源物质等的贮备比成人低，肌纤维较细，肌力弱、耐力差，易于疲劳。年龄越小与成人的差异越大，所以，年龄较小的少年不宜进行长时间、大运动负荷、高强度的肌肉训练。进入青年期后，肌肉增长相对稳定，这时进行大运动负荷、高强度的训练效果最好。在肌肉明显下降期进行训练效果相对要差一些，但只要身体正常健康，坚持适当的肌肉训练仍能取得较好的效果。进行健美操训练，关键是要根据肌肉不同的发展阶段和自身情况，掌握好肌肉负荷的强度和运动负荷，避免训练不足和过度训练，这样才能促使肌肉不断增长。

2）肌肉增长的解剖学基础。肌肉的粗细，决定了肌肉力的大小。衡量肌肉发达程度的指标，是肌肉的生理横断面。就是说，肌肉中的肌纤维数量多且粗壮，肌肉的生理横断面大，肌肉就发达。肌肉主要是由蛋白质构成的，生理横断面受后天因素的影响很大。健美操训练能使肌纤维增粗，肌肉的生理横断面增大，原因就在于训练能刺激肌肉，使蛋白质的合成代谢更加旺盛，从而为肌肉生长提供了物质保证。

3）肌肉增长的生理学基础。肌肉不断增长要靠长期艰苦训练的积累。训练时，体内各组织细胞消耗了大量能量物质，这些能量物质只有在训练后通过休息和营养物质的补充，使合成代谢超过分解代谢，才能逐步得到恢复。恢复在一定时间内会超过原来的水平，出现所谓“超量恢复”。在超量恢复阶段进行下一次训练，效果最好。能量消耗的多少和恢复的快慢同肌肉活动的剧烈程度密切相关。在一定范围内，肌肉活动量越大，消耗过程越剧烈，超量恢复就越明显。所谓“在一定范围内”是指运动负荷不能过大，否则能量消耗过多，不易恢复。长期过大还会造成训练过度，甚至出现伤害事故。只有掌握好、运用好超量恢复的规律，遵守循序渐进的原则，才能使肌肉稳步增长。

4）肌肉增长的生物化学基础。经常进行健美操锻炼的人与普通人相比，肌肉里的能量物质三磷酸腺苷和磷酸肌酸要多，血管更丰富，耐酸能力和无氧酵解能力更强。训练水平越高，能量贮备越多，运动的耐受能力越强，肌肉中新生的毛细血管也越多。毛细血管增多，可使肌肉中的血流量增加，新陈代谢加快，同时也增加了肌肉的体积。所以只有坚持长期的健美操训练，才能加强肌肉的物质代谢，提高肌肉的能量贮备，使肌纤维增粗、增多，肌肉块增大。

（2）人体运动的能量消耗与供应。人体运动时，能量消耗明显增加，增加的情况决定于运动强度和持续的时间。人体活动的直接能源来源于三磷酸腺苷（ATP）的分解，如神经传导兴奋时的离子转运，腺体的分泌活动，消化道的消化吸收，肾小管的吸收，肌肉收缩等。而最终的能量来源于糖、脂肪和蛋白质的氧化分解，氧化分解释放的能量供 ATP 的重新合成。

1）在各种运动中所需的 ATP 分别由 3 种不同的能源系统供给。第一，高能磷酸化物系统（ATP–CP）；第二，乳酸系统（无氧酵解系统）；第三，有氧系统。3 种能源系统的一般特点与运动的关系，见表 1–1①。

表 1-1　能源系统的一般特点

高能磷酸化物系统（ATP-CP）	乳酸系统	有氧系统
无氧代谢	无氧代谢	有氧代谢
十分迅速	迅速	慢
化学能原：CP	食物能源：糖原	食物能源：糖原、脂肪和蛋白质
ATP 生成很少	ATP 生成有限	ATP 生成很多
肌肉中贮量少	副产品可导致肌肉疲劳	没有导致疲劳的副产品
用于短跑或任何高频率、短时间运动	用于 1 ～ 3 小时的运动	用于耐力或长时间的运动

2）根据肌体的供氧情况，糖的氧化分解有两种方式。第一，当氧供应充足时，来自糖（或脂肪）的有氧氧化；第二，当氧供应不足时，即来自糖的酵解，生成

① 表格引自：陈瑞琴 . 健美操理论与实践创新 [M]. 北京：体育大学出版社，2010.

乳酸。乳酸在最后供氧充足时，一部分继续氧化，释放的能量使其余部分再合成肝糖原。所以肌肉收缩的最终能量来自物质（糖、脂肪）的有氧氧化。运动时，人体以何种方式供能，取决于需氧量和摄氧量的相互关系，当摄氧量能满足需要时，肌体即以有氧代谢供能，当摄氧量不能满足需氧量时，其不足部分即依靠无氧氧化供能，这样会造成体内的氧亏负，称为氧债。运动时的需氧量取决于运动强度，强度越大，需氧量越大，无氧代谢供能的比例也越大。

（二）健美操难度动作技术

竞技健美操在我国得到了迅速发展，同时，随着技术水平的提高，对难度动作的要求也越来越高，它是竞技健美操实力的表现，是裁判员进行评分的重要因素之一。难度动作技术的准确性，直接影响动作质量及成套动作的效果。难度动作水平的提高是随着竞技健美操运动竞技水平的提高而提高的，是规则要求的产物。运动员要取得好的成绩，就必须按规则最高一级的难度数量、水平来进行设计编排。难度动作是运动员素质的综合体现，只有具备了良好的身体素质，才具有完成难度动作的能力。因此，每个竞技健美操教练员和运动员均应认真研究动作的技术，讲究技术动作的科学性、合理性，力求以最佳技术最有效的完成动作。一定数量的难度动作是比赛取胜的基础，而高质量的难度动作则是比赛取胜的关键。

1. 难度作技术特点

运动技术是指符合人体运动科学原理，能充分发挥身体潜在能力，有效完成动作的合理方法。国内外许多专家学者对运动技术的本质和特点进行了研究，对于竞技健美操运动技术来说，运动技术具有以下特点：

（1）技术寓于各种基本步伐和难度动作之中，运动技术必须在特定的时间内通过具体的动作来表现。

（2）技术的合理性包括符合人体运动的力学规律和生物学规律及解剖学方面的要求。

（3）技术是一种理想的“模式”，既要反映人体运动的一般规律，又要反映运动员的个人特点和风格，这种共性与个性的统一才是最佳的技术。

（4）技术水平具有相对性，随时间的发展而发展，始终处于一个动态过程中。

随着各国竞技健美操水平的提高，各种新的难度动作不断涌现，世界竞技健美操委员会每年都会公布一次新评价的难度动作表，以促进竞技健美操难度动作的发展。

在技术训练中，必须考虑上述技术特点，以免造成思想方法上的片面性，影响技术训练的效果。

竞技健美操难度技术是指在音乐的伴奏下，运动员利用身体内在力量改变身体各个部位的相对位置，保证身体重心沿着一定的轨迹运动，完成较复杂的难度较大的动作，以符合动作本身要求的方法。

2. 难度动作技术类别

根据国际竞技健美操竞赛规则规定，竞技健美操成套动作中必须包括以下各组难度动作。

（1）动力性力量。包括俯卧撑类、文森俯卧撑类、俯卧撑腾起类、提臀起类、分切类、成分腿高直角支撑类、旋腿类、托马斯类、直升飞机类、开普类。

（2）静力性力量。包括分腿支撑类、直角支撑类、锐角支撑类、文森支撑类、肘撑类、水平支撑类、分腿支撑（转体）、单臂分腿支撑（转体）、直角支撑（转体）、单臂直角支撑转体、分腿直角支撑（转体）、高直角支撑（转体）、锐角支撑、后举腿静力文森支撑、分腿水平肘撑（转体）、单臂分腿水平肘撑（转体）、水平肘撑、单臂分腿水平肘撑（转体）、分腿水平支撑、水平支撑。

（3）跳与跃。跳转类、自由倒地类、给纳类、燕式平衡成俯撑类、团身跳、分腿跳类、科萨克跳类、屈体跳类、纵劈腿跳类、横劈腿跳类、剪踢类、剪式变身跳类。

（4）平衡与柔韧。包括转体、平衡、高踢腿、纵劈腿、横劈腿、依柳辛、开普类。

3. 难度动作技术特征

竞技健美操难度动作技术特征是竞技健美操运动项目存在的基础，是竞技健美操运动独具特色的本质体现，也是竞技健美操运动的魅力所在。竞技健美操难度动作技术特征主要体现在发力技术、身体姿态控制技术和缓冲控制技术 3 个方面。动力性的跳跃类难度动作的主要技术特征为发力技术和缓冲技术；静力性的支撑类和柔韧与变化类难度动作的主要技术特征为身体姿态控制技术。

（1）身体姿态控制技术。身体姿态控制技术是指在成套动作中，无论动作如何复杂多样，难度要求多大，身体姿态要求始终控制在良好的姿态位置，始终保持躯干、腰、髋的自然位置和稳固性，始终保持腹肌的收缩和背部的平直姿态，脊柱要始终保持正位。即使在长时间复杂多样的难度动作与步伐动作组合完成过程中，整个身体良好的姿态都不应被破坏。规则要求，在完成难度动作、复杂的健美操步伐、动作组合及过渡时，要展示保持正确的身体姿态的能力。保持正确的身体姿态控制是规则中完成情况评价的重要依据。运动员要做到具有很强的保持身体姿态控制技术的能力，主要体现在以下方面：

第一，身体姿态位置应标准：良好的姿态应保持头部正直，向上顶头、背平、收腹、夹臀、肩部放松，脚、膝自然站位，不要刻意折叠大小腿，腿部屈膝动作时角度应保持直角，脊柱始终呈正立位，从姿态美的角度来要求两脚只要离地就必须绷脚尖。对于难度动作要根据竞技健美操比赛规则规定，按照标准完成对身体姿态的控制。在竞技健美操竞赛规则中，有对每一类难度动作的总体描述和对单个动作的具体要求；在总体描述中，主要强调在完成动作的过程中，应该注意哪些关节屈伸和关节间的相对位置以及肌肉的工作状态。在单个动作的描述上，则提出更具体的要求和注意事项。因此，运动员要明确难度动作的要求，在理论指导实践过程中，提高身体素质，掌握不同难度动作身体姿态的控制技术，从而做到完美完成难度动作，体现竞技健美操运动的魅力。

第二，身体重心要始终处于正确的位置：运动中，身体重心不可能永远保持一个位置，而是随运动的方向变化而变化，由于重力作用与运动所产生的力的作用就会使身体重心位置产生变化。从难度动作的开始到结束，由于运动方向和运动幅度的改变，身体重心也在不断地变化着。运动员只有掌握了在不断变化的环境中（包括空中、地面、站立转换）控制身体重心的能力，才有可能将注意力转移到身体姿势的控制上，从而提高动作的质量，完美完成难度动作。因此，在完成难度动作时，要根据不同难度动作的具体要求，在控制身体重心的基础上，达到对身体姿态的控制，保持重心上提，即使是身体向下运动时，也要保持身体向上挺拔的姿态。

第三，身体重心要保持平稳：人体运动时持续保持身体重心平衡和稳定是至关重要的，尤其是在做难度动作时，身体重心更不容易控制。在完成竞技健美操动作的过程中，身体的平衡是保证运动安全与平稳和流畅的重要因素，也是体现竞技健美操运动技术特征的前提。在竞技健美操运动中，身体重心容易出现偏斜，因此，要靠维持原有的平衡与克服运动所产生的倾倒来保持动作的稳定性，尤其是在动作移位和三维空间转换时，保持良好的身体重心平稳是非常重要的。

（2）落地缓冲控制技术。竞技健美操的落地缓冲控制技术要求脚着地时，由前脚掌过渡到全脚掌，然后迅速屈膝、屈髋缓冲，所有动作在瞬间依次完成，同时，保持良好的身体姿态，如分腿跳、跨跳、团身跳等。动作需要手触地时，要求由掌跟过渡到全手掌，然后迅速屈肘缓冲，保持该类难度动作应有的身体姿势，如倒地俯卧撑等动作。竞技健美操难度动作缓冲控制技术的目的不仅是使运动中的身体尽可能保持稳定，减少地面对关节、肌肉的冲击力，以避免造成运动损伤，更重要的是，这种落地缓冲控制技术是保证身体重心节律性弹动技术实现的重要基础。

（3）发力技术。腾空前的发力技术是完成跳跃类动作的关键所在。对于竞技健美操来说，腾空前的技术需要良好的爆发力，要求神经系统先在极短的时间内进行离心收缩（缓冲），紧接着迅速转为向心收缩（蹬伸）并在这一过程（拉长一缩短周期）中发挥出力量，从而获得较好的腾空高度。腾空前的发力分为着地缓冲阶段与蹬伸阶段。

综上所述，竞技健美操难度动作技术特征是竞技健美操运动技术独特性的具体体现，是竞技健美操项目独一无二的运动魅力所在。因此，要实现竞技健美操项目进入奥运会的目标，就必须尊重和遵守《国际健美操评分规则》，确保竞技健美操运动按照其自身独特的运动技术特征发展。

二、健美操运动的健身价值

健美操是时代的产物，是基本体操艺术化、动力化、健身化趋势的反映，也是一项具有实用锻炼价值的运动项目：长期进行健美操锻炼，能够增进健康，增强体质，改善体形体态，调节心理活动，陶冶美好情操，提高神经系统机能，培养顽强的意志品质。

（一）生理指标的价值

任何体育项目都会对人的生理状态产生影响，健美操运动自然也不例外，这种生理影响便是运动负荷的具体体现。适宜的运动负荷的刺激，能够有效地达到增强体质的目的。了解人体生理指标在运动中所产生的变化，这对于确定锻炼强度，获得最佳锻炼效果是大有益处的。

运动负荷是指进行各项体育活动时，人体所承受的生理负荷。运动负荷的大小取决于运动量和运动强度。运动量包括完成动作的数量以及持续的时间长短；运动强度是指完成动作所需要的肌肉力量，以及由此带来的肌体紧张程度，包括运动的速度、力度等。对于机体而言，心率是反映生理负荷的一个重要指标，它也是确定运动负荷的主要依据。

要了解心率在健美操运动中的变化范围，需要了解一下最高极限心率的概念。对于没有训练基础的人而言，其计算方法为：最高极限心率 =220 次 / 分钟 – 实际年龄。根据这一公式一个 50 岁的人最高极限心率为：220 次 / 分钟 –50=170 次 / 分钟。对于有了一定体育训练基础的人，他的最高极限心率计算方法为：最高极限心率 =205 次 / 分钟 – 实际年龄的一半。

由此可见，在同等年龄条件下，有过训练基础的人，他的最高极限心率要高于没有训练基础的人。

如果清楚最高极限心率，就可以对于人们所从事运动项目的运动负荷加以界定。就大众健美操而言，它的运动心率范围应该是最大极限心率的 60% ~ 80% 之间。不难发现，健身心率百分比越高，那么说明健美操的运动量、运动强度也就越大，即运动负荷越大，那么它对于人体产生的生理负荷以及生理影响也就会越大。能够使心率保持在这个范围内的运动，属于有氧运动；如果超出了这个范围，则属于无氧运动。无氧运动在以健身为目的的锻炼中是不提倡的，如果心率低于这一范围，则身体达不到一定的运动负荷，起不到锻炼的作用。

（二）生理健康的价值

（1）健美操锻炼能够调整和改善呼吸及消化系统的功能。人们在进行健美操各种运动练习时，机体都会加大对氧气的需求，长此以往，能够使人肺部容积增大，肺泡张开率提高，同时吸氧量也成倍增加，呼吸肌则会变得更加强劲，从而使呼吸系统的功能显著加强。在健美操运动中，骨盆肌和腰腹肌的活动较多，这有助于加强肠胃的蠕动。同时运动中由于深呼吸次数的增多，胸肌和腹肌的上下活动也相应增多，这在客观上对肠胃等消化器官起到了良好的按摩作用。这些看似不经意的活动，对于改善消化功能，加强人体对营养的吸收和利用很有帮助。由于健美操锻炼使新陈代谢处于旺盛的状态中，肝脏功能也会得到一定改善。

（2）就人的机体而言，健美操不仅能够塑造完美的形体，还能改善身体各个部位的协调性、灵活性和敏锐性，使运动系统中的关节、肌肉组织、韧带组织得到强化，能够使肌肉的力度和弹性以及韧带的活动能力有大幅度的加强，使其生理功能进一步提高。对于青少年而言，长期进行正确的健美操练习，还可以促进骨骼的生长和发育，使骨骼密度增加，骨质坚固，有助于身体的长高、长壮。

（3）健美操并不是单纯只对肢体的活动产生积极影响，它对于体内循环系统及相应器官的功能都有一定的改善作用。健美操锻炼可以使心肌纤维增粗，使心肌收缩的力量加强，提高心脏的输出血量及供血能力。这样有助于血液对脑细胞氧分和能量的供给，从而全方位提高大脑的思维能力。健美操运动还可提高身体的有氧代谢功能，使体内处于闲置状态的脂肪尽快燃烧，减轻内脏器官的多余负荷。

（三）健身美体的价值

健美操不仅具有健身美体的作用，长期进行健美操练习会使人表现出更旺盛的精力，拥有更强的免疫抗病能力，从而使身体功能一直处于平稳正常的状态，所以经常坚持做健美操对于延缓衰老有一定的积极意义。

（1）健美操可以改善人体内分泌。健美操的锻炼可以提高机体的免疫能力，使人体抗病能力加强，减少疾病的发生，从而推迟衰老的进程。衰老的表现是神经营养下降，激素调节作用降低，健美操对这一不良状况也可以有效改善。例如，人体内唯一可以降低血糖的激素是胰岛素，只要坚持健美操运动，就可以有效促进胰岛素的分泌，提高胰岛素调节血糖的作用，从而降低血糖浓度，减少糖尿病的发生。

（2）健美操锻炼可提高人体催化酶的活性。人到了一定年龄后，体内生物催化酶的活性开始降低，酶的活性是指酶的催化作用，在人体内进行的所有合成、分解、代谢等过程，都需要酶的催化作用，在进行健美操运动时，机体内的物质合成、分解代谢速度提高，能够刺激酶活性的提高。

（3）健美操可促进新陈代谢。随着岁月的流逝，人体会出现一系列的衰老特性，首先是新陈代谢速度显著下降。有氧健美操运动可以有效地促进机体的新陈代谢，改善各项代谢功能，使体内物质的合成与分解代谢维持在一个相对平衡的状态中，在进行健美操运动时，体内物质将进行有氧氧化，分解为二氧化碳和水，产生能量，以此满足机体的需要，此时机体的新陈代谢水平便会显著提高。

（4）健美操锻炼可减缓人体器官的衰老。组织器官萎缩、功能减退是人体衰老的又一特点，有氧健美操可促进血液循环，提高血液的含氧量，而面部有许多动、静脉分布，长期坚持健美操锻炼可以延缓皮肤的退化和衰老，使肤色保持红润。还可以通过健美操运动来达到补耗的目的，因为长期坚持可以增加骨骼密度，有效防止钙的流失，防止骨质疏松和骨折的发生。由此可知，健美操锻炼的确是人们永葆青春的好办法。

第二章　多元发展视角下的健美操发展趋势分析

随着社会的发展及人们生活水平的进步，人们对健康问题产生更多重视。健美操运动具有健身、娱乐、塑形等多种功能，因此受到群众的喜爱，并且逐渐发展和进步。本章重点探讨新媒体视角下健美操发展趋势、新规则导向下竞技健美操发展趋势以及教学改革趋向下健美操发展趋势。

第一节　新媒体视角下健美操发展趋势分析

一、新媒体的发展优势

新媒体主要是指与传统媒体不同的新型媒体，其具有传播形式多样化、内容更新快等优点。与传统的广播、电视以及报纸等媒体相比，新媒体更加倾向于互联网以及手机电视等媒体。

（一）手机电视的发展优势

与传统的媒体传播方式不同，手机电视的传播更加具有随时性，其可以随身携带，通过对手机的应用，可以及时了解一些实时新闻。同时，手机电视也可以随时的发送短信以及语音等，进而实现实时的互动。此外，手机电视还具有一定的分众定向性，比如：通过手机报，人们可以选择自己喜欢或者感兴趣的信息，让信息的传播更加具有针对性，很大程度上节约了人们的时间和精力。①

（二）互联网的发展优势

新媒体时代下，互联网的普及和应用，使得信息的内容更加丰富，更新的也越来越及时。在实际的生活中，互联网可以不受时间和空间的限制，人们可以随时随地接收到发生在世界各地的最新消息。这种情况的出现，也为健美操的推广和宣传提供了有利条件，有利于健美操的良好发展和进步。同时，信息时代下，健美操的传播方式也越具有创新性，比如：在利用互联网对大型晚会或者比赛等进行报道过程中，可以通过文字以及手机报等方式进行连续播放，给人们一种视觉以及听觉上的冲击。此外，在通过互联网进行传播的过程中，其还具有较强的互动性，人们不在被动的接收信息，而是可以根据自身的喜好进行选择。

二、新媒体对健美操的发展影响

（一）宣传方式灵活性

在新媒体时代下，互联网以及手机等的普及，为人们的生活提供了更大的便利，人们可以随时随地的获取健美操的最新信息，让健美操的宣传方式变得更加自由、高效，宣传的主题也变得越来越广泛，在降低宣传成本的同时，也让健美操得到了很好的推广，对健美操的发展有着很大的促进作用。比如：2016 年在韩国银川举报的第十四届健美操世界锦标赛，各界人士可以通过微博、软件等新兴媒体对赛事进行实时的关注，也可以通过手机观看直播，让人们可以第一时间了解比赛的概况。这种方式的传播和推广，很大程度上打破了传统媒体的限制，让健美操的传播更加具有时效性，有利于健美操的良好发展和进步。

（二）宣传视野与渠道多样化

与报刊、电视以及广播等传统的媒体相比，新兴媒体的传播速度更快，时效性也比较高，很大程度上满足了社会发展的需求，有利于健美操的推广和发展。在健美操的发展过程中，通过对新媒体的应用，让人们足不出户就可以了解世界

① 李丁辛．新媒体对健美操发展的影响及对策研究［J］．体育世界（学术版），2018（07）：55-56.

各地发生的大事小情，并且视听合一，弥补了传统媒体的不足，让健美操的宣传视野和渠道变得越来越多样化，有利于健美操的未来发展。

（三）生活内容的丰富

近年来，社会的发展越来越迅速，科技也得到了很好发展和进步，互联网也得到了普及，网络资源也越来越丰富，使得人们的生活方式变得越来越丰富。因此，在健美操的推广和宣传过程中，通过对新媒体的合理利用，可以很大程度上促进了健美操的发展和进步。比如：随着互联网的广泛应用，人们可以将大量的健美操以及歌曲等资源进行推广和宣传，让人们可以不再只依靠电视播放来获取健美操资源，在需要观看健美操视频的时候，只要通过电脑和手机观看就可以，其不仅选择性强、速度非常快，还可以节省人们的时间，让人们有更多的时间学习和练习健美操，从而进一步促进健美操的发展进程。

（四）生活方式的改变

新媒体时代下，网络消费的形式变得越来越多样化，使得人们的生活发生了很大的改变。现阶段，人们在购物的过程中，只需要通过手机软件就可以购买自己所需要的商品，很大程度上满足了人们对商品资源的需求，让人们的生活方式变得更加多样化。健美操作为当前一种特殊的消费资源，其在发展过程中，可以将商品作为一种商品进行销售，利用网购平台，人们可以得到更为优质的服务。通过这种方式，不仅可以促进健美操的发展和普及，还可以为人们提供更多地便利。

三、新媒体下健美操的发展对策

（一）社会舆论监督力度地增大

现阶段，国家对于国民身体素质的重视程度越来越高，因此也出台了一系列的政策和制度，其中，全民健身计划就是国家的一项利民益民的重大举措。而随着新媒体时代的到来，其有义务和责任促进全社会形成健康的舆论导向，从而为政策的顺利开展和实施提供最优质的基层服务，进而为健美操的未来发展奠定坚实基础。

互联网的飞速发展，新闻事业和社会舆论的导向关系也变得越来越密切，尤其是新媒体，其不仅很大程度上促进了社会舆论的形成，同时也可以对舆论进行适当的引导，确保健美操可以朝着良好的方向发展。当今社会下，当一些思潮在朝着不良的方向发展过程中，就要通过新媒体对其进行规范。在人们的言论自由今天，如果不对一些容易影响社会和谐发展的言论以及思想进行及时的制止和引导，那么就会对社会健身计划的推行造成很大的阻碍和影响，不利于健美操的未来发展。

（二）合理把握健美操地宣传导向

新媒体时代下，健美操的宣传方式以及渠道也变得越来越多样化，宣传的途径也越来越多，其覆盖面也在逐渐扩大，对宣传信息的抓取更加深入，增进了人们之间的互动和交流，让健美操的宣传信息逐渐朝着新型的自我诠释方向发展，有利于健美操的可持续发展和进步。与传统的媒体相比，新媒体的宣传方式比较广泛和自由。因此，在对健美操进行推广过程中，相关人员一定要对健美操的宣传导向进行合理地把握，传递积极正面的力量，保证健美操可以朝着良好的方向发展。

同时，在对健美操进行宣传的时候，应该主动迎合现代社会发展的步伐，从全民健身计划出发，将健美操与其进行合理的结合，加大宣传力度，进而促进健美操的良好发展。此外，在健美操推广期间，相关人员也可以对一些新闻进行生动的报道，比如：可以制定一些趣味性的视频，激发人们对健美操的兴趣，可以主动地参与到健美操活动中，从而进一步推动健美操的发展进程。

（三）指导服务性工作整体水平的提升

在新时期下，由于健美操具有较强的运动性，能够很大程度上促进人们的身心健康发展。因此受到了社会各界人士的喜爱和推崇。健美操的动作幅度比较大，并且具有较强时尚感，所以，在练习健美操的过程中，人们需要在较快的节奏下完成跳跃、劈叉、屈伸、转体等动作，这种情况下，如果练习者稍不注意，那么就会非常容易出现拉伤和扭伤等伤害，因此，在实际的练习过程中，应该对这些伤害进行及时的预防。同时，在健美操发展过程中，应该根据实际情况，有针对性的播放一些安全防护报道，对人们日常健美操练习进行科学的指导和规范，提升服务工作的整体水平和质量，进而促进健美操的良好发展。

新媒体背景下，加大对健美操宣传和推广的重视程度，不仅有利于增强人们对健美操的喜爱，让人们主动地参与到健美操的活动中，还可以进一步促进健美操的良好发展和进步。为了可以让健美操朝着更广的领域发展，提升健美操的发展水平，相关人员应该根据实际情况，对宣传和推广的方法进行创新和改进，从而进一步推动我国健美操事业的发展进程。

第二节　新规则导向下竞技健美操发展趋势分析

竞技健美操是一项在音乐的伴奏下，能够表现连续、复杂、高强度健美操操化动作的运动项目随着健美操项目的飞速发展，竞技健美操作为健美操项目的主要支柱之一，它的发展对健美操项目的发展起着举足轻重的作用。竞技健美操的竞赛规则的修改方向体现出竞技健美操的发展新趋势，通过对新规则的研究，了解竞技健美操的发展趋势能有助于广大的教练员和运动员适应新的规则和技术变化，指导运动员的运动训练，以在竞赛中取得更好运动成绩。

一、竞技健美操的研究对象与方法

（一）竞技健美操的研究对象

以国际体操联合会制定的《竞技健美操竞赛规则 2013—2016》《竞技健美操竞赛规则 2017—2020》两套规则为研究对象。（以下简称为 2013 版、2017 版）

（二）竞技健美操的研究方法

1. 数据统计法

运用电子计算器与 Microsoft Excel 工作表对研究得来的数据进行计算与统计，从而能直观地发现数据区别与变化趋势。

2. 文献资料法

根据研究目的，围绕竞技健美操技术发展趋势的主题，通过上网查阅竞技健美操规则、竞技健美操发展趋势等相关文献，并通过查阅健美操、竞技健美操竞赛规则等相关的书籍，对有价值的资料进行整理和归纳，为本书写作提供理论支持。

3. 对比分析法

对国际体操联合会制定的《竞技健美操竞赛规则 2013—2016》《竞技健美操竞赛规则 2017—2020》两本规则进行对比分析，发现新的规则变化，从而了解竞技健美操技术发展趋势。

二、竞技健美操的变化分析

（一）竞技健美操的总则变化

1. 团体排名变化

2013 版总则中的团体排名规定为“任何名次中如果出现得分相等，则并列”；2017 版总则中对团体排名规定更改为：①五人操项目的最好名次排名优先；②三人操项目的最好名次排名优先；③计入团体总分的有氧舞蹈或有氧踏板项目的最好名次排名优先；④如果依然相同，则并列，从这一变化中可以看出，团体项目在竞技健美操中获得更多重视。

2. 奖励变化

2017 版规则中，新增“每个项目的冠军都将被授予奖杯”。“奖杯”作为对竞赛胜利者的奖励，也从侧面反映了竞技健美操项目更加具有自身竞赛系统与奖励机制，是竞技健美操走向更加成熟的标志之一。

3. 着装变化

2017 版规则，在男装要求中新增“允许穿着长体操裤（紧身服 + 裤子）、一套连体服”。国际健美操赛事中对未佩戴国家标识 / 国徽予以 0.3 分的减分。从着装的要求变化，体现竞技健美操运动在国际的影响力不断得到提高，成为国际性重要运动项目之一。

（二）竞技健美操的难度动作变化

难度动作是竞技健美操的主要特征之一，难度系数选择与难度动作完成的质量高低直接反应运动员的竞技水平与能力。在2017版最新规则修改中，难度动作内容的改变最多。大幅度删减原有使用频率少的难度，根据训练手段与方法的不断提高，运动员水平不断增强，新增部分高难度、高分值的难度动作。

1. 难度动作体系的变化

2017版竞技健美操难度由4各组别构成（A组动力性力量、B组静力性力量、C组跳与跃、D组柔韧与平衡），其下分为23个根名组以及36个根命名组。与2013—2016版相比较，4个组别没有变化，增加了剪式变身跳作为新的根名组，取消了俯卧撑腾起、肘撑、塔玛诺根命名组。

2. 难度数量的变化

从表2–1的2013版与2017版难度动作数量统计中可以看出：新周期难度动作修改幅度巨大，难度变化数量为169个（减少111个，增加58个），从总量上减少53个。其中取消的难度为：取消全部俯卧撑腾起、肘撑、塔玛诺、跨跳、剪踢类的难度；取消大部分完成动作时成单臂支撑类难度与大部分半周（180°、540°、900°）转体类难度。新增的难度动作多为0.5以上高分值难度，增加大量转体为一周、两周、三周类难度与少量转体半周类难度。

表2-1 2013版与2017版难度动作数量统计（单位：个）

	A组	B组	C组	D组	总计
2013版	66（19.6%）	52（15.5%）	161（47.9%）	57（17.0%）	336
2017版	70（24.7%）	31（11.0%）	137（48.4%）	45（15.9%）	283
差值	+4	-21	-24	-12	-53
减少难度	13	25	56	17	111
新增难度	17	4	32	5	58
变化难度	30	29	88	22	169

精简竞技健美操难度动作，新增高质量的难度动作，以提高竞技健美操的难度动作质量，这是由数量到质量的转变。

3. 难度分值的变化

随着运动员的竞技水平不断提高，部分难度的难度值与分数值不在相应水平，使得难度分值需予以调整。由表 2–2 统计可以看出：原有难度分值调整以 C 组跳与跃最多，以分值提高为主，其中 42 个难度有上调分数。在难度评分分值变化中降分以立转、垂地劈腿、直升飞机成纵劈腿、成文森等难度为主，加分以反切、屈体跳、躯体分腿跳、劈腿跳、水平旋与旋子两周等难度为主。

表 2-2 原有难度的分值在 2017 版中变化（单位：个）

	A 组	B 组	C 组	D 组	合计
分值提高	7	2	42	8	59
分值降低	0	3	4	15	22

由表 2–3 中的分析可以看出，A 组难度平均分 2017 版以 0.62 比 2013 版 0.55 高出 0.07 分；B 组难度平均分 2017 版以 0.62 比 2013 版 0.55 高出 0.07 分；C 组难度平均分 2017 版以 0.66 比 2013 版 0.59 高出 0.07 分；D 组难度平均分 2017 版以 0.59 比 2013 版 0.56 高出 0.03 分。2017 版难度的平均分值 A 组、B 组、C 组、D 组均高于 2013 版，从难度的平均分比较中可以得出，2017 版规则中，难度变化是向高分值、高难度方向发展，难度动作的发展能提升竞技健美操的竞赛观赏性。

表 2-3 2013 版与 2017 版难度分值分布

难度组别	规则版本	0.1	0.2	0.3	0.4	0.5	0.6	0.7	0.8	0.9	1.0	平均分
A 组	2013 版	1	7	7	0	9	8	0	5	5	4	0.55
	2017 版	1	5	5	8	10	8	9	10	8	6	0.62

续表

B组	2013 版	0	3	7	7	10	10	7	4	2	2	0.55
	2017 版	0	2	2	5	3	5	4	4	2	4	0.62
C组	2013 版	0	3	12	25	32	35	23	14	8	9	0.59
	2017 版	0	1	6	13	17	28	25	24	8	9	0.59
D组	2013 版	3	3	6	6	7	11	9	6	3	3	0.56
	2017 版	1	4	3	5	5	8	7	5	5	2	0.59

（三）竞技健美操的成套动作变化

1. 成套动作的时间变化

由表 2-4 的对比中可以看出：2013 版成套动作规定时间为 1min30s（±5s）；[①] 2017 版成套动作规定时间为 1min20s（±5s）。成套时间上最新版的规则进行了 10s 的缩减，竞技健美操是以无氧供能为主的运动项目，运动时间的减少，对于无氧耐力方面的要求在一定程度上有所减低；从体能方面，竞技健美操运动员在成套动作的后期，体能下降明显，动作控制、难度完成方面也显得力不从心，因此，通过删减 10s 的成套时间，运动员有更多的体能去完成更高难度要求的技术动作与难度，以提升竞技健美操成套完成的整体质量与表现难美的技术项目特点。

表 2-4　2013 版与 2017 版成套时间对比

	成套时间
2013 版	1min30s（±5s）
2017 版	1min20s（±5s）

① 本节表格均引自周凯．新规则视角下竞技健美操技术发展趋势［J］．湖北体育科技，2017，36（07）：612-615.

由表2–5统计得出：2013版成套动作的难度选择至少包含A组动力性力量、B组静力性力量、C组跳与跃、D组柔韧与平衡中各一个难度，所有项目（男子单人、女子单人、混合双人、集体三人、集体五人）的总难度数最多为10个；2017版成套动作的难度为A组动力性力量、B组静力性力量、C组跳与跃、D组柔韧与平衡中任选三个组别的难度，每个组别至少1个，男子单人、女子单人项目最多10个难度，混合双人、集体三人、集体五人项目最多9个难度；2017版规则中将“C组落地成俯撑的难度最多不超过2个与C组落地成劈腿的难度最多不超过2个”改为“成套最多允许出现3个C组难度落地成俯撑及/或劈腿”。

表2-5　2013版与2017版成套难度动作选择对比

	难度组	难度数量
2013版	A组、B组、C组、D组 必须全选	10个（所有项目）
2017版	A组、B组、C组、D组 任选三组	10个（男单、女单）/ 9个（混双、三人、五人）

每个运动员都会有自己的优势难度组和劣势难度组，最新版规则的难度组选择中减少了一个必选难度组，配合成套动作的时间减少，运动员能选择更高分的难度动作，使得竞技健美操运动员能更好发挥自身优势技术，从而增加竞技健美操的观赏性；减少C组难度落地成俯撑或劈腿的数量，一定程度上避免难度类别的重复，减少地面动作，从而增强竞技健美操的热情、活跃、动感向上的特点。

2. 成套动作的内容变化

2017版的成套动作内容为：操化动作、难度动作、过渡与连接动作、托举动作（混合双人/集体三人/集体五人）、动力性配合/团队协作（混合双人/集体三人/集体五人）。竞技健美操成套动作组合中对托举动作、难度动作组合与操化动作进行调整。托举动作要求有所提升，要求至少上肩位的高度，肩位以下的高度改为同伴配合，增加托举评分，增加难度动作组合加分，鼓励难度动作组合，都能体现出竞技健美操表现难、美的特点；要求操化动作必须达到8个或以上单元，低于 8 个单元时，每少一个单元减 0.1 分。这是体现竞技健美操项目特点的内容，竞技健美操就是运动员表现连续、复杂、高强度健美操操化动作的运动项目。

（四）竞技健美操的评分变化

1. 托举的变化

在 2013 版规则中，将两个或两个以上同伴接触，其中一名运动员离开地面并重心支撑在同伴身上就视为托举；2017 版规则中，改为肩位及以上的托举高度视为托举，肩部以下的托举即使同伴离开地面重心支撑在同伴身上都视为同伴配合且无分值。2017 版成套中混合双人、集体三人、集体五人项目的托举由之前规则规定的必须 2 次托举改为必须 1 次托举，包括开头和结尾，增加了托举评分，由裁判长评分，最高 1 分，无托举将扣 0.5 分。

2. 难度组合的变化

由表 2–6 中统计看出：2017 版成套中改变难度动作组合加分，难度动作与技巧动作组合在难度都达到了最低完成要求时有 0.1 分的加分，3 个难度连接在难度都达到了最低完成要求时会有 0.2 加分，如果这 2 或 3 个难度中的 1 个难度没有达到最低完成标准，这个连接不能得到相对应得加分。超过 3 个动作的连接，每个动作减 1.0 分；组合加分最多 2 次，不允许技巧动作与技巧动作组合，出现将减分。增加难度动作与技巧动作的组合加分，增加的难度组合形式，能提高运动员的成套动作分值，一定程度上鼓励运动员选择和创新难度组合，为高水平的运动远提供更好的展示机会。

表 2-6　难度组合加分表

	组合形式	加分
2017 版	技巧 + 难度，难度 + 技巧	0.1
	技巧 + 难度 + 技巧	0.2
	难度 + 技巧 + 难度	0.2
	技巧 + 难度 + 难度	0.2
	难度 + 难度 + 技巧	0.2
	技巧 + 技巧 + 难度	不加分 + 减分
	难度 + 技巧 + 技巧	不加分 + 减分

3. 操化动作的变化

2017 版成套中操化动作必须达到 8 个操化单元（每个完整的 8 拍为 1 个单元），少 1 个操化单元扣 0.1 分。操化动作必须在成套均衡的分布，不允许连续出现多于 3 或 4 个操化单元，不允许无操化单元穿插的 3 个以上难度动作或其他动作出现（难度动作、过渡与连接动作、技巧动作等）。

4. 扣分标准的变化

由表 2–7 中看出，竞技健美操评分中取消了 0.2 分减分，增加了失误或摔倒的 1.0 分减分。2013 版评分中把减分分为小错误（减 0.1 分）、中错误（减 0.2 分）、大错误（减 0.3 分）、不可接受错误或失误（减 0.5 分）四个等级；2017 版评分中把减分分为小错误（减 0.1 分）、中错误（减 0.3 分）、不可接受错误（减 0.5 分）、失误或摔倒（减 1.0 分）四个等级。在新规则中增加了“摔倒”，“摔倒”指掉落或完全没有控制的跌落到地板上，运动员在完成操化、托举、难度、技巧、配合、过渡和连接动作时每一次摔倒将减 1.0 分。从评分等级变化和减分的增加，体现健美操评价要求越来越高，也体现了新规则对竞技健美操运动员的技术细节、动作完成质量等方面提出更高要求。

表 2-7　2013 版与 2017 版扣分标准对比（单位：分）

	1 级	2 级	3 级	4 级
2013 版	小错误（-0.1）	中错误（-0.2）	大错误（-0.3）	不可接受错误或失误（-0.5）
2017 版	小错误（-0.1）	中错误（-0.3）	不可接受错误（-0.5）	不可接受错误（-1.0）

三、新规则下的竞技健美操长远发展

从 2013 版与 2017 版竞技健美操竞赛规则对比分析发现，新的竞技健美操发展更加突出竞技健美操项目的本质特点。从竞技能力主导因素分类，竞技健美操是技能主导类表现难美性运动项目，2017 版新规则的修改更加符合竞技健美操的项目特点。运动项目的发展，一是要具备自身特色；二是要与现实不断更新与发展，这才能使得竞技健美操的长远发展。

第一，通过对成套编排的修改，降低难度组选择的要求，从而使得在某一组难度组别中有严重劣势的运动员得以发挥优势特点，避免不必要的难度减分，放宽了规则要求，反而增加了竞技健美操的观赏性；放低竞技健美操门槛要求，增强了大众推广性，同时又保证了高水平层次的竞技性。

第二，评分要求更加严格，从而使运动员要更加严格和高质量地完成竞技健美操技术动作，体现竞技健美操动作表现与完成的精确性。

第三，难度动作的整体难度系数提高，大幅增加高分值的难度动作也表现出健美操向更高难度的技术动作方向发展的趋势。

第三节　教学改革趋向下健美操发展趋势分析

近些年来，由于人们生活水平得到了有效改善，对于健康生活理念有了全新的认识，并且健身方式也越来越丰富，比方说社区健身、健身俱乐部健身以及广场健身等多种方式，有效地丰富了人们的生活。健美操作为一种新兴的健身方式，在多元化健身形式中以其自身独特的特点脱颖而出，受到人们的喜爱。

一、健美的操教学改革动向

伴随着健美操的快速发展，健美操已经逐渐被纳入到了教学体系，但是，近些年来，健美操发展速度过快，导致各大高校无法适应其发展，因此就要与时俱进的进行改革。

（一）丰富教学内容

我国高校在进行健美操教学改革的过程中，应该紧密地结合健美操的自身特点和发展趋势。健美操具有较强的综合性，并且在社会发展的过程中逐渐被人们改编成多样化的动作形式。我国高校健美操教学可以与其他运动项目相互渗透，有效地凸显出健美操的综合性特点。在教学中，教师可以根据健美操多样性趋势进行改革，将拉丁舞、芭蕾舞、爵士舞等有机融合进来，促进健美操方式的多样化，对学生采取专业化、系统化的训练，将学生朝着健美操教练的方向培养。

依据《普通高等学校体育课程教学指导纲要》(以下简称《纲要》)的精神，结合多年教学实践，从教学模式基本理论入手，就普通高校公共体育健美操选项课，从教学内容、教学方法和考试内容上探索提出了教学模式，提高健美操课的教学质量，实现省时高效的教学效果，实现普通高校公共体育教学与大学生终身体育的对接。

（二）提高教学质量

健美操能够迅速发展是因为锻炼方式比较科学，并且能够有效地调节人们身体的协调性。为了有效地提高健美操的科学性以及协调性，促进高校健美操教学的改革，应该采取电教和多媒体方式相配合的教学方式，针对一些难度较大的动作采用电教的方式来有效分解，既能够降低动作的难度，还能够使学生看到比较规范的动作，并且便于教师讲解动作的要领以及科学性所在，很容易使学生接受。采取这样的方式，首先可以在一定程度上增强学生对于健美操动作的了解；其次，可以有效地防止学生在练习中由于身体不协调等原因导致身体出现扭伤等现象；最后，积极引导学生进行练习。

（三）增强艺术性与审美价值

随着时代的发展，健美操与时俱进，更加凸显出了“健与美”的独特之处，竞技健美操作为运动项目中富有表现力的运动项目，运动员能够穿着新奇的服饰，并且在独特的音乐伴奏下，表演出多种风格的动作，并且表演动作较为生动、激情、个性，不仅仅增加了健美操运动的艺术价值，还在一定程度上满足了群众的审美需求，很好地适应了社会的发展。因此，为了促进健美操教学的顺利改革，我国各个高校应该高度重视健美操教学的艺术性，增强学生的审美情趣，同时，也要更多地开展健美操竞赛等活动，使更多的学生认识到健美操的艺术价值。

目前，在经济社会的不断进步与发展中，健美操作为一种新兴的运动项目，以其独特的锻炼形式吸引人们的眼球，并且在有机融合各种舞蹈后，更是加强了健美操的多样性。健美操在与节奏鲜明并且较为欢快的音乐相结合之后，使人在运动中感受到了强烈的艺术享受。我国高校为了适应健美操的发展，高校健美操教学应该进行科学改革。并且，在改革中合理应用多样化的教学模式，促进学生掌握健美操的基本动作以及体会动作要领，同时，也要不断地丰富相关理论知识，提高高校健美操教学质量，从而促进我国健美操能够健康、长远的发展。

二、健美操的多元发展趋势

（一）大众健美操的发展趋势

（1）由于我国经济社会的发展，国民经济水平的提高，人们的生活水平得到了大幅度的提升，对于健康有了更深刻的认识，推动了健美操的发展。健美操在种类以及练习形式方面都具有多样化的特点，为了更好地适应社会的发展，满足人们健身的相关需求，健美操的种类以及练习形式也要与时俱进地改革，朝着多样化方向不断进步。

（2）科学化程度不断提高。科学化能够在一定程度上保证健美操练习的效果，相反，不科学的健身方式不仅仅影响健身效果，还有可能造成一定的身体损伤。为了保证健身效果，首先，要提高健身的科学性，保证参加锻炼的人能够真正地达到健身的目的。其次，科学健身也能够满足健美操运动项目自身发展的需求。[①] 伴随着科学技术的快速进步，人们已不再是满足简单的活动、出出汗的健身方式，而是追求更加科学化的健身方式。健身的科学性以及取得良好的健身效果是人们选择健身方式的主要考虑因素。因此，为了促进健美操项目长期、稳定的发展，必须要大力加强健美操的科学化程度。

（3）健身健美操锻炼方式呈多元化发展趋势。由于人们生活水平的提高，审美意识也得到了增强，人们在健身的同时更加重视健身方式多元化的发展趋势，并且享受健美操所带来的艺术体会，越来越多的人喜爱这种和音乐、舞蹈紧密结合在一起的健身方式，重视身心的协调统一，而不只是局限于自身肌肉线条的锻炼。目前，瑜伽、普拉提以及单车等项目逐渐走入人们的日常生活，并且受到普遍地喜爱，而健美操也与时俱进的和更多的舞蹈元素紧密结合，派生出有氧爵士、有氧舞蹈、有氧拉丁舞等舞蹈性较强的健身项目。

（二）健身性健美操的发展趋势

1. 广阔的市场前景

（1）随着知识经济时代的到来和生活水平的提高，人们的生产和生活方式发生了巨大的变化，其特点是体力活动减少、脑力劳动增加、工作和生活的压力加大。这种情况使人们意识到健康的重要性，对健身的需求日趋强烈，使体育逐渐成为满足人们肢体运动、心理调节和情感依赖的主要手段。

（2）随着生活水平的普遍提高，人们可以从日常开支中拿出一部分钱来投资于体育活动，由此可以看出，健身运动已成为人们的时尚消费。

健身性健美操作为社会体育的重要组成部分，以其独特的魅力和功能特点受

---

① 熊纯子．健美操发展趋势谈健美操教学改革分析［J］．当代体育科技，2017，7（12）：242-243.

到人们喜爱。因此，在这种社会大环境下，健身性健美操的市场前景将更加广阔。

2. 多样化的种类与练习形式

为不断满足健身锻炼者的各种需求，健身性健美操的种类和练习形式呈多样化的发展趋势，如各种器械健美操和近年来出现的水中健美操，以及一些正在流行的特殊风格的健美操，如拳击健美操、拉丁健美操、普拉提、街舞、瑜伽等。这些新兴练习形式的出现主要是因为每个参加锻炼的人的年龄、性别、身体状况、健康水平和所要达到的目的是不同的，人们的需求是多样化的，如年轻人喜欢街舞、拳击健美操，老年人喜欢水中健美操，而女性很可能喜爱瑜伽。健美操要寻求自身的发展，最大限度地适应市场发展的需要，就必须不断地满足人们的不同需求。

随着社会的发展和人们生活水平的提高，人们的要求将更加个性化，集体练习的形式已不能满足一部分人的需求。因此，国外的聘请“私人健身教练”的健身形式已开始在我国流行。相信在引进和学习国外经验的基础上，将出现更多的不仅适合中国人，而且能吸引外国人的新的健身性健美操练习形式。

在世界范围内最受欢迎和发展最快的健身形式是集体力量练习、私人健身教练指导下的个人练习和大脑—身体综合练习。对传统有氧健身操来说，编排简单的低冲击力和高低冲击力混合的练习仍是世界各国健身中心的常规项目，而单纯高冲击力的练习由于容易引起关节的损伤已不再流行。

3. 提高健身性健美操练习的科学化程度

（1）科学化是保证健身性健美操练习效果的关键。如对不同人群体质的测定和不同年龄段人群锻炼的最佳心率范围的研究可提供科学有效的运动处方。不科学的练习方法不仅导致锻炼没有效果，而且还可能引起运动损伤。因此，只有不断提高科学性，才能使参加健美操练习的人真正达到有效地锻炼身体的目的。

（2）科学化也是健美操运动自身发展的需要。随着科学素质的不断提高，人们不再满足于简单的锻炼形式，而是寻求更加科学化的健身方式。是否科学、是否能真正达到锻炼身体的目的是人们选择健身项目的一个非常重要的因素，只有科学化的锻炼才能得到人们的认可。因此，只有不断提高健美操运动的科学化程度，健美操项目才有发展，才能有市场。目前，一些健美操从业人士已经认识到了这一点，正在不断地探索健美操科学化的方法和途径，相信在今后的发展中健美操的科学化水平将不断提高。

（3）知识经济的到来和信息技术的发展，使人们可以非常容易地获得各种信息，这将对我国健美操运动科学化起到极大的促进作用，从而能够与国际发展保持同步。

4. 健身指导服务质量的提升

“现代健身场所”是现代人类文明高度发展的产物。各类健身场所的不断增多，刺激了健身市场的竞争性。现代健身场所的经营最终要通过服务才能实现，服务质量的高低，直接关系到大众健身的质量和经营者的经济效益，同时也必将影响健身市场的兴衰。所以，为健身消费者提供及时、优质、高效的服务，从而使客人达到预期的健身目的，提高健身指导的服务质量，包括服务礼貌、服务标准和服务程序，已成为推动健身俱乐部发展的至关重要的因素。

（三）竞技性健美操的发展趋势

根据“项群训练理论”对竞技体育的分类，竞技性健美操属于“技能类表现难美项群”。竞技性健美操和同群的竞技项目（如竞技体操、艺术体操、花样滑冰、花样游泳、跳水等）一样，竞赛中是以运动员所完成动作的难度以及新颖、稳定、优美等因素来判定其技能水平的高低。难、新、美正是竞技性健美操的技术发展方向。国际体联对竞赛规则的改革将促使竞技性健美操运动技术继续沿着难、新、美的方向发展。

1. 注重艺术性创新

竞技性健美操是一项艺术性极高并要求不断创新的运动项目。动作的编排、过渡连接及空间的使用和转换的流畅性都是艺术性创新的具体体现。艺术性创新要求成套动作的编排要新颖和多样化，体现音乐的风格、动作和运动员的表现之间的完美结合，艺术性创新将是竞技性健美操未来发展的极其重要的部分，运动成绩的好坏将在很大程度上取决于此。

2. 完美的动作技术

国际体操联合会新规则虽然对难度动作的技术完成标准和缺类的要求降低，

却对动作的技术完成质量提出了更高的要求，同时大大加重了动作完成质量的扣分。因此，动作的完美完成将是运动员技术和竞技水平的具体体现，是取得优异成绩的根本。可以预料，未来竞技性健美操比赛就是比动作的完美完成，即动作技术完成质量将是评价运动员竞技水平的关键因素。

3. 多样化发展的难度动作

2001—2008 年的《健美操国际竞赛规则》将难度动作重新进行了分类并确定了各个难度的价值。新规则把难度动作分为 4 大类别 10 个组别，难度动作价值分为 0.1 ~ 1.0 分，包括预期的难度动作。在全面提高难度动作的分值和降低难度动作最低要求及减少难度动作数量的同时，不仅对难度动作的重复做出了不计分值和数量并将予以扣分的规定，而且对缺少规定的难度动作将扣掉 1.0 分，这意味着难度动作的选择将向着更加多样化的方向发展。

第三章　健美操的美学特征与审美属性分析

健美操是一项与美学紧密相连的体育项目，其能将人的形体，精神，创造力等充分展现出来，并在背景音乐的烘托下，表现人的情感，进而将艺术魅力与美学价值进行完美统一。本章重点围绕健美操与美学的辩证关系、健美操艺术美的构成要素、健美操的审美属性以及多元艺术视角下的健美操审美进行分析。

第一节　健美操与美学的辩证关系

一、健美操

国外学者的不同观点：第一，力量、耐力、柔软加上美就是健美操的公式；第二，健美操是将具有效果的爵士技巧中之独立性和多中心性，应用于身体运动上，并根据体操的原理，融于运动之中，使之成为体操之体系上的一环；第三，健美操是一种改变形体和心理感觉的体操。

国内健美操专家学者的不同观点：第一，健美操是以有氧运动为基础，以健、力、美为特征，融音乐、体操、舞蹈为一体的体育运动。它既是一种增进健康、塑造形体、娱乐身心的大众健身方式，又是竞技运动的一个项目。第二，健美操是在音乐的伴奏下，以身体练习为基本手段，以有氧运动为基础，达到增进健康、塑造形体和娱乐目的的一项体育运动。第三，健美操是融体操、音乐、舞蹈、美于一体，通过徒手、手持轻器械和专门器械的操化练习达到健身、健美和健心的目的的一种新兴娱乐、观赏型体育项目。第四，健美操是融美、体操、音乐、舞蹈于一体，以有氧运动为基础，既是增进健康、塑造形体、娱乐身心的大众健身方式，又是竞技运动项目，最终以表现“健、力、美”为特征的一项体育运动。

二、美学

美学是一门学科，它研究现实中的美好事物、人对世界的审美认识的特点和按照美的规律（其中包括作为现实的审美反映的特殊形式的艺术的发展规律）进行创作的一般原则。

美学是从人对现实的审美关系出发，以艺术作为主要对象，研究美、丑、崇尚等审美范畴和人的审美意识，美感经验，以及美的创造、发展及其规律的科学。

美学是研究审美的特征和规律等根本性问题，是人类在长期社会时间的基础上审美经验的积累并加以系统化的一门学问。

三、健美操与美学的渊源

美，是美学中的一个基本概念。可以理解为所有能够引起人们美感的客观事物所具有的相同本质属性的概括，是一个比较抽象的概念。与此同时，它又不仅仅是一种概念，它还可以是由客观的外界事物自己本身从内至外的形态表达人们感受而获得的价值的体现。由此可见，美是客观的，并且是可以感知的。此外，美也是物质的，是客观存在的外界事物拥有可以使人们产生美好感觉的物质条件，且此条件一定是此外界事物所自身具备的。综上所述，美是客观存在的物质，它不会以人的主观意志（或审美意识）的改变而改变的。[①]

人类自古就对美有着执着而强烈的追求。无论是两千多年前，人体美开始被古希腊人无限崇尚，并提出了举世闻名的主张，即体操锻炼身体，音乐陶冶精神；还是古印度瑜伽术以及文艺复兴时期提倡开展的体操运动，都无疑淋漓尽致地表达了人们对身体美、心理美的强烈追求。虽然物换星移，时过境迁，但是如今的现代社会中，人们对于美的追求却从来没有停止。伴随着社会经济的高效发展，人们生活质量、文化素养的不断提高，有追求美的心态，但缺乏追求美的行动与

① 魏娜娜．对健美操艺术美 [D]．武汉：湖北大学，2012：5-25.

时间。随之而来的便是各种引发人体亚健康的情况。为了摆脱亚健康的困扰，人们对身体美和心灵美的追求愈来愈强烈，此时，具有生命活力，融体操、舞蹈、文化于一体的健美操成为人们追求身体美、心灵美的最佳方式。

（一）源于生命力：追求青春活力的身体美

在自然界当中，万物都是在不断地变化发展的，人为万物之灵，那么人类的身体美则是自然界万物发展到最高境界的美，即大自然中最高级的美。

1. 身体美的研究价值

人类的身体美是存在于现实生活中的一种美，它是现实生活环境中一种独特的审美对象。身体美多数表现在进行生命活动时，人体的动态变化之美。故必须严格符合人体解剖学的特点和新陈代谢的生理规律。故身体美的标准具有时代性和相对稳定性的特点。在体育美学中，身体美作为其特有的概念而存在。这种美多数都是在体育活动中得到最充分和最丰富的展示，只有通过锻炼才可以得到的。

身体美可以理解为是人类在感性形式上对自己的身体呈现的一种理想状态，或最高追求。与此同时，也就体现出身体美具有一定的特殊性，即只有在物质文化生活发展到一定水平，社会文明达到一定程度时，才有可能对身体美进行深入的研究。

身体美的研究广泛地涉及众多学科，如：生理学、解剖学、生物力学、人类学、遗传学、哲学、心理学、美学、民族学、优生学等。因此，对于身体美的研究就更显得尤为重要了，其价值体现在以下方面：

第一，身体美的研究符合人类的健康理想。美的身体是不允许有任何缺陷的，如：发育不良，以及由不卫生、不合体的服装和不规律的生活习惯所导致的各种缺陷。

第二，身体美的研究有助于人们树立正确的身体美的审美观。如：古代社会中的缠足、束胸，现代社会中割双眼皮，穿紧身衣裤等都与人们不同时期对身体不同的审美观念造成的，但这些都有违于身体美的健康发展，说明人们对于身体美缺乏正确的审美观念。

第三，身体美的研究有利于人口素质的提高。从元谋人至今，人类的各个方面都在不断进步，人类的身体无疑也应该一代更比一代完美，使身体美的研究可以为子孙后代造福。这也是遗传学、医疗学、优生学、形态学等学科理论不断更新的依据。

第四，对身体的美进行审美评价可以有效带动人们参与体育运动的热情度。如今社会人们崇尚身体的瘦健为美，男性锻炼结实的肌肉，女性则千方百计保持苗条的身姿，这似乎已经成为一种“社会义务”，为在社会生活中，如谋职、工作中等取得一定的形象加分，可以给人一种有能力、可靠的感觉。由于受这些社会因素的影响，人们将会更加愿意投入到体育运动中，塑造符合当今社会审美标准的身体形象。

2. 健美操的身体美源自生命力

身体美具有重要的价值，美的运动才会塑造出美的身体，通过人们对身体美的需求的不断提高，大量艺术性较强的和充分显示身体美的项目越来越受到大众的喜爱，如：在健美操的基础上衍生的各种操类运动包括搏击操、瑜伽操、啦啦操、街舞操、拉丁操等。健美操就如同它的名字一样力图追求美和展示美。由此可见，健美操所体现的身体美是生命活力的有效展示，正是源于生命活力的灌注而释放的美。

（二）源于体操运动：追求动态力量的运动美

运动是一切生命的源泉。运动是人类与体育有关的身体运动，是人类有组织有目的、有规则的身体活动，即为培养全面发展的人的带有体育性质的身体运动。

运动美，顾名思义是身体在运动的过程中所呈现出来的美，是人在参与体育活动中表现出来的动态变幻之美，也是人类审美领域中由体育运动带来的一种特殊的审美对象。

1. 体操的认知

体操是通过徒手、持轻器械或在器械上完成不同类型与难度的单个动作、组合动作或成套动作，充分挖掘人的潜能，表现人的控制能力，并具有一定艺术要求的体育项目。体操的概念主要有以下方面：

第一，竞技层面上的体操，即竞技体操。竞技体操不仅仅是一项体育运动项目，更是竞技文化的一种表现形式。竞技体操有别于普通体操在于：其动作更为复杂，技术含量高，且动作套路的创编、搭配变化多端，每一个动作的完成都需要高超的技术水平。竞技体操的动作惊险，技术精湛，对运动员力量的要求是非常高的，这就可以带给观众极强的感官刺激，让观众赏心悦目的同时，给人一种勇于追求的欲望。

第二，基础层面上的体操，又称基本体操。这类体操通常出现在学校体育当中，在学校的教育中具有重要的价值。通过体操教学中力量的把握、身体倒置、变化形式繁多、艺术表现力强的特点以及现实生活中自我保护能力的培养等方面是其他学校体育教学内容所无法替代的。

第三，拓展层面上的体操，即以体操为原型而衍生的其他运动项目。如：艺术体操、蹦床、健美操及舞蹈等运动项目。

2. 体操的主要特点

体操和其他运动项目一样，有其自身的特点，具体有以下方面：

（1）体操所包含的内容丰富，表现形式多种多样，容易普及，便于开展，故具有较为广泛的群众性。

（2）体操能够全面的、有针对性的、有重点的进行锻炼。

（3）无论是体操项目的训练、教学或展示时，都离不开帮助与保护。

（4）体操是技术性和艺术性相结合的产物。

（5）创新是体操的生命。

3. 健美操的运动美源自体操

体操从它产生之时，就无时无刻不在向人们体现、展示着人体运动美中的力量美。在体操中，力量是最基础的，也是始终贯穿于体操运动整个过程中的。无论是展示个性、气质、精神面貌的内力，还是在完成每一个高难度动作时体现出的外力，无疑都体现出了人体的技术、力量和智慧的结晶，给人一种征服自然、创造自然的视觉冲击。每当体操运动员完成一套高难度、超乎人们想象的动作组合之后，人们都会被这种超乎寻常的力量所震撼，进而对其产生某种敬仰，从而感受到通过体操所带来的动态力量的运动美。

人体本来就是一种神圣而高贵的存在，人体的健康、强壮、健美能够激起人们对青春和生命的强烈追求。当人们观看体操竞技比赛时，每一个体操运动员都拥有宽阔的肩臂、挺拔的胸肌、平展的腹部等集聚一身的完美身材。其身材本身就给人一种力量的美感。再看运动员在完成动作组合的过程中，不光有动作变幻的动态力量美，还有每一个动作保持过程中的静态力量美，在这动静结合中完美的诠释了运动美，带给人们以无尽的生命力的体验。

健美操作为体操项目中的一个分支，正是很好地继承了体操项目中动态力量的运动美，在体操的基础上更显活泼、动感、青春。在这种不断变幻的动态力量的驱使下，人体的生机和活力被展示得淋漓尽致。

（三）源于体育文化：追求情感语言的人文美

人类，是所有生物中最能够自我欣赏的物种，所创造的文化具有高于任何物种的独特审美价值。追求健康，是体育主要表现的一种具有自身特点的人文精神；这种人文精神所形成的观念，其主要宗旨是追求人类身体和心灵的和谐之美，这是对人类最终极关怀的完美体现。

人文美，已经上升到文化、精神的层面了，可谓是体育之美的最高表现形式。可以理解为通过身体运动这一过程中体现出的美，在被转化成情感上的领悟或认知之后，进一步升华成为人文价值层面的审美创造，即体育人文美的产生。具体可以分为：物种之美（类）、群体之美（种）、个人之美（属）三个层面。

人文美又不同于身体美和运动美，身体美和运动美是显性的，而人文美相对来说是隐性的。人文则是体育文化当中的一部分，多属于精神层面。因此，要研究健美操人文美的渊源，就必须要从体育文化中的人文着手了。

1. 体育文化的认知

“体育文化”的渊源，必然是从“文化”开始的。从古至今，对于“文化”一词有广义与狭义的解释。取其中义的解释为“把它视为人类创造的产物，社会实践活动的结晶，构成社会诸种现象和事物的复合体。包括人们日常生活中的物质生活、精神生活及社会生活中的饮食文化、旅游文化、衣着文化、体育文化等内容。因此，将体育看成一种文化现象之后，便形成了体育文化，这是一种将所有与体育相关的东西全部综合起来的相关概念。

与此同时，由于人类是大自然的创造物种之一，人类必须要努力的在自然中生存，同时还要不断的认识世界、改造世界。就是这样的一个过程中逐渐形成了三大科学体系，即自然科学、社会科学以及人文科学。体育作为一种人类所固有的身体语言，始终贯穿于人类自身的物质属性和精神属性之中，因此自然科学是体育文化之根，人文科学是体育文化之母，社会科学是体育文化之翼。

2. 健美操的人文美源自体育文化

通过对体育文化和人文的渊源的追溯之后，更加深刻地理解了通常所说的“体育的人文精神”。健美操作为大众喜爱的一项体育运动，固然是具有体育的人文精神的。由于健美操项目的特点，健美操的人文美更多地体现在了动作编排的规范美；队形变换的团队协作美；比赛进退场的礼仪美等等方面。不论是日常练习或训练还是表演或比赛，整个参与健美操的全过程都有人文美的呈现。这些人文美无疑是符合“体育的人文精神”的。而体育的人文精神正是体育文化中最高的表现形式。故健美操的人文美源于体育文化。

（四）源于舞蹈艺术：追求动感造型的艺术美

舞蹈艺术是人类历史上最早创造的艺术形式之一，在人类长期的生存与生产活动中，舞蹈艺术由过去的单一到多样，简单到精美，逐步显现出了多姿多彩的局面。

1. 舞蹈艺术的认知

舞蹈，是以人的肢体动作为主要艺术手段，通过提炼、组织、美化人的肢体动作来着重表现包括语言文字等其他艺术形式所不能表现的人类精神的世界、内心的感受、细腻的情感、矛盾的思想、迥异的性格等人与人、自然、社会间及人自我内心矛盾的冲突，创造有血有肉的生动舞蹈形象，以表达审美情感、审美理想，从而反映出生活的审美属性，且具有空间性、时间性及综合性的动态造型的艺术。

2. 舞蹈艺术的起源

舞蹈作为一种社会的审美形态，在远古人类求生存的时代就已经存在了。具体而言，舞蹈产生于以下方面：

（1）舞蹈起源于劳动。这一观点是由我国舞蹈史论工作者最早提出的。劳动创造了人自身，使人和动物有了本质的区别；劳动创造了社会，使舞蹈艺术有了自己的物质载体。我国一些原始的舞蹈如：鄂温克族的《跳虎》、鄂伦春族的

《黑熊搏斗舞》都是来源于日常的狩猎劳动中。

（2）舞蹈产生于模仿。这个最古老的理论是由古希腊哲学家提出的。他们认为人天性和本能就会模仿，人对自然的模仿就是舞蹈。

（3）舞蹈产生于游戏。此游戏并非通常人们说的游戏。是游戏学中的游戏，即指人的审美需求，以假象为快乐。

（4）舞蹈产生于表情。在《艺术的起源》中格罗塞强调：原始民族的舞蹈在表现情感和交流方面的重要作用，这就印证了产生于表情之说。

（5）舞蹈产生于恋爱。达尔文作为英国进化论的奠基人，他曾经表示："音乐和舞蹈起源于性的冲动，起源于恋爱。"从古至今都有人们将舞蹈作为求爱的手段。

3. 健美操的艺术美源自舞蹈艺术

舞蹈讲究的是人体动作的优美、造型的新颖独特、音乐节奏的变幻以及给人以美的享受和愉悦等，这些恰恰是健美操所延续的，健美操对动作、造型、节奏以及美的享受同样有明确的要求。舞蹈和健美操都是直观的塑造艺术形象，即它们的艺术价值能够直接依靠人们的视觉器官眼睛进行审美感知。可见，健美操的艺术美源于舞蹈艺术。

第二节　健美操艺术美的构成要素

一、动作方面的构成要素

（一）健美操动作与身体的协调灵活性

健美操的动作具有多变性的特征，并且它要求动作姿势、力度和表现力都要尽可能到位。健美操除了保有徒手操的基本动作之外，还吸收了舞蹈、武术中的多种动作精华，再进行组合并最终创编成健美操动作，具有多样化与复合性，其中大幅度融入膝、踝、髋等部位的动作，加强了健美操的魅力，丰富了健美操动作。健美操的所有动作都能起到协调身体多个部位的灵活性和修正全身多处部位不良形态的作用。通过健美操的练习使肌肉群之间慢慢协调磨合，排除相互挤抗等现象，从而具有很强的韵律感，不仅可以改掉日常生活中的不良体态，含胸、端肩、O 型腿等。

另外，良好的身体形态影响并决定了健美操动作连接、完成、姿态、美感等。因为，健美操需要头、臂、腿、髋、手等多个部位同步或依次合作运动，来提高肢体动作的控制能力，协调性和灵活性，使动作更加优美、舒展和规范。然而控制动作的能力和动作能否到位又直接地反映在动作完成的质量高低上，此外，肌肉紧张和放松的交替是否适宜，又是使动作舒展、自然、协调和维持平衡能力的前提。平衡类动作是健美操的重要构成部分，运动者平衡能力的高低就掌控者动作质量。同时，还是准确的区别与评定动作在时间、空间以及力量上的参数。

健美操动作是人为加以条理化的人体运动，是有一定时间、空间限制的。它将相同和不同的各种难易动作巧妙组合布局，再根据各种身体姿态、跳跃变化产生相应变化，从而形成强烈的节奏感。任何艺术品都是生命的表现形式，都有它能长久存在的特定节奏性。健美操成套动作就像一件艺术品，如果缺少了节奏鲜明的动作变化，就根本谈不上健美操运动可言。健美操动作的方向变化、速度变化、层次变化、动作幅度变化等又由各人身体素质决定，这样，内在节奏—呼吸，与外在节奏—音乐就有机地结合在一起，形成整体节奏的完美和统一。健美操多变的动作与身体协调性相结合，配以动感欢快的音乐节奏，改变了身体姿态，更加促进了身体的协调性发展。

（二）健美操动作的刚柔与动静协调性

健美操在选取动作上要有动和静、刚和柔，亦要有快和慢、高和低的存在。不仅能够塑造人体自身的美，而且就其动作而言更贯穿了静、动态的美。运动美是人体在运动过程中才展示出来的美，是运动者通过肢体动作的方式演绎出来的。健美操表演者匀称的体态、刚劲有力的动作、热情奔放的个性，使观赏者不仅得到了自然美的视觉享受，还领略到了健美操静态美学的艺术内涵。健美操的动态美是通过健美操运动者运用灵活的肢体信号、舒展流畅的肢体动作、肌肉紧张和放松的交替、以及爆发力，四者结合在一起，并配合身体进行多部分有节奏的依次运动，所产生的波浪起伏，表现出来的一种充满生气和活力如行云流水的动态性。

此外，健美操的团体表演更是通过所有人的配合，队列队形的变化，以及动作在方向、力量、速度、节奏等方面的交替变化中伴以相应的音乐，勾勒出一幅刚柔、动态的五彩画面。由于动作和姿势的各种变化，一刹那的动作就是一个唯美的造型，组合多个造型，就构成了健美操的立体图画，使观众获得视觉上的动态美，体验身、形、心三位一体的融合，感受到健美操运动所呈现出的多种美的同时，产生愉悦的审美情感。静止是针对片段的姿势所形成的不断重叠的画面。

动态则是针对整体（不断变化）产生出来的动态美。健美操的突出特征就是动态美，它打破了静态美的束缚，使美的形态不断翻新，在时间上，形成节奏和旋律，给人以强烈动感。健美操运动中的动和静既互相区别又互相衬托，缺少了静，就不可能突出动，缺少了动，静也就没有了衬托，静中有动，动中亦不乏静，动静结合得天衣无缝、浑然一体，从而才能创造出多姿多态的意境。

在动和静的变换中，健美操的“刚柔美”同时也得以淋漓尽致的展现。刚与柔的对比交织是动作美形成的主要手段。在形态上更多地体现出女生优美，匀称的身材、秀美的曲线，再配合轻盈美妙的动作姿势；男运动员则体现了健壮、刚强、雄伟、有力，体现了男性阳刚之美，强壮的身体、发达的肌肉和女运动员形成了刚与柔的对比。此外，在动作的编排上也要刚柔相济。如：一套健美操动作中既有舒展优美的平衡与柔韧动作，又有干净利落、富有激情与活力的动作组合，更有大幅度高、轻、跳跃动作之后接俯撑、劈叉、旋转等动作，刚劲有力与柔软优美在一套健美操完成过程中得到了很好的结合与展现，产生出辩证的艺术魅力。

（三）健美操动作与音乐的和谐性

音乐被誉为健美操的灵魂。音乐既可以提高运动者的表现力，又可以为操增添艺术色彩。可以说音乐为健美操插上了一对翅膀，使健美操翱翔在更高更广阔的领域。要想迸发出艺术的火花，就要将听觉艺术（音乐）和视觉艺术（健美操），揉合在一起。从时空角度意义而言，音乐体现的是一种“时间艺术”，而健美操体现的是一种“空间艺术”，“时间艺术”与“空间艺术”结合起来，能给人以美的享受。运用人体自身的肢体信号—手势、舞姿、造型等，配以步伐、手势，赋予动作、节奏以内涵，塑造出具有动态时间的人体形象，最终构造成为艺术作品。健美操动作和音乐的融合不止停留在外在和谐上，更加反映在内在的抽象和谐上。

音乐和健美操之间存在较为密切的联系，这点从健美操音乐选配方法上也不难看出。健美操的配乐可以在最后进行；也可以先选乐曲，后编动作；还可以先编动作，后创编乐曲。从音乐选配的三种方法不难看出其目的都是使动作和音乐配合默契、和谐。人们的形体动作是健美操运动的载体——音乐的外在塑造和展示。两者相辅相成，有着千丝万缕的联系。由于健美操的音乐具有很强的感染力，因此，它对气氛的烘托就显得相当重要。只有健美操动作与音乐内在要素完美一致，才能展现整体的艺术性和创造性，才能使操乐交融，上升到一定的境界，从而使人们得到健与美的享受。可见，音乐对健美操起到至关重要的作用，健美操的动作只有在时间、空间、力量等方面和音乐在时间、空间、韵律上形成统一，这样创编出来的健美操才一能够产生艺术魅力。

只有将音乐与操动作的速度节奏、风格、结构布局完美的融合起来，才能赋予健美操动作生命力。然而，选择音乐的原则为：选题要活泼、积极向上、节奏鲜明、有较强渲染力及健康的风格。健美操的特点和风格主要就体现在和音乐的配合之中，因此，要保持音乐和动作在节奏上的协调性，布局上的一致性，主要包括以下方面：

首先，就音乐的节奏而言：音乐的节奏和速度掌握动作的节奏和速度，才能提升整体效果，刺激人们的视觉和听觉，最终引起人们情感上强烈的共鸣。

其次，就音乐风格而言：音乐的风格为动作风格指引方向，音乐的选取要与动作内容、动作风格相匹配，不同的动作风格有与之相对应的音乐主题，才能使肢体语言更具有活力，才能更好地展示健美操运动所带来的美的感召力，才能淋漓尽致地展示动作本身的内涵，运动者通过音乐中传递情绪体验，两者珠联璧合，达到完美的艺术效果。

再次，就音乐布局而言，音乐的句法和段落，左右着整套健美操的分段与结构，健美操完成动作的时间和动作间的间隔都需要和乐曲节奏变化一致，健美操通过相同的结构选择和音乐的衔接，同样，音乐的结构进程，是通过音乐之间的连续来体现，它们有不同的表现形式及和美学天地，因此，要找到它们的融合点，来创编形象。

最后，就抒发情感而言，音乐是表达思想和情感的艺术，音乐给操带来氛围，表现操的特点，又用动作将人引入乐的意境，从而来展示音乐所要表达的主题情感，它将运动者单纯的听觉艺术变成了听觉和视觉艺术的融合体，引发了健美操动作和音乐在节奏上的内在效应，因此才会有不一样的音乐表达不一样的情绪和感情。例如，通常想要表现出欢快、热烈的情绪会选用快速、强烈的节奏，忧郁、缠绵的感情则多选用缓慢、深沉的节奏。

1. 动作与音乐在节奏上的一致性

人的听觉有聚合现象，能够将一连串的音响，根据节拍的强弱，自觉地进行排序，并将它们重新聚合成有重音的节拍。对于乐曲来说，节奏指的是它的长短强弱关系，它的旋律必须要有特定的节奏力度和强弱关系。音乐节奏的最基本变化形态是 2 拍和 3 拍，根据操的特点和运动规律，一般选用 2 拍和 4 拍来配制（4 拍是 2 拍的重复），同时应留意突出重音，节奏的快慢则要由健美操编排的内容来决定。节奏是健美操基本构成要素及表现手段，它使各种动作在单位时间内形成相对统一，在时间上准确地规范健美操的动作。

健美音乐可以选用不同的节奏及旋律，有的开头时比较慢，到了中间部分就变得快速强烈，结尾又用舒缓的乐曲结束，运动者随着乐曲节奏的变化，配合高低起伏的动作逐渐进入高潮，使情绪及运动量都能到达顶峰，然后在舒缓愉快的乐曲旋律中恢复平静。因此，在选择音乐时，对节拍有特殊的要求，依据不同的动作配上相应节奏的音乐。一般大众健美操为 10 秒 20 ~ 25 拍，竞技健美操 10 秒 26 ~ 28 拍。音乐速度的快慢会直接影响运动者动作速度的快慢，这样的节奏不仅能够带动人的情绪，还能促使人体均衡发展。比较而言，快节奏音乐比慢节奏音乐更带起操的活跃性和观赏者的兴趣，健美操音乐多采用韵律鲜明较快节奏的音乐，尽量少用单一无主题的音乐，因为长时间使用强听觉刺激的单一音乐，就容易使人产生枯燥的感觉，同样，太慢的音乐也不利于操的编排，因为一旦节奏慢会显得人缺乏激情和力度，大大削弱感染力，减弱整套操的韵律感。

反之，过快节奏的音乐同样会使运动者无法较高质量完成预期动作，也就更不用谈动作和音乐在节奏上的一致。但是，如果合理的编排节奏，把慢节奏音乐作为动作的开始和结束，快节奏音乐放在中间高潮部分，这样，慢节奏音乐就能反衬在快节奏音乐中展示的速度和力度。因此，在编排中只有音乐与动作在节奏上达到一致，才能体现操的韵律之美。

韵律是经过组织和规范形成的有节奏和韵律的人体动作的自然形态及自然运动。一套健美操中，除了有音乐节奏的变化，还应该有动作节奏的变化，既不能没有变化，也不能为了变化而去变化，这种变化一定要有一个合理性和一个巧妙的爆发性，能够带给人意想不到的视觉冲击。缺少变化的事物，就会让人产生疲倦感和审美疲劳，因此，健美操中诸多动作内容在节奏上变化的多样性和巧妙性就构成了抓住观赏者眼球的艺术因素。一般而言，音乐的节奏一旦确定下来之后，是不容易改变的，能变的就是动作的节奏了。健美操动作的节奏表现为：动作力度的大小和速度加快减慢规律性的变化之中，同一个动作通过改变力度的强和弱、速度的快和慢，就可以体现丰富的内容。

众所周知，长时间的节奏运动会使人体变得越来越协调。但是，不管动作的节奏如何，都必须要遵循音乐节奏的要求。例如，在一节音乐中可以做一个或多个动作，但是必须要保证音乐和动作之间完全吻合，动作少不赶音乐，动作多也不会拖音乐，只有这样才能形成健美操的韵律感，韵律在健美操运动中体现了和谐的思想。健美操通过对动作时间的长短、力的强弱、速度的快慢等各种对比因素，展示人体健与美的难度水准。同时，正如一段乐章，像这样紧凑而完整的编排，具有明显的韵律感。正是这种韵律美，才能将健美操活泼、朝气、健美的韵味，充分地展现出来，给人变化清晰、层次分明的感觉。健美操运动只有在高与低的变化中体现动感的强劲韵律，在快与慢的变换中体现刚柔差异的韵律，才能组合成一种相互补充衬托的辩证统一体，进而突出鲜明的节奏感，这种万变的强烈动感和优美形态，足以引人入胜。

健美操中音乐节奏和动作节奏并不是简单地进行机械组合。健美操作为体育项目，体现了人体多方面的综合素质，是音乐节奏与身体动作节奏相结合的产物。首先，音乐节奏带动动作节奏。音乐节奏往往也反映了舞者内心的节奏，而内心的节奏感则是建立在外部身体律动的基础之上，合着音乐节奏做出富有规律性的动作；其次，不同律动动作的组合，结合身体表现力、感染力以及活力，使运动者自然的融入音乐节奏，产生直接情感体验，从而促使音乐与动作逐步形成对应联动，再现出健美操音乐与动作内在的节奏关系，最终实现在操所追求的目标；

最后，内在同步效应。音乐在遵从健美操技术动作的内容需要下，结合动作的幅度、快慢、高低、轻重缓急、间歇停顿等和整体舞姿、形象及情感融为一体，在感受音乐的变化和完成动作的同时享受自然美，最终达到两者之间的和谐、融洽。

由此可见，健美操与音乐不仅共同组织在节奏的时间和力的关系之中，还在轻重缓急有规律交替的节奏中。要综合把握音乐节奏的内在效应，学会灵活运用其蕴藏的无穷生命力，将节奏的内涵注入健美操运动中，从而转换成新的生命力和活力。

2. 动作与音乐在风格上的一致性

健美操的动作风格表现在与音乐的配合中，人的动作通过节奏、旋律、速度、力度等要素，塑造和展示音乐外在的形象；而音乐的旋律和风格又要动作来展示。选用的音乐要能体现出操的风格。独特鲜明的音乐风格，配以流畅的肢体动作，才会使身体美、意境美，结合在一起，赋予无声的形体语言以感召力，才得以展示动作本身的内涵，表现出健美操特殊的艺术感染力，不但能让人受到精神上的陶冶，同时还能够刺激人们的视、听系统，进而引起人在心智与情感上的共鸣。

不同速度、节奏和风格的动作应配以与之相对应的音乐主题，运动者从音乐中得到情绪体验，从而达到最佳艺术效果。例如：一套以现代舞为基调刚劲有力的操，适合强烈直率的音乐；一套把主基调定为舞蹈的操，就较适合中速音乐；一套技巧难度多的操，则更适合较慢速度的音乐。只有动作的节拍刚劲有力，才能突出健美操特有的风格，也才能较好地体现不同风格操的节奏美。

音乐与健美操是不可分割的整体，音乐的节奏决定着健美操运动的强度，音乐的风格引导决定了整套操动作的风格，没有音乐就没有健美操这一运动的形成。只有操的动作和音乐风格相配了，这样音乐才能反过来支撑操的动作，才能尽显不同风格健美操的无限魅力。另外，音乐风格作为成套动作的主线，动作、服装、音乐等都需要围绕着它来编串成完整的艺术形象。除此之外，音乐的风格也会受到地域环境的影响。

音乐是健美操运动的载体。其中，音乐的风格加深并补充人体运动风格，只要动作和音乐风格相吻合，就产生了风格符号，这时符号又反过来突出风格标一记，这标记深化了运动风格并给人留下了难忘的印象。而健美操作为一种特殊运动形式，不同风格的操也需要配上相应风格的音乐和出人意料的变化结构，才能给人眼前一亮的新奇感觉。而独特的风格则取决于创编者的编排、创编技巧，结合运动者的个体特点，把一个个有形动作合理地连接起来，并配上与之相默契的音乐，创作出具有性格特色的形象。其实，音乐本身就是流行与时尚的风向标。目前，健美操音乐的选择大多取材于外国节奏欢快、铿锵有力的曲子，这样虽增强了动作的力度和表演效果，但是千篇一律，缺乏特色。在现在的健美操中慢慢的也有很多音乐创编者另辟蹊径选以民族乐和通俗乐为题材，再配以相应风格的健美操动作，也取得了很不错的效果。还有一些创编者，以古为今用为原则，在音乐的选择上挖掘带有中国特色的音乐，在风格上与健美操动作也较为吻合。

3. 动作与音乐在结构布局上的一致性

音乐的结构布局是指再复杂的音乐都能归入某种音乐曲式中，只有符合曲式结构的音乐，才能被人们理解和欣赏，然而，每一种音乐都有它们特殊的美学价值与意义。由于整套健美操有多种变化，那么音乐内容、曲式对动作布局就存在很明显的影响。表演者在单调的音乐伴奏下经常做单一移动，在变奏回旋的音乐下常做多变幻的动作。创编者在认识人体运动的前提下，积累素材，运用艺术技巧，依照主次进行编排和布局，才能使成套动作符合人体运动法则、人们审美心理、比赛规范。在健美操动作中通过变换力度强弱和速度快慢，即使是相同动作也能呈现多样的表现形式。

健美操与音乐内在联系的标记是风格，核心是结构。音乐结构从布局规律上来讲是相通的，操的整个布局以及单个部分，统一协调在乐音节奏之中，它们共同表述整套操布局结构的进程，音乐诠释结构进程主要依靠音乐间的连续，而健美操诠释结构进程则要根据动作间的连续，动作的选择与音乐的剪接也要符合整体结构方式，从头到尾，它们要同步完成整套操。动作编排不能和相应的音乐曲式融合，那么就不可能体现出韵律特性，如开头的动作一般是和音乐主题相呼应的，中间高潮部分大多配和节奏较欢快强劲的音乐，在结束部分则须匹配有终止标记的音乐，而难度、特色动作则应有与之相和谐的特定音乐符号。另外，健美操的形式不外乎有趣味性的、连接性的、难度这三种，三种动作通常在整套操的各个部分均匀出现，因此，只有搭配和它结构一致的音乐，才能吸引人，留给人深刻的印象。总之，健美操和音乐在表现形式和美学世界里都有自己广阔的领域，只要善于运用各种物质资源，找到相统一的契合点——共同的结构，就能展现出无限美感。

4. 动作与音乐情感共鸣的动态性

健美操在具有强烈节奏感音乐伴奏下，利用动静、刚柔、疏密等对比形式，进一步渲染、强调、衬托动作本身呈现出强烈的节奏感，将伴奏音乐的听觉美与健美操动作的视觉美融为一体，从而诱发起表演者和观赏者的审美共鸣，产生美感。健美操音乐不仅起伴奏的作用，还能烘托动作，激发运动者高昂的情绪，使运动者“感于乐而动”并产生一种强烈情感上的感染力，和观众形成共鸣。

情感是音乐与健美操内在的脉搏，而音乐又能带给人以愉悦之情为基本存在的审美享受。健美操的音乐较之其他音乐形式更能激起人的情感，操和音乐产生的内在共鸣效应更生动强烈，因此，在给健美操选择音乐时，就需要考虑到音乐对情绪作用的因素：选择节奏鲜明、韵律感强，并且比较流行的音乐，例如迪斯科音乐，动感性强且富有感召力；尽量选择节拍规整，节奏较明快的音乐，因为只有在这样的音乐形式中，重拍强音与轻拍弱音的对比会更加明显，其节拍的强弱、张驰，配以激情四射的健美操动作，更加展现了音乐的动态性，给人的听觉和动觉以强烈共鸣。

音乐节奏所要产生的作用，归咎到底，就是情感与运动的共鸣。健美操音乐在情绪的感染上给运动者和观赏的人一种直接影响。主要有以下方面：

（1）对运动者而言，音乐这门艺术，也有它自己的存在法则，但当它和健美操结合在一起时，作为健美操音乐这种表现形式时，利用音乐自身内在的情感魅力，渲染情绪，刺激运动者在运动时能更快融入角色，投入音乐旋律，将内部和外部情感动作交融；由于音乐是无形的，再现性差而表现性强，在于抒情，激发人们联想的空间，产生朦胧的、不确定的情绪。在音乐伴奏下，运动者首先产生联想，然后出现想象，在头脑中形成情感意象，作用在中枢神经系统，提高大脑皮层的兴奋性和协调性，激发人体跟随音乐做有韵律的动作，在强劲的节奏下，能够更快更好的调动人的兴奋性，促使运动者增大动作的幅度与力度，再现出优美的音乐、欢快与激昂的情绪。

另外，饱含生命力的音调及旋律不仅能够带给人震撼和感染，进而提高运动者的兴趣，并在一定程度上消除运动者神经上的疲劳和紧张，不管当时在怎样的心境下，伴随着富有变化的音乐旋律，运动者的内心都能受到音乐的感染，暂时忘记疲劳、消除烦恼，达到陶冶情操的目的，并能唤醒运动者的运动情绪在较长时间里保持持续兴奋状态。

（2）对观赏者而言，越是优美动听的旋律，铿锵有力的节奏起伏变化，越符合人的情感活动特点，越能深化情绪，影响人发展，越能产生相应的情感效应，感召观众，在短时间里统一人们的意志，并感召人们运动起来，让人产生跃跃欲试的感觉，按照统一的节拍迈步行动，音乐节奏的起伏力能够拨动心弦，牵动观赏者的内心活动，进而带动全场情感，形成良好的现场氛围。另外，从观赏者的角度而言，再美的旋律，听久了也会出现听觉上的疲劳，影响效果，相反，动人的旋律却能触动感情中枢，诱发出美感的共鸣，音乐在空间上的扩散力和穿透力，能够对观赏者的生理和心理产生强烈的刺激力和影响力，因此，健美操的音乐切忌曲调单一化。

总之，正是音乐、动作、情感，这个统一的效能，让运动和音乐情感直接产生联系，使人体技能有了情感的表达，进而引发强烈的共鸣，通过运动时空升华到精神领域。

二、服装色彩方面的构成要素

服装也同样属于一种艺术，更是美化人体着装的科学。它必须结合人这个实物才能形成具体的形象来构成审美对象，这一点也是服装不同于其他物质美的方面。

服装的三要素是款式、面料和色彩。然而，健美操这项运动对服装的要求则更严格，健身操要求服装贴身、透气，而竞技操除了这些规定外，服装的长短、款式、色泽、图案、等方面有着更为严格的要求。由于健美操在服装款式、面料上特殊的要求，因此色彩的设计直接关系着服装的美与否。健美操的服装最基本的就是要注意明度、色相、纯度和面积。色相即色彩的相貌，色相决定冷暖关系，决定色调、明度，即色彩的明暗程度，明度又称光度、亮暗度，纯度即颜色本身的纯净程度，又称饱和度、鲜艳度或显明度。

此外，要注意色彩的运用面积，想要突出的色应用小的面积，因为小面积的色更能提高注目性，形成视觉中心点。服装的配色，构成了服装美的关键，一旦搭配出错，就会留下一种俗的印象。服装的色彩，美与否，关键要看色彩搭配的和不和谐，而不在于一种色彩。健美操服装的色彩也同样忌讳强烈的对比，服装色相越多，就越需要要素来统一。健美操服装的主色一般以一二色、同类色或同种色相配为主，这样就比较容易形成一个主调，取得更为协调的整体效果。因此，要想搭配出彩，就要学会利用面积、大小、位置来调配明色与暗色、对比色等。例如服装太过淡雅，则会显得苍白无力、没有生机，这时如果在一大片轻色中，点缀少许深色或鲜艳色，就能使之平衡，相反，若是艳丽的色彩较多，就应加入一些调和的要素。同时，在把握主色上，忌用灰色等朴实色彩，应多选择华丽色和纯度较高的色彩，如暖色的红紫与黑色，冷色的蓝与白等，其中，象征荣华富贵的金色和象征纯洁、高贵的银色几乎能与任何颜色形成“万能”搭配。

此外，由于人们在一定时期内产生偏爱和排他心理，在社会上就形成了一种色彩潮流，这种情况就会与经济利益直接相关，此时就产生了符合大众审美心理，能被大家认可的流行色，因此服装色彩的选择必须要紧跟时尚潮流，考虑流行色这一重要因素的影响。综上所述健美操服装色彩的关键在于协调好基本要素的关系。丰富多彩的服饰能够带给人不同的心理感受，诱发人们脑海中各种绚丽的景象和甜美的遐想。

（一）健美操服装色彩与个体本身的联系

形体美被美学界公认为最均衡协调的美，服装则属于它的附加物，服装的美与否就要看它与人体本身是否和谐。假如只把精美的衣服挂在商店里或者穿在模型身上，那么这件服装只是静止的没有生命力的死物，只有穿在人的身上，衣服才能实现其价值，参与感性具体的生活流程，才能生动起来。

1.服装色彩与形体、肤色的联系

人们对服装的审美主要体现在形体美上。由于人体自身存在差别，因此美的服饰还有重要的一点就是要能掩饰人体自身存在的不足，展现出人体最美的一面。在现实生活中，只有极少一部分人有天生的好体形。可是如果能够选用合适的服装，利用服装的结构色彩、图案就可以使形体的视觉效果发生错觉，选择适合自

己体态的服装就能突出人体的曲线美，调节掩饰人的体型的不足，从而转移一部分人们对不合比例的体型的注意力。正是由于人们体态的不同，就更要学会挑选合适自己的服装颜色。

一般而言，浅淡、鲜艳的颜色就会比别的颜色更能给人扩张的感觉，体型瘦弱的人如果穿着会更富于扩张性，使身材在视觉上显得丰满一些，以显其健美；相反，胖身材的人就应该要尽量避免穿着浅色调的衣服，因为浅色使人产生向四边蔓延的心理，人显得更加臃肿肥胖，选择有收缩感的深色调，收缩效果就会更好，更能显出线条美；不同的人身体比例不同，对于那些比例不足以给人美感的体型，选择服饰时就要尽量采用多变的造型手段及技巧去掩盖、弥补人体自身的缺陷，扬长避短，弥补了不完善者的缺陷。因此，健美操服装不但可以修正掩饰身材的不足更能够改善体形，还能使人体看上去更完美。

由于人们肤色的不同，适合的服装颜色也就各不相同。黄皮肤的亚洲人和西方人相比，在衣服配色上就更加有难度，因为色彩不宜选用与自身肤色对比强烈的颜色，如：亮蓝色，一般就会选用红色、白色、黑色为主色可取得较好的配色效果，而对于皮肤稍白的人对服装色彩的选择相对而言就比较自由一些，稍微留意色彩与色彩的搭配就能够与众不同的效果；东方人大多以黑色为主，西方人发色则较丰富，有米色金黄、棕色等，肤色较白，在服装色彩选择方面，西方人有更多的自由度。因此，对于中国人而言，就要着重考虑黑色与服饰色彩的搭配。此外，服饰上进行小面积点缀、装饰等具有醒目提神的作用，能够突出要害或视觉中心部位，像头部、肩部、腰部等。

2. 服装色彩与个体气质的联系

服饰色彩的运用可以表现和烘托出人物特别的个性和气质，给人以更加完美的艺术享受。由于每个人气质不同，就必然导致个体将适应不同色彩。以黑色为例，如把黑色与冷色搭配，能带来一种清爽宁静的感觉；黑色与带有彩色的暗色搭配在一起，更能突出女性的英姿飒爽与端庄灵气；黑色搭配红色的话，则能显示出鲜明的爱憎性格。

在人们的日常生活中，也可发现色彩具有冷暖、轻重、远近及明暗的视觉效果。红色的刺激性最强，看到红色，就让人感到不安或者热血沸腾，不由得想起血与火，从而产生热烈兴奋的情绪；黄色是色彩中最明亮的颜色，属于暖色的范畴，让人产生热烈、兴奋、温暖的感觉；蓝色属于冷色系列，让人产生深远、幽静、庄重的感觉，能达到沉静、清澈、理智的效果；绿色给人清冷的印象，是最能调节视觉感受的颜色，让人眼睛清新和舒服，心态平和与沉静。由于这种感觉，人们常常会说色彩也有它的感情和象征意义，除此之外，色彩也有远近之分，暖色给人近距离感，同时，夸张的搭配颜色也能够展现出人物个性上的前卫。

（二）健美操服装色彩与外部条件的联系

在健美操服饰色彩中，除了与运动者本身形体、肤色、气质密切相关外，还与外界条件有关，例如场地、灯光，音乐等。

1. 服装色彩与场地灯光的联系

健美操周围的环境有：场地、背景、灯光、色彩等。因此，在选择健美操服装色彩上为了能够凸显服装主色，必须考虑这些影响因素。一般而言，场地设计大都以浅色为主，这时候为了能突出表演者，就要避免选用和场地同等明亮色彩的服装，另外，大部分面料的服装表面都具有反射性，所以，服装色彩的设计上也要特别注意灯光效果的影响。假如是在白炽灯的照射下，就要选用偏冷些的色彩，假如在荧光灯的照射下，就要选择偏暖的色彩，除此之外，选用光滑面料，在光照下，则会获得不一般的艺术效果。灯光除了反射服装的色彩外，还能衬托出肌肉的弹力，在彩光下，肌肉随着蓝、绿、黄、红的顺序，能表现出来的弹力效果会不断加大。在混双操中，男女表演者的服装要想给人眼前一亮的感觉，不需要刻意要求一致，要学会运用对比色，如：黑白对比、红黑对比、蓝白对比等，如果三男三女在混合六人健美操中，则可选择男生衣服颜色一致，女生衣服颜色一致，尽可能对比较强烈的两种颜色，这样，视觉效果就会更好，因为它契合了美学的法则——统一中有变化。

2. 服装色彩与音乐的联系

在健美操运动中，也需依据音乐风格、音调、音频、调式搭配服装色彩。在舒缓的乐声之中，衣服色彩搭配可以选择较柔和的颜色，如浅蓝色、淡黄色等；相反，在音乐节奏比较欢快的情况下，可以采用红色、橙色等，热情、鲜艳的颜色。同时为了相互衬托，男女运动者在服装色彩的选择上也要注意选用对比比较强烈的色彩组合。音频和音调也是影响健美操服装色彩的另一个方面，不同的乐调也应配合相应的颜色。同时，对音频和调式再做深一步的研究发现，由于高音比较尖锐，适合搭配绿色和黄色，而中频适合搭配蓝色或青色，低频则更适合搭配红色或紫色。

根据服装色彩与音乐更深层次的结合，在比赛中不仅能够加强操在观众和裁判心中的印象，而且还能为运动员营造良好的运动氛围，使运动员和观众能快速融入其中。在优美鲜明的乐曲中，表演者更容易静心，因此也就更容易完成流畅、舒展的动作，从而在感情上使两者达到的共鸣。

第三节　健美操的审美属性分析

随着经济的发展和社会的进步，人们对精神生活的要求越来越高，奥运会的举办也促进了全民健身运动的广泛开展。健美操是深受群众喜爱的运动之一，因为它不仅健身效果好，而且具有很高的艺术魅力，能满足人们“爱美”的心理，给人们以美的感受，健美操是体育和艺术的高度结合，是一种蕴含着多种美的运动项目。健美操审美所固有的特征、特性、特点，即健美操的审美属性。同时还要分析健美操的审美属性是否能够满足人们的审美需求。[①]

在健美操的领域中进行审美活动，应该有其自身特定的审美对象。体育领域的一个运动项目有了身体和运动的支撑，必然离不开体育的两大要素，即“身体”和健美操作为“运动”，没健美操将不复存在，故身体美和运动美是健美操活动中最基本、最重要的审美对象。同时，由于健美操的特殊性，即与舞蹈、体育文化的渊源，人文美和艺术美也是健美操必不可少的审美对象。下面从多个方面进行论述：

① 张婧．论健美操的审美理想与审美创造［D］．呼和浩特：内蒙古师范大学，2014：3-56.

一、健美操的身体美

（一）健美操的健康美

健康是健美的基础。体育运动是塑造健康体格的主要方式，而健美操中包含力量性和节奏强的动作，对身体发展健康而有利，而且其丰富的练习内容充分展示人体的灵活、柔软和健美。

健美操可以使人体格强壮，远离疾病，并且有良好的精神状态。健美操锻炼有利于提高人的心脏机能，增大血管弹性，从而使内脏器官机能增强，还可以使肌肉、骨骼得到良性刺激，从而使骨骼坚韧。健美操运动由类型、方向、路线、幅度、速度等多种动作组成，经常练习可增强人的动作记忆、神经系统灵活性和均衡性。健美操锻炼可使身体结构达到优美组合，呈现出乐观向上、充满自信的精神状态，给人朝气活力、健康美的感觉。

（二）健美操的体型美

1. 形态美

人体由骨骼、关节、肌肉、韧带、内脏器官、神经等组成，而健美操运动可使人体各组成部分的形态与机能改变。人体各部分比例关系与骨骼大小、长短有关，虽然骨骼的形成由一定的遗传因素决定，但在骨骼变化最大的青春期，可以通过加强营养和锻炼促进其增长，同时使肌肉发达而富有弹性。健美操锻炼可使肌肉大幅度收缩，这就是对骨骼与肌肉的有效刺激，经常进行此类练习可使人体内部结构发生变化，从而使外表也发生相应改变，最终使人体趋于理想的比例关系，人体外部形态与各系统、器官功能之间相互和谐，人体的外部轮廓即肌肉线条达到和谐美，男性体态线条多平直有棱角，显示刚劲有力之美，女性曲线圆润，显示出柔和而具有流动感的秀美。

2. 姿势美

人的基本姿势包括坐、立、卧、走、跑及头部的正确姿势，基本姿势正确与否直接影响到人的各种运动行为的美。健美操练习可以使人形成正确的姿势，健美操全套动作练习方式多样，身体各部位都能得到锻炼，如人体头、颈、肩、背、臂、胸、腹、腰、背、大小腿等各部位均有相应的锻炼方法。其中，柔韧性练习和身体基本姿态的训练有助于形成挺胸立腰的端庄体态；各种波浪转体动作有助于发展腰腹肌肉，促使腰腹灵活刚健有力，从而展示人体美的曲线；而各种方向的踢腿动作和髋部动作可以使臀部肌肉结实有力、显著上提，给人以重心提高、双腿健美修长的感觉；胸部是体现形体美的主要部位，各种扩胸展体练习可以促使肌肉发达，具有更好的健美姿态。健美操具有“健、力、美”的特征，通过练习可避免青少年出现身体不正、弓背、含胸、端肩、缩脖等不健康体态，同样也可使成年人摆脱过度肥胖或过度消瘦的不良体型。

总之，长期坚持健美操锻炼，可使体态矫健，线条流畅，灵活健美，形成优美自然的立坐走等姿态，使人体符合匀称比例等健美标准。

3. 素质美

素质主要是指力量、速度、柔韧、协调等方面。素质美以特殊形式存在于身体美之中，通过运动和生活技能显露出来，一定意义上可理解为潜藏在人体内部的美的形式和力量。虽然素质有一定的遗传度，但是可以通过后天锻炼而得到提高。健美操中既有爆发用力的动作，又有静止平衡的动作，加大难度、改变负荷等方法都可提高力量素质，通过节奏变化，提高协调能力、自我控制能力以及身体快速用力的能力。柔韧性是指身体关节、韧带及皮肤等活动范围的灵活性，健美操中静力性拉长肌群，动力性的压、踢、拉、搬、控等手段可提高柔韧性，使身体在运动中表现出完美的曲线变化。各种空中、地面的动作均可提高身体各部位的协调性，如音乐与动作节奏的协调、动作与空间的协调、肌肉收缩与放松交替的协调。

4. 风度美

健美操锻炼不仅能塑造健康的体魄，而且能塑造健康的体格。健美操锻炼在音乐伴奏下进行，可使人们在欢快的乐曲中忘掉烦忧，调剂思想情感，陶冶情操，从而培养良好的气质和风度。大多数健美操爱好者都有很好的身材、精神饱满愉快、挺胸立腰的端庄体态，动作优美协调，外在美与内在美融为一体。他们往往给人洒脱大方、气宇轩昂、能很好体现个人勃勃生机和气质风度的感觉，这也为其在社交上的成功创造了有利条件。

5. 肌肉美

肌肉约占人体重量的40%，由于浅层肌肉发达而富有弹性，为人体曲线的塑造提供了有利的基础。人的身材比例，主要因骨骼受到先天遗传影响而处于相对固定的模式，但是身体的形态却可以通过后天肌肉体积的大小而发生美妙的变化。健美操的锻炼对于肌肉体积、形态的塑造有很好的作用，且参与运动也是唯一能够有效地促进肌肉均衡发展的重要途径。而在众多的运动项目中，由于健美操在音乐的伴奏下，全身四肢都得到了充分的锻炼，身体各个部位都得到了有效的运动，是塑造肌肉形态、改善形体最佳的运动方式之一。在健美操运动中，伴随着运动者的动作变化，附着于骨骼上的肌肉隐藏在皮肤下一起和谐地运动，给人一种身体自身散发的美感。

6. 骨骼美

人类体型与骨骼的密切关系。由于骨骼多受先天的遗传影响，并且相对固定，所以身体的比例几乎都是由骨骼的形成状况而决定的。人体的骨骼以脊柱为中轴，左右几乎对称，这样的骨骼结构使人体本身就具有一种平衡的对称美。这样，肢体核心的支撑骨骼的长度对于人体的外部体态是否均匀就起到了决定作用。此外，每一处骨骼都关系到整个身体的美。如：胸骨的不正常弯曲会导致鸡胸或驼背；关节粗大也是不美的；还有O形腿和X形腿的形成。可见，在人类生长发育时期，要注意调节骨骼的发育，保持正确的姿势，坐有坐相，站有站样。如果发现骨骼长的不够理想，及时地矫正也是非常重要的。经常参与健美操的运动，通过全身的锻炼，有助于促进骨骼健康的生长发育，也可以及时地矫正不良姿势导致的骨骼畸形，从而达到骨骼美的效果。

7. 形体美

形体，即人体的形态或体态。形体美，则是身体表面呈现的给人以赏心悦目的形态或优雅的姿态。狭义的形体美可以等同于身体美。形体可以说是经过了漫长的进化达到的高度完善的结果，它不仅反映了曲线的变化，而且使身体美更形象生动。人们常常认为饱满浑圆最能反映形体美。健美操中的美，更多的会表现在动态的人体形体上。经过长期的健美操锻炼，可以促进人体的比例均衡，如：胸背部肌肉的体积的增大，腰腹部多余脂肪的消除，胸、臀部丰满且富有曲线，这便是形体美的体现。

二、健美操的精神美

让肥胖的身体变得苗条，要经过坚持不懈的努力才可达到。因此，健美操运动要求人体不断克服生理、心理障碍的同时，能培养刻苦、坚毅和持之以恒的精神。在健美操训练和比赛中，队员必须相互接触与合作，彼此了解，在此过程中也改善了人与人之间的关系。集体健美操要求全体队员在音乐的伴奏下齐心协力、动作一致，这就要求参加者必须具备集体主义观念，配合默契。例如，完成多人立体造型时，必须相互支撑、相互借力，才能使造型平衡稳定、准确美观。因此，健美操能培养团结协作和相互信任的精神。

健美操比赛和表演除了美学特征以外，还包括其他的美学因素，如运动员的动作美、服饰美、教练员的创造美，等等。随着人们对美的追求，健美操必将受到越来越多人的喜爱。

三、健美操的运动美

健美操作为一项体育运动项目，身体美和运动美是支撑健美操运动的基础，也是其特有的、区别于其他非体育类艺术形式的特征。了解健美操的身体美之后，下面探讨其运动美的体现。

运动美，即身体的运动之美，是人在体育活动中参与运动的过程中表现出来的美（这里特指人在参与健美操运动的过程中所展现出的美），是人类社会文化生活中的一个特殊的反映。也是人类审美领域中，由健美操运动所带来的一种审美对象。

（一）健美操的形式美与队形美

1. 形式美

形式美并不是一种自身独立存在的美的形态。它广泛地渗透在美的各存在领域，在健美操的审美活动中有着重要的价值和作用。

形式美是在自然、社会和艺术中各种感性形式因素（色、线、形、声等）有规律的组合在一起所显现出来的审美特性。形式美并不是一直就存在的，它是经过人类长期的生产劳动实践，在不断地进行审美创造、审美欣赏的过程中衍生出来，才发展成为如今的形式美。

（1）健美操形式美的构成。在健美操的美中，形式美由以下方面组成：

第一，色彩。在美学中色彩是构成形式美和获取形式美的重要因素。不同的颜色给人的感觉是不同的。

第二，线条。在哲学领域可划分为直线、曲线和折线。在健美操中，线条多以队形的变化为体现形式，同时曲线还可通过人体的造型美、形体美显现。及线条美是一切造型美的基础。

第三，形体。这个形体并不是身体美意义上的形体，而是物体存在于空间的形式。它具有的特性有：构成的层次、线条的重要性、审美意味的丰富性。

第四，声音。声音是表情性最强的音乐符号，它具有类别性和审美意味的情感性。在健美操运动中，声音往往与一般意义上的自然声音是与众不同的。

第五，结构。在健美操中，结构的体现很明显，它与其他如球类的项目不同，健美操是由不同的套路、组合构成的一套完整的动作。讲究的是编排的艺术性和合理性，其中蕴藏了健美操审美理想的内涵。

（2）健美操形式美的构成规律。任何美的事物，必然是简单大方的，并不是越复杂越美。健美操中的色彩、线条、形体、声音、结构必须按照一定的规律进行组织、安排，结合才能呈现健美操真正的美，不能杂乱无章地混合在一起，这样混合是没有任何美可谈的。健美操的形式美是依照以下规律构成：

第一，整齐。即整齐划一。指各种基本材料都要按照相同的方式进行组合形成量的关系的重复一致。即同一颜色、同一线条、同一形体、同一声音、同一结构整齐重复出现，构成最简单的形式美要素。在无论在竞技健美操还是大众健美操比赛中，同一队成员服装款式相同，颜色相同，发型相同，妆容相同，动作相同等，多人如同一人，整齐划一的美必然值得人们惊叹。但是也不能过分强调整齐，这样会单调乏味，时间长了使人心生倦怠，从而降低美的观赏性。

第二，对称。即匀称。对称在健美操中可以体现在两个方面：一方面体现在健美操操化动作的组合中，每个组合的动作都是对称的，做完右面的动作，左面都会重复右面的动作，左右都完成了即完成了一个组合的动作；另一个方面健美操主要分为健身健美操和竞技健美操两大类，两类健美操针对性不同，针对不同的目的对称不同类型的健美操动作组合。如：健身健美操以健身为目的，主要通过健美操的锻炼要达到增强体质、增进健康的效果，因此其动作形式均以对称、全面健身的动作进行编排；竞技健美操以竞技比赛争取优胜为目的，其竞技性和观赏性较强，其动作多以变化丰富、避免重复进行编排，体现了动作的均衡性，即在一套动作中各式各样的动作都存在。

第三，比例。指事物的每一个部分分别与整体之间的数量对比关系。在健身健美操中，比例多体现在人们参与健美操想要塑造的身体理想状态，即黄金分割。在竞技健美操中，比例多体现在参加人数的比例、每队运动员男女比例、同一队运动员身高体重形态比例、动作编排比例、队形变化比例以及比赛场地利用比例等。

第四，均衡。即平衡、权衡。在健美操中，运动员需要保持心理上的平衡；比赛中组织编排要恰当；动作组合的编排要考虑动作难度的合理；以及场地的音效、灯光、器材、设施是否完善等全部体现了均衡。

第五，对比。在健美操中，男女配合完成的动作中体现最为明显。如：健美操开始结束的造型中，多以托举的展示，必然以男托女为主要展示形式，这样男刚女柔亦是最鲜明的对比，体现了对比的美。

第五，和谐。健美操的展示有一人的也有多人的，无论是一人还是多人，都体现出一种和谐美的重要性。个人动作的和谐以及与他人默契配合的和谐都是较为重要的。

第六，层次。即事物按照某一顺序逐步的变化的若干等级或者阶段。健美操的队形变化、比赛次序都体现了层次之美。

第七，节奏。节奏的变化往往给人以韵律之美。节奏本身便是运动的，没有不运动而存在的节奏。健美操更是在节拍或音乐的伴奏下完成的，所体现的节奏美更加强烈。

第八，多样化的统一。将美的多样与美的统一相结合，才形成了最高规格的形式美。在健美操每一套操的完整动作编排中最能体现多样化的统　，既体现了生动性，也体现了完整性。

2. 队形美

健美操比赛细看规则有序，表演者通过各种队形的变化排列，组成各种优美的平面图案和立体造型，充分利用高空、中空、地面等空间，编排出高低起伏、变化多端、线条流畅的动作和队形，增加运动中的美感，激发表演者的情感，使整套动作充满真情，达到以形传情的境界。队形变化次数越多，流动性越强，就越能充分利用场地形成更多的艺术画面，产生更多的美感。如直线形呈现出刚健有力、延续纵深的特点；不规则形显示自然、活泼、流畅；梯形、八字形开阔、伸展；弧形、圆形流畅柔和；箭头形、T 字形纵横交错；十字形呈现多方位的美感效果。

（二）健美操的移动美与韵律美

1. 移动美

健美操通过走、跑、跳等动作，实现队形的变化，也就形成了各种移动路线。移动路线是否合理，很大程度上决定了队形变化是否新颖、流畅、快速。不同的移动轨迹会产生不一样的效果，如队员排成横排，采用征集的动作直线前进或横排直线原地转体 360° ，一般用大踢腿，如同一股洪流产生刚健有力的效果；由一路纵队变成两路纵队，产生扩展、开阔的效果；两竖排采用同步法、跳步等动作交错换位，产生热情奔放的效果；分散队形直线移动集合，有凝聚、中和力量的效果；密集型直线离散移动，有扩展开朗的效果。

2. 韵律美

（1）音乐韵律美。音乐是健美操的核心。健美操音乐旋律动听，富于变化，节奏鲜明，强劲规整。它多取材于迪斯科、摇滚等现代音乐或有个性的民族乐曲，这使健美操体现出一种鲜明的现代韵律感，音乐节奏鲜明、清晰，易于练习者随乐起舞。这种有节奏的身体练习，能激发练习者的情绪，使之不觉疲劳，产生一种轻松愉快的感觉，这样既得到了美的享受，又提高了协调性、节奏感和表现力。因此，音乐使健美操有了更强的感染力，起到了锦上添花的作用。

（2）动作韵律美。与艺术体操相比，健美操更强调动作的力度。虽然健美操的基本动作很少，但巧妙多样的组合却是无限的。这样就赋予了健美操丰富新颖的视觉效果，尤其是动作顺势、连贯、过渡自然，给人以完整舒畅、一气呵成的美感。总之，健美操的音乐和动作很好地体现了其韵律美，动作是无声的音乐，音乐是无形的动作，乐拍强弱与动作力度的协调、音乐风格和动作风格的统一，都充分体现了健美操的韵律美。

（4）造型美。造型是运动员做出各种优美动作之后的亮相，以显示各种形象，并衬托其动作的优美姿势。在健美操表演中，造型在开始、主体、结束部分都会出现，每个造型都是力量、柔韧、协调的统一。静力性造型让观众的心紧紧扣住，兴趣盎然；动力性造型可以表现出动中有静、静中有动、动静结合的特点。造型出现的时机及形式也会产生出乎意料的效果，如高潮顶峰中戛然而止，用造型来结束整套动作，由动到静，对比强烈，这一“点睛”之笔，使人感到虽静犹动，有种回味无穷的美感。

（三）健美操的力量美与动作美

（1）力量美。力量美是人类最古老的一种审美对象之一。在原始社会时期，人们为了生存打猎、躲避野兽和自然灾害等都需要有强大的力量。这体现了原始美学的最高境界，即生命和力量的不断追求。可见力量美从古至今一直存在，并且在审美领域中占有至关重要的地位。健美操通常被人们理解为是“健力美”的体现。其中，健可以理解为是健康；力是力量；美是美感。可见，力量美是支撑健美操美的基础。

（2）动作美。健美操的动作结合了体操中充满力量的动作与舞蹈中柔美生动的舞姿，可谓刚柔并进，充满了青春活力，具有特别的动作美。

（四）健美操的竞技美与技术美

（1）竞技美。健美操不光是一项健身性运动，更主要的是一项竞技性运动。在健美操竞技比赛中，运动员的综合表现、裁判员的公正认真、赛场的热烈气氛均体现了健美操的竞技美。

（2）技术美。体育项目本身就是充满技术含量的，如同健美操是体操的一个分支，继承了体操项目中动作技术的高难度，同时健美操动作组合的编排充满了智慧，这些无一不体现出健美操所独有的技术美。

（五）健美操的休闲美与造型美

（1）休闲美。自健美操产生至今越来越受到不同种族、不同年龄、不同性别人群的热衷，不仅在于健美操的锻炼可以增进健康、改善形体，更在于健美操运动已经成为人们闲暇时间休闲娱乐的一种方式。人们在空闲时间与好友一起参与到健美操的健身中，体现了健美操的休闲美。

（2）造型美。健美操比赛往往是在造型中开始，也是在造型中结束，假如造型新颖、优美，必然会给人以耳目一新的美感。同时健美操运动员的个人造型也较为重要，也会影响到整体的造型美的效果。

（六）健美操的服装美与器材美

（1）服装美。健美操的服装多以色彩鲜艳，凸显运动员健硕、凹凸有致身材为标准，不仅要符合展示所表达的情感，还要给人以青春活力、健康阳光的美的享受。

（2）器材美。健美操的很多新兴种类中，器材的使用也越来越多，如：踏板操的踏板、啦啦操的花球、哑铃操的哑铃等。通过增添器械配合练习使单纯的操化动作更富有生机，凸显了参与者的生命活力，体现了健美操的器材美。

四、健美操的人文美

健美操的人文美是隐性的美，是蕴含在体育文化之中的。前文已经进行了介绍，下面主要分析一下健美操人文美中其他美的体现。

（1）礼仪美。礼仪是文化中的一部分，它产生于交际，是人们在交际过程中的准则和规范。健美操是很讲究礼仪美的运动项目。健美操比赛过程中，开始与结束都有行礼和谢幕，包括每支队伍的入场都有严格的要求。

（2）规范美。健美操的竞技规则中对动作的要求是较为严格和细致的。这就要求运动员在完成每一个规定动作时必须要规范。包括日常的健美操锻炼中，也要求练习者的每一个动作都要做到位，这样也体现出了健美操的规范美。

（3）协作美。健美操多以多人健美操的展示较多，这就体现了健美操的协作美。多人表演如一人表演，体现了健美操的团队协作力，在造型部分常以托举较多，充分表明队员与队员间的默契、协作。

（4）竞争美。竞争美作为一项竞技比赛项目，健美操必然具有竞争美。在健美操比赛中，每队运动员将动作展示得淋漓尽致，都抱着争取优胜不服输的自信。

（5）风度美。风度美指人的言谈、举止、态度或动作所表露出来的神情姿态。风度是一个人的思想品德、精神面貌、性格气质和文化修养的综合表现。风度是否适当不光反映在日常生活当中，更多地反映在人们的审美观念上。即风度的评价是道德与审美的统一。健美操的风度美体现了体育精神，同时也体现了健美操对陶冶情操、增进心理健康起到了良好的效果。

（6）气质美。气质是人的各种内在精神、品德、性格、风度等的综合美的外在体现。是由内而外散发的人们对外界事物的内心品质。健美操运动员的精神面貌由内而外地表现出魅力无限、意气风发、神采奕奕、激情昂扬，总是表现出一种坚韧不拔的自信以及积极进取的气质美，使人感受到一种强大的艺术魅力。

（7）友情美。健美操多以集体形式出现，队友与队友间的配合，训练的互相鼓励、帮助，以及比赛、表演时的相互配合均展示了健美操的友情美。

（8）意志美。每一个体育项目都是需要经过很艰辛的练习或训练的，在这样一个过程中，是磨炼人们意志的好机会。健美操的锻炼，需要人们辅助练习柔韧、力量、协调性、灵敏性等，都需要付出很多辛苦，尤其是竞技运动员。假如缺乏坚强的意志力是很难持之以恒的。这就是健美操的意志美。

（9）自信美。当看到健美操运动员微笑的面向评委席，抬头挺胸的向比赛场地走来，优雅的准备好开始造型，伴随着音乐开始在场地上如同蝴蝶飞舞般跳跃，完美地展示整套操的表演，最后以自信的脸庞向评委与观众行礼谢幕，无疑给人一种充满自信的美的享受。这就是健美操的自信美。

五、健美操的艺术美

艺术美，如同美的社会存在、自然美一样也是美的存在之一。但是艺术美却有别于其他美，它更加集中地体现人的生命追求、审美观念以及价值理想。艺术美在健美操的美中具有举足轻重的作用。如：在健美操比赛中，其评分内容包括艺术性、完成、难度。在比赛结束后，如果两队的最后得分相同，艺术分较高者名次靠前。由此可以看出，艺术性在健美操中的地位是多么重要，同时也体现了健美操艺术美的重要性。

（1）表情美。在健美操的表演或比赛中，表情美也是至关重要的。但是常常容易被人们所忽略。如同在舞蹈的表演中，表情随音乐、舞姿的变化而变化，表达，舞蹈，通过表情与舞姿的配合，使舞蹈塑造的形象更加鲜活。展现的是一种情感的健美操的艺术美源于健美操的表情并不需要像舞蹈一样不断变化，健美操多以欢快、激情为主，所以健美操的中的表情美多指保持微笑、充满青春活力就好。

（2）音乐美。健美操的音乐美主要体现在健美操音乐多取材于迪斯科、爵士、摇滚等现代音乐其特殊性，即节奏鲜明、充满活力、具有现代韵律感。成套的健美操音乐就如同在讲述故事一般，节奏有强有弱，有快有慢，此起彼伏，时而抒情、时而奔放。选择适当的音乐对于健美操的展示具有锦上添花的作用。

（3）表现美。在体育运动中，竞赛意识是始终贯穿于体育项目之中的，健美操虽然也存在这竞赛意识，但是它还存在有别于其他项目的特点，即自我表现力。健美操运动员不仅仅单纯追求比赛的竞争，他们更多的是追求在比赛过程中自我的表现力，把比赛场当成了一个展示自我的舞台。

（4）节奏美。健美操的节奏美主要体现在两个层面：一方面体现在健美操的音乐上，如上文音乐美中介绍到的；另一方面体现在健美操的动作编排的节奏，每一套健美操都有自身独特的节奏韵律。将健美操自身特有的动作节奏和相协调的音乐节奏相结合，展示的是健美操的双重韵律美，带给人们的审美感受是其他项目或舞蹈所不能媲美的享受。

（5）抒情美。每一套成套的健美操都有适合的音乐，通过动作的不同组合变化以及不同音乐氛围，每套健美操所抒发的感情是不同的。如同舞蹈一样，有欢快的、有感人的、有动感的等。

（6）感染美。感染，即感动渲染。如今健美操运动深受广大群众的追捧与喜爱，不光因为健美操的锻炼能带给人们一个健康的身体，更重要的是健美操具有强大的感染美。可以想象一下，当作为观众观看健美操表演时，眼睛看着健美操运动员激情昂扬的动作，耳朵听着节奏鲜明的动感音乐，总会有一种想要参与到其中的冲动，仿佛看到这样美的表演，听到这样美的音乐，心情瞬间舒畅。这便是健美操独特的感染美。

（7）形象美。经常参与健美操运动的人，所呈现的形象会给人一种精神焕发的美感。形象常常与气质连用，比如：形象气质佳。形象既能体现一个人外形给人的感觉，也能体现一个人由内向外散发的精神状态。

（8）创造美。创造是一切美的根源。人们对美认识会随着时间的推移、社会的进步不断地变化，这是一个漫长的过程，这样一个漫长的过程恰恰体现了人们不同创造的过程。通过不断的创造才能推动美的发展。健美操从其产生到现在也不断地在进步、变化，这也是人们不断地创造的结果。无论是从健美操的服装、动作、编排还是队形的变化等无一不体现健美操的创造美。

（9）融合美。健美操的美并不是单一存在的，它的美是融合了生命、体操、文化、舞蹈的众多美于一体的美。

第四节 多元艺术视角下的健美操审美分析

下面以健身健美操为例对多元艺术视角下的健美操审美进行分析：

一、健身健美操与多元艺术要素融合发展的可行性

（一）健身健美操与艺术的共同特点

我国的健美操一直追求的是整齐划一、协调有力、灵活多样的运动形式，是人们源自对生活的创造，而健身性健美操更是可以选配不同的音乐，结合不同领域内的动作素材，展示着一种肢体上的、情感上的、力量以及节奏上的表现和表达，充分体现着健美操的“健、力、美”的特性。从整套健美操组合中可以看到其中有音乐的熏陶、队形的巧妙编排及练习者的情感表达（内心的喜悦和激情）等，健身性健美操特征是“健康、力量、美丽”是人类所追求的最高精神境界，然而“健康、力量、美丽”中却包含着高度的艺术性，并体现得淋漓尽致。[①]

古代的艺术是一种技艺，还不被人们所了解和认识，直到近代以来人们才渐

---

① 闫凤娟 . 新视角下我国健身性健美操多元艺术要素融合发展的研究 [D]. 广州：广州大学，2012：18–45.

渐的对艺术的内容和价值有了新的认识和解读，随即也被人们推向一种高雅的、缥缈的、触不可及的一种境界，但是这种推崇会将艺术置于一种无根的境界，那么其发展就会岌岌可危了，但是现代的艺术转变，正在走向一个前所未有的泛化和普及，艺术也正在从博物馆走向人们的日常生活，成为人们一种日常化的生活消费，已从高雅的精神享受转化为通俗的非个性化（或者说类型化）的文化快餐，艺术的创造正在更多的去接近大众趣味和大众视线，为大众去接受和审视，那么这种艺术的审美需求和美的享受继而也是为大众的精神需求服务的，这种对审美意识和美的追求都无疑为健身性健美操与多元艺术要素融合提供了坚实的基础。

（二）新体育时代意义的艺术要求

新体育时代下，体育已不再是一种单纯的满足人们生理需求，但是现在它的发展无形之中就是顺应当今人们的各种需求，社会的高度发展以及社会分工的高度细化，人们开始在物质满足的基础上更多地去关注健康和倾向了精神领域的享受，因此体育就被赋予了更多的价值和功能，更多有社会意义的东西被渗透在其中，“花钱买健康”成为体育的价值体系中最重要的部分，人们从健身中获得身体和感官的满足，他们的需求看起来是一种外在的表面的需求，但是实质上是一种深层次的、内在的价值精神需求。这也使得新时代的体育的创新发展中被人们加入更多艺术的一些东西和内涵，在古奥林匹克运动会时，人们会用雕塑、绘画等去记录那些比例恰当，线条优美的运动员，从而形成当今的一些经典的艺术作品，供人们观赏，去审美，欣赏那种运动美，步入休闲娱乐时代，人们主观意识的提高和对新事物的追求，就转变为人们想去体验那种美，想更多的去体会那种运动带给自己的一种美的体验，这就促使了体育与艺术的加速融合，尤其是现代竞技体育运动的发展，要求运动员在成完成难度相当的技术动作后，还要在运动项目中表现出一种艺术性。

长期以来，我国的体育都带有很强的功利性，尤其是竞技体育，自从奥林匹克运动会为冠军设立奖励政策后，冠军不仅仅被看作是国家荣誉的象征，也是一些运动员寻求利益的途径，从近几届的奥运会中可以看出我国的竞技体育已列入世界前茅，伴随着的是奥运冠军的奖励和利益越来越诱惑，近几年开始全民健身体育的开展，健身高潮不断被掀起，很长时间以来，伴随着人文思想的逐步深入和渗透，人们更加重视精神文化价值，侧重于人们的生活质量，健身性健美操作为体育的一个分支，与艺术是不可分割的，他蕴含众多美之要素的运动，包含了人们对美的审视和体验，是自我超越的精神享受，加强对健身性健美操与艺术的融合研究，会为现代人价值体系带来有意义的一部分。

当前我国的学者都在极力地倡导新体育的内涵，无论是文化的，还是艺术的，都在丰富着体育的本质，赋予体育强大的功能，这也体现了当代体育人的敏锐的视角和高度的认识，健美操作为体育项目中的新生项目，虽然没有进入奥运会项目，但是他却成为社会生活中的不可缺少的健身项目，这要比进入奥运会来的更为实际，当然也成为学者们的研究对象，更被人们去挖掘和研究他所带给人们的一些价值，例如美，有美学欣赏与创造、审美体验及美育功能以及审美价值等，都丰富的论述了健身性健美操所表现出来的各种各样的美的形式和审美体验及角度。

综上所述，健身性健美操和艺术都在从人的内在精神需求出发，极大地去满足人们的审美精神价值取向，而且新体育时代的要求就是要立足于人的发展，以丰富人的价值体系，这对健身性健美操的发展来说就是新的时代要求，这些都为健身性健美操与多元艺术要素融合发展提供了可能性。

二、健身性健美操与多元艺术要素融合发展的策略

（一）健身性健美操与多元艺术要素融合发展的特性

1. 实用性

实用性是社会中一切力量和才智所追求的，实用性能创造必要物质需求和经济财富，而现代人们对事物的实用性是指其效果如何。健身性健美操项目的本质是健身，其他的功能只是这个本质上而存在的，所以在与音乐、舞蹈、造型等艺术的融合创新要在这一本质属性上进行，如一些音乐再好听，如果没有明显节拍和力度也不能应用到健身性健美操的练习中去，如一些服装再好看再有艺术性，但是人穿上之后不适宜运动也不能为健身性健美操锦上添花。再例如舞蹈是一种表演艺术，而且它往往与时代、文化等有着密不可分的联系，一个时期往往有其代表性的文化特征，当人们进行健身性健美操与舞蹈的各项艺术要素（身段、身

法、韵律、思想内涵）融合创新时就要考虑到健身性健美操的特点（节奏强烈、欢快积极、奔放与热情），如果是那种悲伤的舞蹈的演绎，肯定就不能纳入健身性健美操的素材编排中。

健身健美操的实用性就是要紧密联系社会发展的需要和人们健身目的实际需要，要敏锐地观察整个社会领域的需要，及时抓住健身项目“需要”的对象、范围、质与量、时间性、层次性等，从而加以有针对性地研究，以满足人们的健身需要，要极大地促进物质文明和精神建设，丰富人们健身内容，提高人们的生活质量等。“以人为本”出发进行研究，根据社会中的人与“体育”的接触程度、互动速度，所达到的具体目标等，进行调查、分析、归纳、演绎，进而预测，做出科学的决策，在追求健身性健美操的基本功能上满足人们对各种心理方面的需求，体现出健身性健美操的实用价值。

2. 艺术性

健身操是一种追求人的美的运动项目，包含了人体的形态美、精神美、肌肉美等美的因素，而且它也是通过借鉴和吸收其他运动项目或者是其他领域知识中元素来进行整合创编发展的，把人体的一些基本动作有序的、和谐地联系在一起，创造出内涵丰富，能够健身、健心、健美的运动形式等，充分体现通过人体表达美的特殊艺术魅力。

健身性健美操的艺术性主要表现在直观性、动作性、节奏性、造型性以及抒情性，他将人体所表达的语言艺术和美学要素融合为一体，是一种“力”“刚”“律”“健”的完美结合，通过人们的视觉来进行直观的审美感受，同时身体的动态变化，身体的姿态、四肢的力度等都是通过一系列不停顿的变化来进行的，动作刚劲有力、力度感强、快速变化，有相应的“加速”和“制动”，动作流动着也在从一种姿势到另一种姿势，要体现出肌肉的加速和制动中的力度美感造型等。

不过健身操的另外的艺术性就是表现在音乐，健身操是在音乐的伴奏下进行的，如果没有音乐就是变成了枯燥的体操了，因此，她的音乐艺术性就表现在“律”的美，就是指健美操动作与音乐结合的节奏和旋律的美，是人体动作在音乐的伴奏下实现的，人们可以体会到通过优美的旋律、动感的节奏，使练习者能够的心灵得到升华。健身操动作与音乐的和谐统一，使健美操成为一种动与静、刚与柔的结合，同时也是视觉与听觉的一种艺术享受。

3. 观赏及娱乐性

当前我国的健身性健美操已经成为休闲娱乐、健身的载体，因此要做到强弱相间，刚柔相济，上下分明，跌宕有序，表现出一种鲜明的节奏感，使练习者在这种节奏中感到轻松和愉悦。

而在将健身性健美操与多元艺术要素融合时，一定要具备健身性、观赏性及娱乐性相结合，舞蹈可以带来动作的柔美和飘逸，音乐可以带来激情和活力等，令人们在视觉听觉等方面都会有享受，例如健身街舞的娱乐性就体现在跳动过程中动作的轻松随意，不被动作所束缚，有种自由自在奔放的感觉，与那种横平竖直的操化动作相比较，更加注重的是人的个性张扬和激情的释放，因此会让观赏者在欣赏时有一种要参与的冲动和活力，而娱乐性既是一种健身方式又是一种舞蹈，让人们在紧张的学习和工作之中或者之后得到一种身心的放松和调整，以及心理情绪情感的释放和发泄，倡导现代人的休闲、健身、自娱自乐的理念，因为健身操与艺术两者都是时代发展的产物，而且紧跟时代发展的步伐，会满足追求时尚的青少年以及现代人的健身娱乐的需求，因此把健身健美操的精华与艺术手段有机地结合一定要遵循这一原则才有发展的空间。

4. 综合性

随着我国社会分工的高度分化，又高度的融合渗透，体育运动项目也受此影响在高度分化时，又在高度的综合，项目与项目的综合、文化与文化的综合、器械与器械的综合等，从而产生新的项目。健身性健美操是一项综合性很强的体育运动项目，是以强身健体，增强体质为目的的，不只是把简单的单个动作罗列，还要注重其自己的本身特点、功能以及它的结构要素等，这些都需要合理的运用和综合，还要按一定的科学规律以及人体的发展来加以分析、整理和归纳，综合创新而成的。例如近几年兴起来的普拉提以及美国莱美健身中“BodyBalance”等，其中很多都是结合了中国和印度的太极拳和瑜伽等健身中的一些形式和内涵的，但是欧美健身中，他们的健身教练的个性化的练习方式却是不断地被东方文化所接受和喜欢，其健身娱乐、休闲养生、激情活力等健身理念，进一步让人们认识到了体育运动的本质，就是这种东方和西方健身文化的不断综合，也促使了健身操与其他领域的融合和渗透，例如健身音乐的使用，现在越多地使用混合音乐，不光是东方的传统音乐，还是西方的个性、奔放、激情的音乐都被人们利用特定的软件进行再次创新，即反映了健身操与其他领域融合的综合性原则。

（二）健身性健美操与多元艺术要素融合发展的方法

（1）创新法。创新法是根据人体的生理结构以及人体运动规律，或者是针对练习者的局部的身体部位，以及某个主题或是音乐的特点等，发挥创编者的主观想象力，综合健美操的各种步法以及手法，借助于其他运动项目以及其他领域中素材来进行创编，其难度会稍大一点，而且对创编者的各方面的能力要求较高。

（2）移植法。移植法主要是把某一运动项目或是其他领域中的动作或音乐等元素，部分或是全部引入健身性健美操中，并根据健身性健美操的特点通过一定的改造而获得其创新的一种方法。在平常的健身操练习中可知一些身体运动时来自体操、体育舞蹈、武术、现代舞等运动项目中的部分肢体动作，健身操是会去借鉴一些其他运动中动作素材为自己所用，来表现一些健身效果和身心体验，健身操的这种与其他体育项目或者是其他艺术领域之间存在着相互移植和转化的关系的原因，便造就了健身操的独特的艺术魅力和艺术效果。

（3）重组法。重组法是指在创编健身健美操的过程中，将两个或两个以上独立的技术动作通过巧妙的结合或重组，形成新的技术动作或成套组合动作。健身健美操的动作组合既可以是同一类型动作变化为多个不同特色风格的动作，也可以是不同类型多个单个动作进行适当重组，最后完成成套动作的编排。例如将民族舞蹈和现代舞蹈中部分的动作进行适当和谐的重组，或者是将中国的音乐与国外的音乐组合成健身性健美操所需要的音乐，特别要注意的是健身性健美操的创新不是简单的动作技术堆积和串联，也不是简单的凑合，而是要根据其本身的特点进行恰当的、和谐的重组，这样才能形成多种形式的、动作新颖的、结构合理的创新。

（三）健身性健美操与多元艺术要素融合发展的研究

1. 成套动作和多元艺术要素的融合发展

（1）舞蹈艺术及其要素解析。中华的艺术源远流长，起源至今都承载着中华五千化的历史文化和气息，也被誉为是历史的“精髓”，其中舞蹈艺术的发展更是“精髓”中的精华，汇入了文化背景、音乐、身体三者为一体，是一种匠心独运的综合性艺术，舞者的每一个动作、每一个眼神都传达着一种内涵和表达，令观赏者深深地体会到那种心境，它还是一种表现着人的诸多思想感情和意识形态的艺术。

舞蹈艺术要素有身段、身法以及韵律，各要素之间都包含了独具的艺术内涵，健身性健美操在动作编排中要借鉴和引入这些要素，才能充分地展示出其自身所承受的各种艺术的气息。

身段就是形体动作的艺术，侧重指外部的舞蹈艺术，也含有表演的因素，身段包含了神和形两个方面，形是指外部的舞蹈动作，而神是指表达内在的感情手段，神无形则不显，这种神形兼备的舞蹈动作就是身段。

（2）健身性健美操要借鉴和吸收舞蹈艺术要素。

1）身段是舞的体现，是戏曲表演艺术塑造人物形象、提示人物内心活动的手段之一。源于生活，但绝不是对生活的照搬和模仿，他包含了形和神两方面，这是形到神到，所以舞蹈以艺术化的人体动作，即通过人体富有协调性、韵律感、审美化的动作、姿势、造型、动作组合和动作过程来表达内心情感，是人类审美意识和情感表达在人体动态形式中的对象化，是舞蹈艺术劳动的具体效果。一组好的身段动作组合无声胜有声，当人们看到演员的姿态和动作，就可以清楚地明白它的内容，虽然不用语言，实际上却是比语言更为生动，更具体的一种动态“语言”。

身段的内容极为丰富，并且训练极为复杂和讲究，但是人们不是去模仿舞蹈中的那些身段，而是要借鉴舞者的那种形态和神态，形成一种姿态，例如舞蹈中有一种身段动作是气不能放在胸口上，应沉气；胸不能挺，应含胸。放松，脖颈用力，着力点是双眼做到神聚一点，光兼回射，沉眉压眼，支力点是腰，提是辅助动作，柔软性强，双臂摆动要自如，提腿时，另外一条腿是支点，不要扭胯和重心不稳等。我国的健身性健美操就是要融合这种身段动作，结合自己的特点在整套自己动作的空间概念上、身体或身体各部位运动过程中所处的状态中找到一种姿态，既要表达人体各部位的实体形态，还要表达人们内心所要表达的一种神态和那种美的心态等。

健身操的运动形式就是刚柔结合，并且是以刚为主的，其中动力性是健身操主要形态特征，而有关的动力性的舞蹈动作素材中力度会比较强、幅度也大、变化快、节奏分明、刚劲有力，这些都与健身性健美操的“力”相一致，因此在选择舞蹈动作来融合到健身性健美操中时要选择动力性的舞蹈动作或者是将柔美的舞蹈动作转变成动感性的，这样就会切合健身性健美操的运动特点，例如现代舞、踢踏舞、爵士舞等舞蹈类型，柔美抒情性舞蹈却舒展、流畅、柔和，这又与健身性健美操的“力量”“柔美”相一致的。

健身性健美操的神态就是要表现美，其目的是在健身的基础上把形体美、姿态美、动作美和精神美有机地结合起来，注重外在美的训练，又强调内在美的培养。这种特点就与舞蹈艺术相同，健与美的统一，是健美操本质特征的表现。这些舞蹈动作的身段、身法以及韵律都无不渗透着其舞蹈艺术的各种内涵。

2）身法，就是身体动的方法，20 世纪 70 年代末至 80 年代初，我国那时引入的健美操主要是简单的四肢运动结合基本的体操动作，而后是以扭动躯体健身的非洲民间舞蹈与基本体操动作相结合的迪斯科健美操，以及后来的拉丁健美操，爵士健美操和街舞健美操，这些健身性健美操的特点就是引入了国际上一些流行的舞蹈的动作素材，也从根本上引入了舞蹈艺术中身体动的方法，即身法。

身法从动态上可分为七种动势，有冲、移、伏、靠、拧、倾、长（音掌），健身操虽是一种直觉的艺术形象，但它不是静止状态的直觉形象（如绘画、雕塑），而是流动状态的直觉形象。所以在借鉴各种本土或是国际上的舞蹈时，其舞蹈艺术中的身法就会自然渗透到健身性健美操去中，在动作的运动路线、运动方式，运动幅度上都要体现出舞蹈中的身体的活动方法，这样练习者的感情、情绪的表达和表现，氛围和情调的渲染也是由一系列不间断的身体动作变化来完成的，主要是指身体的各部位（头、躯干、手、上臂等）协调配合共同参与，其参与的部位越多则身体的锻炼效果就越好，而且每一个动作之间也要有合理，顺畅的过渡动作，每个动作的产生以及动作之间的连接都需要好的身法，所以借鉴舞蹈中的身法就可以更加增强其艺术的表现力和内涵，健身操借鉴舞蹈艺术就是要汲取舞蹈中基本的七种身法来加以“制作”和“再创造”，充分运用人体各部位特定的基本姿势，按照一定的规范要求和节律进行的一种艺术活动。

3）韵律，是外部表现形体的规律，如果说形体是人的身体，那么韵律就是人的血液，血液一旦停止流动，那么肢体就无法运动了，换言之韵律是身体风格的标尺。在健身性健美操中，音乐节奏就是这个韵律，而在舞蹈中韵律规定外部的手、眼、步法等运动的线路以及幅度等，而健美操是在节奏鲜明、旋律优美的音乐伴奏下进行伸展、屈伸、波浪摆动、跳跃等动作，健身操在鲜明的节奏、优美的旋律下能表现出一种刚、柔、大方的动作，能提高学生的艺术修养，健美的人体曲线能启迪学生塑造人体美的高尚情操。

韵律二词中，律是有形的，韵是无形的。舞蹈中的韵律即是以演员“手之舞之，足之蹈之”的外部形体运动，或者是表现戏曲特定的情景中人物的行动、情感、神态、风姿风貌，只有动律美感与形体美感在韵化之中达到完美结合，高度统一，才能外显出细腻可感、形美情真的艺术形象，身段才富有鲜活力，舞蹈才富有意境美。

健身性健美操的律动感也可以表现出练习者的内心情感，在丰富了健身性健美操的艺术内涵，例如在近几年的健康活力大赛中，不是每位参赛者都是以微笑的表情来展示的，现在越多的是根据音乐和动作的表现主题来表现的，例如广体那段舞蹈啦啦的野人舞，其表情有点凶狠和野蛮，而且也要在健美操的韵律方面加强，其快速的旋转可以表现出人物的激动情感，或狂喜；随着速度的减慢，喜、怒、哀、乐的激情也随之趋于平静等，有着无比的神韵在其中。我国的健身性健美操在形体和律动之间的配合却还需要努力，而且也应该引起人们对音乐节奏的重视，我国的很多健身者自己并不会去听健美操的音乐，更不用说其律动感了，如果自己脑袋中不明白节奏就无法用身体去展示出律动，那也就会大打折扣，而且在练习中眼睛要随心动，随神动，随手动等，极大地表达健身性健美操的韵律感。

（3）渗透多种造型艺术。与健身性健美操相关的造型艺术主要是绘画艺术和雕塑艺术，绘画艺术要素包括点、线、面及其和部分之间的比例配合，而雕塑艺术就是形态，空间及其塑造的动态造型。

健身性健美操的单个动作大部分都是把人体日常的自然动作通过提炼、加工和美化的，但是这些动作除了要美观大方和具有锻炼效果之外，还要具有艺术造型性，这是使健美操具有美的基本条件和主要因素，造型本身会具有美感的直观形象，经过了提炼、加工和美化了的动作若想更加生动，鲜明，具有表现力就要注重健身性健美操的造型。

1）健身性健美操中的造型艺术的表现。队形变化中一个人为一个点，两个人为一条线，多个人为一个面的不同方位的不同变化就极大地提高了健身性健美操的观赏性，不同的队形的变化也会带给欣赏着更多的新奇，而带给健身者使更多的健身表现感受，造型在健美操中具有重要的地位和作用，不论是单人、双人或集体项目的健身性健美操，造型都占有相当重要的地位，造型运用的得好与差，直接关系到整套操的质量问题，质量高、美的造型，应该是一种恰到好处地表现出来。

在整套的健身性健美操的动作中，既要有个人特色的造型动作也要有集体的造型，每个造型在整套操中都要协调，造型的运用如果巧妙就会起到锦上添花的效果，并且能够成为整套操的魅力焦点所在，但是在健身操中姿态造型中应该表现为高立、挺拔的形态美和力量美等，例如健身操中两臂平举，五指并拢的动作造型，在练习时一定要注意，头要向上略抬起，胸要挺，腰要立，两腿要伸直，两臂充分往外伸展，五指并拢并且充分向外延伸，已达到肢体的最远端，这样的造型才能有一种精神和自信的感觉在其中，在例如下肢弓步的造型，两脚前后开立的距离要稍微大一点，后腿要蹬直，脚跟不离地，表现一种有力、矫健的力量感。人体中的四肢、头颈、躯干从一种姿势到另一种姿势，就会形成一种直线或是曲线的动作路线，每一瞬间的动作也能会成为一个造型，无数的这样的造型连在一起，就会在观者的眼睛中留下一种“感觉记忆”的造型片段，当这种片段逐一连接起来的时候，就会发现整个健身操的美。

健身操的造型艺术的表现就是要按照美的规律，充分利用身体这一特殊手段，运用一定的技巧、活动方法和表现形式进行自由创造，才能创造出更多更新的美的造型。健身操的造型的设计就应有新意，要精心构思，要从总体考虑，使它符合强身健体和人体艺术造型的规律。

2）在健身性健美操的姿态造型中就要渗透雕塑艺术的要素，例如其形态，空间以及动态造型。当人们翻到奥林匹克运动会的古代竞技场上，人们会看到获得冠军的运动员们在雕塑他们运动中“美”的时刻，其中的《弓箭手赫刺克勒斯》《掷铁饼者》等雕塑在现代已经成为雕塑艺术中的珍品，例如，雕塑艺术中的经典作品《掷铁饼者》，充分展示了铁饼运动员在比赛过程中投掷铁饼那一刹那即将爆发的力量感和形态美感，其中包含了一种复杂的运动状态，强健有力的肌肉，可以清楚躯体各部分的用力：身体重心在左腿上，右腿自然弯曲，上身扭转，右手紧握着铁饼奋力地后拉，无论是整个身体的比例还肌肉的线条都充分的表达了一种力量感，同时也表现出一种胸有成竹、必胜的信心的心境，这座雕像被称为“力的赞歌，生命的赞歌，人体美的赞歌”，现在雕塑已经不是古希腊的专利，当代的一些运动中的出色表现的运动员也能成为雕塑艺术中的对象。

健身性健美操所要借鉴的雕塑艺术就是一种对健、力、美的表现，观看雕塑艺术的形成需要一种形态、空间和动态造型，其实就是要活灵活现的展示一种内心精神的东西，而健身性健美操的姿态造型形态上可以表现为挺拔高立的美、上下左右的空间充分利用，以及雄健的造型艺术美特征。

2. 音乐艺术要素的融合发展

（1）关于音乐艺术及其艺术要素解析。搜集了有关的音乐艺术有如下阐述：

音乐是通过有组织的音所塑造的听觉形象来表达创作者的思想感情，反映社会现实生活，是欣赏者在得到美的享受的同时也潜移默化的受到熏陶的一种艺术。音乐的表述是：第一，音乐是听觉艺术，音乐是听的，这是音乐的本质；第二，认识音乐和音乐美的起点是音乐是感性材料。通过专家对于音乐艺术要素的筛选，主要有：旋律、节奏（速度，力度）、响度、音色、思想主题。

旋律随着感情的变化，时而跌宕起伏，时而平缓流畅，以此来感染听众，引起共鸣，另外是体现音乐中思想感情的主要元素之一。

节奏包括了力度与速度两方面，力度是指音乐规律性强弱的运动，而速度是指音乐律动的快慢，即速率。包括了音乐中各种各样的运动形态，既有轻重缓急，也有松散与紧凑；在音乐作品中，旋律固然很重要，但是他只有和节奏结合起来才能塑造形象，表达情感。

音色称音品，是由声音波形的谐波频谱和包络决定，声音波形的基频所产生的听得最清楚的音为基音，每个基音都有固定的频率和不同响度的泛音，各次谐波的微小振动所产生的声音称泛音。而单一频率的音为纯音，具有谐波的音称为复音。

思想主题就是想表达的内涵，以及带给人们的一种情感体验，也是音乐本身创作的目的，凡是经典的音乐作品中都会渗透着一个较明显的，且能引起人们共鸣的意境，或是低沉，或者欢喜，或是悲伤，或者热烈。

以上就是在健身性健美操中所涉及的音乐艺术中所包含的各种要素的概念分析，其实音乐就是抒发、表现以及寄托人们情感的一种艺术形式，不论是让人们通过哪种形式来进行演绎或者表达，例如唱、演奏等，都包含着人们内心中复杂的内心活动，音乐是人类情感的升华和高度概括，足以表达人类强大的内心需求。

（2）优美的旋律要贯穿于健身性健美操的音乐中。我国的健身操之所以深受人们的热烈追捧和喜爱，除了练习效果中产生的功效性外，更重要的是因为现代音乐给他带来的强大活力，尤其是贯穿之中的优美的旋律，能陶冶人的情操和打开人的心扉，再加上强烈的节奏后，就会产生情感联想，产生一种想参与、想活动的冲动。这样就能提高美的欣赏能力、陶冶美的情操，尤其选用健康、活泼的旋律曲调，可振奋精神，消除身心紧张和疲劳，获得心理上和生理上的平衡。

（3）融入和谐的节奏。健身性健美操的是一种不断的动态流动，而且不是一种杂乱无章的变化，而是有序的，合乎美的规律，并且遵循健身操运动的规律，所有的这一切不能离开音乐中的节奏的这个要素，节奏是人们对运动的感觉，是人们对时间的一种知觉，是健身操运动的灵魂所在，斯坦尼曾经说：节奏是一定速度和节拍中实际时值（动作、声音）与单位时值之间的关系。节奏是运动着的，任何节奏只要停止，运动便告终结，没有不运动而存在的节奏，所以节奏受时间条件的限制。

在体育运动中节奏是非常重要的，几乎所有的人体动作都要有一个节奏才能顺利地去完成某项活动，因此在健身操运动中，音乐的节奏一般表现为动作力度的强弱、速度的快慢和能量的大小。而且现在流行的欧美音乐以及国内的一些流行音乐也在迅速地融入健身操当中，其中最主要的原因就是这些音乐中节奏感强烈而且鲜明，欢快、跳动、富有激情等，例如比较流行的欧美音乐中的爵士乐、重金属摇滚、电子乐等音乐形式的演绎均成为我国健身操运动中实用频率最高的音乐，原因就是节奏感明显，能够迅速与操化动作结合在一些，表现出强大的激情活力，一下子就能够渲染氛围和环境，给人以热情和跳动的感觉，使人们沉浸在音乐中尽情地展现自己的身体，表现人们内心的感情的宣泄，其中强劲有力的打击乐的节奏则会表现出练习者旺盛的精力，随着动作的快慢结合，刚柔并济，不停地摇摆感都会使人们有种轻松愉快的心境，肢体和心理都会跟随音乐节奏的变化而变化，强弱交替，大小适度，屈伸有力等，真正体现着练习者的内心需求。

（4）关于音乐艺术及其艺术要素的一致性。

1）音乐的节拍与动作的节拍应相一致。健身性健美操的节拍相当于人体中关节，有着过渡承接的作用，而且每个肢体动作或者是表情的表达都必须要有一个对应的拍子，是人们通常所说的“卡在拍子上”“在点上”“节奏把握好”就是说动作和音乐拍子非常的一致，非常匹配。

具体而言，拍子也就是动作在时间上恰当，空间上非常合理，最主要是要体现出操化动作的快慢、刚柔、强弱等。选择健美操音乐素材，在乐曲中周期性出现的节奏序列，一般选择节奏明快、轻松、蓬勃向上的 2/4 拍或 4/4 拍的曲段。二拍子音乐的特点是强弱交替，而四拍子的音乐特点是强、弱、次强、次弱。有时候教练或者是编排者为了能够充分提高音乐的张力以及整套动作的表现力，就会使音乐与动作选配时，极力使动作的发力、造型以及个性展现与音乐的拍子的重拍落在较强的拍子上，以增强健身操的力度感和表现力，而把一些具有连接性的、柔软的、过渡性的动作落在弱拍上，这样就会形成非常有规律的、强弱更替的、富有感情色彩的情感表现。

在日常的教学以及练习中就能非常明显地识别音乐的重拍和弱拍以及 4 个八拍的结束和动作切入的时机等，特别要重视重拍的处理和表现，比如踏步，以右脚为例，当右脚落地的一刹那，也就是重拍出现的瞬间，所以健身操的操化动作与音乐的拍子的一致能够非常有效地调动起练习者的情绪和激情，令“身”“音”相随，突出地表达出一种激情的释放和宣泄。

2）音乐的主题风格与健身性健美操动作的风格相一致。在第六届中国学生健康活力大赛中就可以看到，很多参赛的队伍的健身操的音乐选择上是非常独特和新颖的，最为关键的一点就是音乐的主题风格与编排的整套操的风格一致吻合，令裁判员或者是观众有一种非常舒服，非常新鲜的感觉，其中有的是选取的国外的流行歌曲，有的则是选取的国内的传统音乐和流行音乐，在一定意义上音乐的风格直接会影响着健身操的整个风格、结构等，而且非常容易激发编排者的创作灵感以及练习者自身的健身体验等，在这样一个多元开放的时代，各种各样的音乐风格涌入了我国，进一步充斥了我国的健身领域，无论是动感的、刺激的风格等，因此，在选配健美操音乐时要注意音乐与健美操的风格相一致，对于我国健身性健身操锻炼音乐的选择上，很多的编排者要进一步去体现出民族风格以及把握时代流行的乐曲，着重于当下的时代发展方向。

在北京奥运会的开幕式上，可以清楚地看到中国传统的艺术的运用，由此追求民族特色，展示中华民族传统也同样具有了非常强的时尚性，所以现在很多赛事上红歌、二胡、京剧等方面音乐主题风格也被运用得淋漓尽致，具有浓厚的民族特色，也受到了人们的认可和喜欢，所以现在人们也开始去使用一些节奏铿锵、气势磅礴且具有中国特色的主题风格音乐来表达一种操化动作的大方、舒展有力的风格等。

（5）健美操的音乐融入现代器乐艺术元素，提高其音色效果。经济的发展，知识在推动着人类文明的进程，信息时代令社会开放，交流，其发展的步伐日渐加快，各种元素相互冲撞着，音乐元素和来源的多元化，多样化，即顺应了消费者与制造主体。音乐作为一门独立的艺术有着它自身的特点和规律，但当它被融合到健美操运动中时，就会成为健美操的灵魂，同时也是健美操的“混合剂”。健美操音乐作为一种符号被人们传承记住并使用已然是一种时尚的文化，而时尚文化发展都不是一成不变的，皆具有一定的时代特征和差异。

3. 服饰与装饰艺术要素的融合发展

（1）装饰艺术是我国健身操服饰中的展现。在竞技健美操比赛中，对参赛的服饰是有严格的要求的，如果在比赛中违反相应的规定就会被扣分，可见服饰在竞技健美操中的重要性，在健身性健美操中却没有如此的规定，但是随着人们生活品质的提高，人们开始越来越注重生活的舒适性、随意性和个性化，因此就促成了健身服饰的多样化、个性化、时尚化的发展，主要有以下方面：

第一，样式健美操兴起之初我国的健身操服饰的样式是一种“泳装”式的设计，非常简单，而且是紧贴身体的，体现出一种实用的价值所在，但是现在健身操服饰是一种运动元素与时装的时尚设计的结合。在样式上大胆的向时装样式借鉴，例如宽松、立体、低胸、露腰、吊带，更加多样，优雅以及更加性感，体现出一种时尚感、活力和激情，甚至有的是低腰裤、超短褶裙、贴身背心等。过去那种简单款式，收身有弹力并且样式单调的健美操服饰已经走向时代的边缘，现在无论是大众健美操还是表演性的健身舞蹈的服饰都从美学的角度出发，注重时代和个性特征，兼备运动休闲和生活时尚两方面的效用。舒适，大方，有活力，能展示个性时尚的健美操服饰成为现代人的需要，这种健美服饰的发展也能够激起人们对于健美操的热情和活力，使人们在这种休闲时尚元素和健美操运动的融合中享受健身。

第二，色彩现在健身操服饰色彩已经从颜色单一，以暗色、黑色较多转变为青春靓丽，色彩鲜艳、混合，以红、黄、白等有生机、有活力的色调为主，这也是现代人们的健身需求的一部分，追求积极向上、保持激情活力、热爱生命、崇尚运动的运动生活理念等，健身服饰色彩的改变会使练习者更加自信、并且有展现自我的欲望和冲动，令观赏者也是视角上的冲击，提高对美的欣赏和发掘，使身心，愉悦。

第三，图案健身操服饰始终是一种较为简单大方、随性自然的设计，但是人们追求个性和与众不同的心理会使一些较为抽象的、表达人们内心活动的图案成为运动服饰上的魅力所在。

综上所述，健身操服饰与装饰艺术的融合主要体现两个理念：一方面是与时尚艺术相呼应，展示人们的个性意识；另外一方面是与运动休闲的生活艺术相结合，展示人们内心的精神状态。例如近几年流行的秋彤健身服饰是在保持健身功能的基础之上又增加了一些时尚的装饰，如背带，腰链等，给人们一种立体感，这样人们在健身时就会有一种表现的行为欲望。因此运动的时尚不仅仅是一种设计，也是一种行为，运动元素与时装的设计理念成为肢体语言的一部分。健美操服饰的时尚化在强调设计上的时尚感之外，也必须彻底融合到时尚的理念和行为当中，最终让运动完全进入时尚生活的范畴之内，这是现代生活的一种标志，是人们生活的一种需要，　种个性意识的追求和展示。

第四章　健美操的编排艺术分析

在新时代背景下，健美操运动作为一种集体性的运动项目，在技术动作和方法上有极高的要求，为进一步促进健美操运动的有效发展，需要对健美操进行合理编排，通过多样性和创新性的健美操动作编排，来全面提高健美操运动在动作中的艺术性与观赏性，提升健美操动作编排的影响力和创新力。本章主要围绕健美操创作编排的重要性、健美操创作编排的影响因素与原则、健美操创作编排的过程与方法、健美操创作编排的构成要素、健美操创作编排的音乐选择与空间应用以及健美操创作编排的发展态势展开论述。

第一节　健美操创作编排的重要性

一、健身健美操创作编排的重要性

（一）健身健美操创作编排是科学健身的基本要求

1. 健身健美操创作编排为练习者提供了安全的健身方式

健身健美操属于有氧运动，有氧运动是最有利于健康的一种科学健身运动。有氧运动就是在氧供应充足的情况下的运动，使人的心率保持在最大心率的60% ~ 85%，使人的心血管系统在健身健美操锻炼时承受适宜的负荷，机能得到改善和提高，从而避免剧烈运动引起的氧供应不足，心律过快导致的心血管系统负担过重，机能得不到提高，甚至是衰退。

健身健美操创编时选择动作都是对锻炼者身体全方面考虑，即安全的动作，如在健身健美操创编时一般不选择头颈用力旋及绕的动作、躯干在负荷的情况下的转、用力伸屈等动作，这样就避免了关节过度屈伸等动作可能产生的潜在危险。因此，创编健身健美操给练习者提供了一种安全的健身方式，是科学健身的基本要求。

2. 健身健美操创作编排为练习者提供了实效的健身方式

健身健美操近年来越来越受人们的青睐，极其重要的一点是通过健身健美操练习，可以明显增加吸氧量，改善心肺功能，增强心肌，增加肺活量，减少心肺呼吸系统疾病。同时，骨骼肌肉的机能也会得到明显的改善，骨密质增厚，骨小梁排列紧密，肌肉力量增大，血液循环量增加。因此，健身健美操提高了人体各方面的生理机能、心理机能，增进健康，起到延年益寿的作用。

（二）健身健美操创作编排提高了练习者的学习兴趣

（1）健身健美操创编的全面性。创编各种形式的健身健美操能吸引更多的人对健身健美操产生兴趣。兴趣对人的认识活动有着非常重要的作用，学习兴趣一经激发，学习的积极性、自觉性就会提高。健身健美操是在音乐的伴奏下融体育、舞蹈、音乐为一体的健身方式。健身健美操的创编者可以根据不同的对象、场地、设施选择不同风格的动作和音乐创编不同风格、不同强度，适合不同对象、场地、设施的健身健美操，以此来吸引大量的练习者，根据自身身体条件、兴趣爱好选择适合自己的健身健美操，从而大大提高了练习者的学习兴趣。

（2）健身健美操创编的挑战性。创编健身健美操是一件很具挑战性的工作，在创编健身健美操的过程中，创编的各个元素总能激发创编者的创造性。这就使创编者对健身健美操创编充满兴趣，不断钻研，勇于向健身健美操创编挑战。如今的健身健美操正在向多元化方向发展，其内容更加丰富多彩，人们不再满足于一套或几套健身健美操的学习，他们不断将新事物融入健身健美操的创编之中，创造出新颖独特的动作、动作连接与成套动作，不落俗套，创编出自身的风格。在创编健身健美操过程中健身爱好者找到了更多的乐趣，从而大大提高了他们学习健身健美操的兴趣。

（三）健身健美操创作编排是比赛和表演的基本要求

（1）健身健美操创编是比赛和表演的基础。在观看精彩的健身健美操比赛或表演时，人们很少注意精彩背后的艰辛。创编是健身健美操比赛或表演的基础。不论是个人项目还是集体项目，都必须以成套动作的形式出现。这就要求创编者在比赛和表演前，根据参赛对象、场地、设施等具体情况，按照规则的要求，遵循创编规律，创编适用于比赛或表演的健身健美操。

（2）健身健美操创编增加了比赛和表演的自由度。为了使健身健美操表演和比赛更加精彩，使健身健美操具有独特的风格，以吸引裁判和观众的注意力，创编健身健美操要新颖独特，别具风格。健身健美操创编增加了比赛和表演的自由度。在条件、规则允许下，创编者可以自由地利用动作素材，选择独特的音乐及队形变化来表达自身想要表达的内容与精神。创编出一套具有自己风格的健身健美操，使表演与比赛更加精彩。

（四）健身健美操创作编排是提高审美能力的有效方法

1. 健身健美操创作编排使创编者充分考虑审美构成因素

健身健美操是以人体为审美对象，在音乐伴奏下运用各种不同类型的操化动作，融体操、舞蹈、音乐为一体的大众健身方式。它以人体自身为审美对象，因此比较侧重于人体自然属性。线条和形体构成人体美的基础，是健身健美操的主要审美构成因素。

健身健美操的形体美由运动员自身形态的静态美和动态美两方面组成。静态美主要包括三个方面：一是匀称、适度的人体各部比例；二是完美发达的肌肉；三是健康美观的肤色。动态美则是通过创编健身健美操，将健美操动作串联起来，使静态美在运动中淋漓尽致地表现出来。另外，音乐的美也是健身健美操的审美构成因素，根据不同风格的音乐，选编与之相宜的动作或根据不同类型的动作，配以与之匹配的音乐，都能培养人们的审美能力。因此，在健身健美操创编过程中，充分考虑以上审美构成因素，以提高审美能力。

2. 健身健美操创作编排使创编者充分考虑审美构成法则

健身健美操本身具有一定的审美特征，但要构成整体的形式美，还有赖于按一定的法则进行组合。健身健美操审美构成法则包括：整齐一律、均衡对称、对比调和、节奏韵律、多样统一。整齐一致又称单纯齐一，它是同一形式的一致重复，是最简单的形式美；匀称之布局上的等量不等形；对称指以轴线为中心的相等或相适应；调和是差异中求一致，即着重统一；节奏是指运动过程中力度变化的时序连续；在节奏基础上赋予一定情调便形成韵律；多样统一也叫和谐，是在变化中求统一，在参差中求整齐。健身健美操的创编根据这些审美构成法则来进行，使创编者的审美能力得到不断的提高。

（五）健身健美操创作编排是练习者主动参与健身的有效方法

（1）健身健美操创编是树立练习者的健身意识，激发练习者的健身动机的有效方法。生命在于运动，健身运动已经成为现代人生活中不可缺少的一部分。健身健美操动作丰富多样，节奏富于变化，是一项不断创新、不断向前发展的运动。在健身健美操的练习中，学会几套操是远远不够的，加强创编能力的培养，使自己具备自编、自练的能力，在创编中注意发挥健身健美操健身功能，在练习中体会健身健美操的各项健身功能，有利于参与者更加深刻地认识健身健美操的各种健身功能，从而树立参与者的健身意识，激发参与者的健身动机。

（2）健身健美操创编是保持参与者健身的持续性的有效方法。健身健美操的练习贵在坚持。终身体育的思想应该是体育意识中相当重要的一部分。在健身健美操的练习过程中，根据时间、地点、对象的变化，不断创编新的健身健美操，使练习者在丰富多变的练习中，充分感受健身健美操的丰富多彩与无穷魅力，是练习者保持健身的持续性，培养终身体育意识的有效方法。

（六）健身健美操创作编排是竞技性健美操训练的基础

（1）健身健美操创编是竞技性健美操基础动作的来源。竞技性健美操起源于健身健美操。健身健美操相对于竞技性健美操来说动作变化少、节奏慢、幅度小、速度慢、动作轨迹短、对称性动作多，难度小；竞技性健美操动作变化多、节奏快、幅度人、动作轨迹长、动作要求不对称、难度大。然而，如此丰富多变，具有难度的竞技健美操的基础动作均来源于健身健美操的基础动作。竞技性健美操动作是在健身健美操动作的基础上或是加快节奏，或是增大幅度，或是加快速度，或是增长动作轨迹等来增加动作的难度的。健身健美操的创编给竞技健美操的创编提供了丰富的素材。因此，健身健美操是竞技健美操基础动作的来源，是竞技健美操训练的基础。

（2）健身健美操创编有利于健美操意识的培养。竞技性健美操训练中，健美操意识的培养是非常重要的一个方面。健美操意识使竞技健美操运动员从思想、感觉上去体会健美操的内涵，在潜意识中形成、树立健美操的概念、内涵，使竞技健美操运动员更加准确地认识健美操，更加热爱健美操，更加正确地对待健美操基本动作。创编各种形式、类型的健身健美操使竞技健美操运动员体会各种不同风格、种类的健身健美操，从各个方面去认识健美操，积累了大量的健美操基本动作素材，增加了健美操感觉的培养，从而逐渐树立了健美操意识。

（七）健身健美操创作编排是展示创编者综合能力的平台

高质量的健身健美操成套动作的创编就是要在形态、动作、造型、线条、色彩、队形、音乐等各个方面达到相对完美。创编既是脑力劳动，也是体力劳动，是一种艺术的创造。创编能力不仅仅反映创编者的专业水平，也反映其文化、智力、音乐、舞蹈、美术、雕塑等其他领域的修养与水平。只有具备了这些领域的知识和修养，才能成为一名优秀的创编者，才能创编出优秀的、令人满意的健身健美操。因此，健身健美操的创编是检验创编者成果的过程，是展示创编者综合能力的平台。

二、竞技健美操创作编排的重要性

竞技健美操成绩优劣的关键因素是运动员的竞技能力与成套动作的编排质量。

1. 创编是竞技健美操的训练手段

（1）创编是竞技健美操训练的前提。要想成为一名竞技健美操运动员，必须经过健美操的专项训练。竞技健美操训练内容包括如下方面：

第一，体能训练。体能包括专项耐力（心肺功能）、爆发力、柔韧、平衡能力、灵敏、协调性等。

第二，成套内容训练。成套内容包括操化动作、难度动作、过渡连接动作、特殊动作、动力性配合、托举等。

第三，心理训练。心理训练包括变化环境、模拟比赛、集中注意力、批评与鼓励等。

第四，表现与特殊动作训练。动作的表现，包括动作的韵律、动作的风格、动作的幅度、动作的方位、肢体的协调配合等。

从上述的竞技健美操训练内容中可以看出，无论是体能训练还是健美操成套动作训练以及表现与特殊动作训练都是以动作为前提的。合理、恰当的编排能够丰富训练的内容，帮助练习者准确地把握训练内容，从而提高训练效果，尽可能地接近训练目的。例如，体能训练中专项耐力训练主要是靠成套动作进行的，爆发力、柔韧性、平衡能力主要是靠单个动作及组合动作进行的，灵敏与协调主要靠组合动作而进行。设计出合理、新颖的操化动作、过渡与连接动作、托举配合动作在竞技健美操创编中是必不可少的。

在表现与特殊动作训练中，创编出不同韵律、风格、幅度、方位的同时配合上运动员的面部表情的动作对提高运动员的表现力与掌握特殊动作风格是非常重要的。因此，仅针对健美操训练内容进行设计与安排还不能达到科学训练，而应把所有的训练内容创造性地编织在一起，科学地进行分类与加工，这样才能为竞技健美操总体训练水平的提高提供思路。

（2）创编是建立竞技健美操训练系统的基础。任何一个竞技健美操运动员的成长都必须经过入门期、成长期和成熟期三个时期的系统训练，同时在三个不同时期都应该有不同的训练内容，都包括基础训练阶段、提高阶段、巩固稳定阶段、比赛阶段四个部分。不同的阶段采用不同的训练内容是运动员成长的基础。合理、恰当的动作编排是使各个时期及阶段有机联系的重要因素与手段之一，只有这样，才能科学、有效地建立起竞技健美操的训练系统。

（3）创编是提高竞技健美操运动员竞技能力的平台。竞技健美操运动员竞技能力包括技能、体能、心理能力、智能等，其中运动员技能和体能的提高，很大程度上依赖于动作的编排，同时竞技健美操规则对动作的编排也有特殊的规定。依据规则的要求，按照不同时期，不同目的与任务创编出符合实际要求的组合、套路对提高竞技健美操运动员的竞技能力是至关重要的。只有这样才能使运动员的竞技能力有条不紊地提高。

合理的有目的的动作可以使运动员准确地掌握动作要领，否则会破坏运动员本已建立的技术基础，从而使技术的掌握出现困难与偏差。在不合理的动作中，特别是高难度的组合动作很容易对运动员造成伤害，严重的会终止运动员的运动生涯。因此，合理地创编对建立运动员坚实、准确的技术与技能基础是十分重要的。

2. 创编是竞技健美操取得比赛成功的条件

（1）创编是竞赛活动的必需。竞技健美操的最终目的是在竞赛中取得优异的成绩。竞赛活动是靠对运动员完成成套动作的情况比较中进行的，每位参赛运动员必须有完整的参赛动作，没有成套动作就不具备竞赛资格，国际体操联合会（FIG）组织的竞赛只进行自选动作的竞赛，因此编排动作是必不可少的。

（2）创编是获取优异成绩的重要因素。为了健美操竞赛的专业性、客观性与公平性，所有健美操竞赛组织者都会对参赛的套路动作做出具体的规定，这是竞赛规则中必不可少的。FIG 的规则中对竞技健美操套路时间、音乐特点、编排内容、强度、难度数量与要求、配合与托举等方面都有具体的规定。对规则的理解是创编高质量成套动作的关键。

第二节 健美操创作编排的影响因素与原则

一、健身健美操创作编排的影响因素与原则

（一）健身健美操创作编排的影响因素

1. 练习者的特征因素

健身健美操是一项参与性较强的体育运动，老少皆宜。所以在健身健美操的创编过程中要依据不同练习对象的基本特征，对练习强度、感受能力、表现能力等方面的不同要求，有针对性地进行创编，做到有的放矢。在创编风格、技术难度、负荷大小等方面要因人而异，才会收到良好的健身效果。

（1）练习者的年龄因素。不同年龄阶段的练习者在生理、心理上有很大的差异，因此，在健身健美操的创编上也有很大区别。

第一，儿童少年。为儿童少年创编的健身健美操要突出天真活泼，动作形象生动，力度、运动量不可太大，动作自然，轻松欢快，容易模仿，可多一些蹦蹦跳跳，趣味性强的动作，配以他们熟悉的儿歌等音乐，充分发挥他们模仿能力与表现能力强的特点，反映天真活泼的个性特征。

第二，青年人。青年人正值青春年华时期，体力充沛，精力旺盛，动作敏捷，可选择动作幅度大、力度强、速度快、富有动感的动作，配以节奏强劲，变化丰富的音乐，以突出青年的豪放与激情。

第三，中老年人。中老年人适于选择比较简单、舒展、安全的动作，力度不宜强。既要突出稳重大方，又要使他们感到自己仍然年轻有力，充满对生活的激情，同时注意音乐的选择应该偏重平缓。

（2）练习者的性别因素。健美操向人们展示的是人体的健、力、美。性别的不同，其美的表现方式就不同。男性力量性较强，在创编时要选择和设计体现男性阳刚之气，潇洒豪放的动作造型。女性柔韧性、灵巧性较好，在编排上多一些舒展、优美、柔中带刚和舞蹈性较强的动作，以展示女性矫健的身姿。

（3）练习者的身体状况因素。健身健美操的主要特征之一是健身性，发展人的运动基本素质，创编健身健美操应该在保障健身者免受伤害的前提下，充分发挥健身健美操的健身性。因此，创编健身健美操应依据练习者身体状况的特征，充分考虑参与者自身的综合因素，根据练习者身体的协调性、灵活性、柔韧性、节奏感等能力，同时考虑练习者的身体健康状况特征，有针对性地创编不同类型的、负荷量适宜的健身健美操，以达到健身的实效性。例如：帮助孕妇锻炼的孕妇健美操；治疗不同疾病的康复性健美操；锻炼儿童右脑的儿童健美操等。

2. 场地、设施等环境因素

健身健美操的创编除了依据练习者的特征外，还应该依据健身健美操的比赛或表演的场地、设施等环境条件。健身健美操在室内、室外均可进行。一般来说，场地设施较好时，可以创编难度稍大些，较为复杂的健身健美操；而场地、设施条件较差时，则需要降低健身健美操的难度，以避免伤害事故的发生。另外，一套健身健美操比赛或表演的人数可以从几人到几百人，甚至上千人，因此，随着人数多少的不同、场地大小的变化，健身健美操的创编应根据实际情况予以变化调整，使健身健美操的创编与场地、设施等环境条件达到最佳结合。

3. 健身健美操的技术因素

健美操在一定意义上可以说是以身体各关节的灵活性、肌肉的弹性、韧带的伸展性为基础，在身体各部位的参与下的一种健身运动项目。严格意义上说是在身体标准姿态控制技术基础上的有节奏的弹动技术。随着健美操运动的蓬勃发展，健身健美操吸收了越来越多运动项目的特点，并且技术发展正趋于成熟，越来越适合练习者健身的实用性和安全性的需要。其基本技术特点一般包括：身体节律性弹性特点、身体姿态的控制性特点、身体的协调性特点，同时它派生力度特点、重心移动等特点。健身健美操创编应该依据健美操的这些基本技术特点，使练习者在健身健美操练习中遵循健美操基本技术特点进行练习，充分体会基本技术特点的魅力。

（1）身体节律性弹动因素。在健美操运动过程中自始至终都保持着明确的动作节奏感，这种节奏主要体现在动作过程中重心上下起伏，全身的动作节奏始终与音乐的节奏相吻合，通过髋、膝、踝的弹动完成动作。弹性是健美操的一大显著特征。弹性包括身体各关节的屈伸和缓冲弹性，身体各部分肌肉的屈伸弹性。其中较为重要的是身体各关节的屈伸。身体各关节的正确屈伸有助于缓冲压力，放松神经，使肌肉协调运动，避免动作僵化引起的身体各部位的伤害。另外，身体各部位的弹性也使健身健美操动作表现出动感活力。

例如：踝关节和膝关节的弹性是健美操运动中十分重要的一环。踝关节和膝关节的弹性能缓冲运动中地面对身体的冲击力，使身体各部位协调运动，增加美感。健身健美操创编应该依据健美操的弹性特点，使练习者在健身健美操练习中充分体验健身健美操动作的独特魅力。这是健美操运动的基础。在动作过程中，重心上下有节奏感的起伏是动作流畅完成的基本前提。

（2）身体姿态的控制性因素。在健身健美操运动过程中，无论动作怎样复杂多变，整个身体要求始终控制在标准健康位置，这里的身体标准姿态的控制技术包括身体重心的正确位置，身体各环节的正确位置，身体各关节的正确屈伸，身体各肌肉的正确收缩与放松。

正确的身体姿态的控制技术使练习者身体各部位协调运动，有助于练习者更加有效的锻炼，预防身体各关节屈伸过度、肌肉过于收缩或过于放松造成的伤害事故的发生，这就是健美操身体姿态的控制特征。即便在长时间的复杂多变的步伐组合过程中或动作后，整个身体的标准姿态不被破坏。通过对身体姿态的控制来体现动作的速度、幅度等，展现健身健美操的动作特点，体现健身健美操所特有的动作力度，并通过对身体姿态的控制来提高人体的体态美，健身健美操创编应该依据健美操身体姿态的控制技术特点。同时，优美的身体姿态会给人以美的享受，提高观赏性。因此，在健身健美操创编过程中，动作的创编应该充分考虑到身体姿态的控制技术特点，实现健身健美操的技术特点。

（3）身体的协调性因素。健美操动作一般皆为全身自然动作，每一节几乎全身各大小关节及大小肌肉群都要参加运动。组合越复杂，每单位动作速度就必须越快，变化的过程就必须越流畅，为此，就需要肌肉紧张与松弛相结合，需要关节屈伸动作的节奏和谐配合。健美操动作大多为多关节的同步运动，很少是单关节的局部运动。例如完成大幅度的上肢运动时，多伴有腰、髋、膝、踝和头部等动作，这样使身体各关节的活动次数成倍增长。同时在健美操运动中，不仅有对称性动作，而且有许多非对称的或依次完成的动作。这些都要求肌肉、关节协调配合完成动作，体现身体的协调能力。

派生特点：健身健美操动作的力度是健美操动作美的体现。在健身健美操练习中动作力度的发挥是非常重要的一环。创编健身健美操时应该注意动作力度的特点，使健身健美操动作符合生物力学特征，充分体现健身健美操的力度之美。

（4）健美操的重心移动因素。健身健美操创编应该依据健美操的重心移动特点。健身健美操动作要求身体重心移动平缓。健身健美操练习中，如果重心移动幅度过大，速度过快，不仅达不到锻炼效果，而且容易造成练习者身体关节、肌肉扭伤，因此，健身健美操创编应该注意健美操重心移动的特点。

（二）健身健美操创作编排的原则

1. 健身健美操创作编排的目的性原则

（1）目的性原则的意义。健身健美操目的性原则是指在健美操创编过程中，以最终所要达到的目的或获取的结果为核心根据，在创编过程中着重采用因目的任务不同而形成成套编排的结构、动作难度、动作特点、音乐速度等诸多创编因素不同的创编意识，进行有明确性、实效性的创编。

在健美操创编过程中遵循目的性原则主要为了更有效地实现创编的目的，使创编过程更有目标性、组织性、实效性。

（2）目的性原则的实施。

1）以比赛为目的的健身健美操的创编。比赛性健美操以争取优胜或赢得优异的成绩为直接目的。要想在比赛中获得优异的成绩，编排应该从竞技的角度考虑，创编中各种因素都要突出，都要有所升华。因此，在动作素材的选择上，应该独特新颖，具有创新意识和时代气息，与此同时应该明确有关编排的具体要求，了解比赛的规模和其他赛队的水平与实力，为编排提供较全面的参考依据。具体实施方法如下：

第一，遵守特定的规则要求：规则是比赛的法律，是每个参赛者必须遵守的。任何违反规则的创编都会严重影响到比赛的成绩，因此研究规则不仅是指导员与参赛者的职责，同时也是创编者所应做到的。我国现已公布了区别运动等级的《健美操等级运动员规定动作》以及区别健康水平的《健美操大众锻炼标准》中的成套动作，这些等级中大部分为规定动作，但可以通过其他套路的创编用以达到或接近这些标准。

第二，创编的成套动作要体现多样性、新颖性、流畅性，以提高艺术性吸引裁判与观众，赢得满意的成绩。在创编比赛性健身健美操中，应该考虑动作的合理性与艺术性，创编的成套动作要有风格，有特色。要考虑整体设计的艺术性，单个动作的艺术性，动作与音乐的风格一致的艺术性，精心设计和选编，以赢得裁判的好评。

第三，因人而异的创编：根据参赛队员的实际运动水平与个性特征，选择动作，体现独特的魅力。在编排中应充分考虑对象的自身综合因素，根据对象的协调性、柔韧性、表现力等能力，确定成套动作的难度、强度以及动作风格类型，避免不顾对象的实际情况，过高或过低地评估对象的实际能力，而影响实际水平的发挥。

2）以教学为目的的健身健美操的创编。以教学为目的的健身健美操的创编是指健身健美操在各级学校中，以培养学生良好的思想品德、强身健体、掌握健身方法、树立正确的审美观，使学生全面发展，并为终身体育打下基础为目的的创编。具体实施方法如下：

第一，以遵守教学大纲要求为前提进行创编：教学大纲是教学的依据与纲领，健美操教学应该严格按照教学大纲的要求进行教学，以达到教学的任务与目的，因此，以教学为目的的健身健美操创编必须按照教学大纲的要求与标准进行。以教学大纲中的规定教材为核心动作进行创编，避免超过课程标准以外动作的出现，影响教学任务的完成。

第二，以增强学生体质和提高学生的身体素质为目的进行创编：健美操教学属于体育教学的范畴，因此必须体现健身功能，以促进学生更好地学习与生活。创编时应该首先考虑编排动作的锻炼价值，其次应该考虑成套的运动负荷，动作的顺序与动作连接得是否合适，始终围绕以促进学生增强体质，培养学生正确姿态的动作进行编排。

第三，以激发学生的学习兴趣，有效提高教学质量与教学效果进行创编：编排学生喜爱的动作，选择富有激情和流行的音乐，动作轻快活泼积极向上，创编出更具吸引学生的成套动作，以提高学习积极性，进而提高教学效果。

3）以娱乐、表演为目的的健身健美操创编。以表演和娱乐为目的的健身健美操创编，是从艺术性、观赏性出发，通过选择和编排优美、新颖、高度艺术性的动作组合，形成高雅、清新的文化氛围给人以丰富的视觉效果的同时使得身心愉悦。具体实施方法如下：

第一，创编的动作上应该多鉴赏各种舞蹈的表现艺术，使人们在活动中表达一定的心绪和感情，以提高健美操的艺术魅力，增强娱乐性、表演性。可以通过鉴赏体育舞蹈、艺术体操、武术、芭蕾的多种艺术表现形式，将健美操的特色动作与高度的艺术性进行有机的结合，反复再创造，充分体现健身健美操的特殊艺术魅力，提高观赏价值。

第二，注重创编技巧选择最美最新颖的组合形式和动作内容，提高成套动作的表现力，以满足观众的审美需要。创编者可以将编排好单个动作罗列出来，选择适宜的动作连接，再进行最优化的组合，以体现成套动作的连贯性、流畅性，表现成套动作的完整性和艺术性。

第三，单人表演性的创编要注重体现个性特征，因为表演者之间有着各种差异，除了个性差异外，还有运动能力、身体素质、技术水平、外形及表现力的差异。在创编过程中应该充分掌握表演者的基本特征，充分挖掘个性特点。扬长避短。团体性的表演则需侧重队形的变化。队形编排应该考虑比赛场地、设施条件、性别差异；队形变化过程中注意自然流畅，位置移动合理等。

4）以健身为目的的健身健美操创编。在进行健身健美操的创编过程中，围绕以提高身体循环功能，促进骨骼与肌肉的发展，全面提高身体素质和心理健康发展为目的进行的创编活动。具体实施方法如下：

第一，围绕以全面提高健康水平，发展人体运动素质，改善体形，进行组织与编排。主要是要求创编者在编排中避免容易造成伤害的方法与手段。应当注意科学的安排各种动作顺序以及动作之间的连接过渡，避免一些反关节的运动或关节受压过度违反人体生理活动规律。一般而言，活动部位应该从远离心脏的肢体末端开始，逐渐过渡到躯干直至全身性的活动，使身体逐渐参与和适应运动的变化。

第二，强调对运动负荷与运动量的监控。创编成套动作的运动负荷与运动量一定要符合练习者的身体状况和运动能力。过大或过小的运动量和运动负荷都会产生负面影响。除此以外安排运动量应该由小到大，逐渐增强，再由强到弱符合人体运动负荷曲线，即使人体心率曲线呈波浪式上升或下降。

第三，成套的创编要保证人体各部分得到充分的锻炼，通过改变运动方位、位置、节奏、路线，以促进肌力的增加和提高各个关节的灵活性。在创编的过程中力求充分动员肌体，避免局部运动量过大或参与不够，这就要求在动作设计上，既要有上肢、下肢、头部、躯干的动作，也要重视小关节的运动，讲究对称和均衡。

2. 健身健美操创作编排的合理性原则

（1）合理性原则的意义。健身健美操合理性原则是指在健美操创编中，严格遵守人体运动生理解剖规律，运动负荷曲线并以此为依据进行选择创编的方法、形式、内容和技巧，提高创编的科学性。在健美操创编中遵循合理性原则主要是为了防止创编的动作违背人体生理解剖规律造成运动损伤，或因运动负荷不合理而造成的运动疲劳，为练习者建立最科学、最可靠、最安全的保障，提高健身效果。

（2）健身健美操合理性原则的实施。

1）根据人体运动生理解剖规律，合理安排动作顺序。

第一，成套的编排应该根据人体运动生理解剖规律，合理设计动作的顺序。成套的动作顺序一般分为三部分：第一部分预备动作，主要包括脊柱伸展及深呼吸；第二部分主体动作，包括若干节身体部分的运动，身体运动由局部到整体；第三部分整理动作，一般为放松动作和调整动作，动作设计应该从快到慢，伴以深呼吸，使心率恢复到安静状态。

第二，根据人体运动生理学规律，运动一般从身体的无端开始再逐渐过渡到全身，使身体逐步适应运动变化，所以创编时应该合理安排和设计动作顺序。主要是要求创编者在编排中避免容易造成伤害的方法与手段避免一些反关节的运动或关节受压过大，严格遵守人体生理活动规律进行创编，这样不仅可以使身体顺势用力，而且可以体现成套的自然美。

第三，根据人体运动解剖学将人体沿脊柱纵向把人体分为对称的两个部分，因此在创编的过程中应该充分地考虑人体的左右均衡的发展。当设计动作时，特别是人体单侧动作，要注意安排同等运动另一侧动作，只有这样才能保证两侧均衡的发展。

2）根据人体运动负荷曲线，合理安排运动的负荷强度。健身健美操锻炼的运动负荷主要指练习者在做健美操练习时的运动量和运动强度，这里包含的指数（如时间、次数、密度、强度等）和肌体反映指数（如：心率、肺通气量、耗氧量、血压、体重等），两者有密切的联系，必须科学合理的安排。具体实施方法如下：

第一，控制运动负荷在创编的过程中是非常重要的。如果负荷强度安排不合理，则会严重影响到练习效果，甚至造成运动损伤。所以健身健美操严格规定把运动负荷控制在中小强度，使之确保运动当中的呼吸供氧。

第二，根据锻炼的目的，选择合适的运动负荷。国内外一些专家把心率作为衡量运动负荷的一种方法，把同年龄组运动最高心率和实际运动心率进行比较，把运动强度分为三个区：当运动者的平均心率达到其最高心率的 60% ～ 80% 时为健身区（此时心率越高对身体的影响越大，锻炼的效果越明显）；高于 80% 为强化训练区（此时运动强度大，且影响身体更剧烈）；低于 60% 为消遣区（此时只起到一般性活动身体的作用）。

第三，在创编健美操时，应该应当注意运动负荷的设计在过程中呈波浪形上升与下降，总体运动负荷可出现一个到三个高峰，注意在出现多次高峰时每次的强度应有所不同，可递加或递减。成套时间越长出现高峰的可能性越大，相反则越小。

3. 健身健美操创作编排的针对性原则

（1）针对性原则的意义。针对性原则是指在健美操创编的过程中要针对不同的年龄、性别、运动水平以及练习者的心理，爱好以及接受能力、参与健美操活动的需求的不同侧重，有的放矢地进行健美操的创编，做到因人而异。对于不同的练习对象，其动作的接受能力、感受能力及表现能力都有所差异。因此在编排时应该注意动作程度、动作风格及练习的强度，有针对性地选择切合实际的健身方法。

（2）针对性原则的实施。

1）针对不同年龄的创编。编排对象的年龄不同，生理特征和心理特征就会有很大差异，创编时应该考虑对象的年龄特点。具体实施方法如下：

第一，针对儿童的创编：首先应该明确少年儿童的生理心理特点主要表现在：身高和体重都随着年龄的增长而增加。骨骼系统中，骨胶原多，富有弹性，骨密度低，坚固性差，易变形。肌肉特征表现为肌纤维较细，收缩力较弱，心脏器官发育未完全，心肌收缩力弱，每搏输出量少，运动时需要增加运动次数来增加血流量，神经系统发育完全，但功能比较弱，容易扩散，易受外界干扰。心理方面主要表现为注意力不能长时间集中，情绪波动较大。其次应该根据儿童的身心特点进行创编，避免一些有损儿童生长发育的动作出现。最后应注意突出儿童的天真活泼，动作要形象、直观、生动，避免单调专一，切忌成人化。

第二，针对青年人的创编：首先应该明确青年人的身心特点，其主要表现在：新陈代谢旺盛，精力充沛，动作敏捷，从心理上看青年人不仅追求身体健康更刻意追求形体美，表现性别特征；其次，应该根据这些特征进行有针对性的创编。例如，成套动作的难度、运动强度和运动时间可以适当增大延长，以满足众多青年减肥降脂的要求，增加肌肉线条体现优美的体态；最后，在为青年人创编时，要突出青年人的豪迈与激情、蓬勃与朝气，所以选择音乐的节奏要明快强劲，练习强度要较大，动作幅度大、力度强、以促进身体各系统、器官的正常发育，加速身体成长。

第三，针对老年人的创编：首先，应该了解中老年人的生理心理特点，其主要表现在：随着年龄的增长肌体各器官日趋衰老，物质代谢下降，骨密度和骨弹性下降，骨质疏松，负荷力降低易发生骨折，协调性下降动作不灵活。从心理的角度讲中老年人参加锻炼的目的主要是为了增强体质，延缓衰老；其次，应该根据这些特征，创编时考虑到老年人身体运动能力，创编的动作应该简单易学，练习强度要适中，音乐节奏要稍慢，力争其通过锻炼，能加强机体的代谢过程，提高心血管系统的机能。最后，应该选择能够体现老年人的稳重大方、充满活力的健身操进行编排。

2）针对不同性别的创编。

第一，针对女性的创编：为女性创编健美操动作首先应该明确女性的生理心理特点，总体来讲女性的肌肉力量较弱，下肢短，皮下脂肪较厚，协调性、柔韧性较好。心理特征主要表现在增强体质，体现女性形体美。因此在创编的过程中适当增加肌肉力量的练习和跳跃动作的练习；其次应多设计一些影响胸、腰、腹、臀的动作，从而突出女性身体曲线美。最后动作编排应该以表现女性舒展优美、柔中有刚、刚柔相济，舞蹈性的动作。

第二，针对男性的创编：为男性创编健美操动作时同样要抓住男性生理特征，其主要表现在肌肉发达，力量较强，体力充沛，但协调性柔韧性较弱；其心理特征主要表现在，增加肌肉的围度和力量，体现男子的强壮。所以在创编男性健美操时要选择和设计能体现男子的阳刚之气、豪放之情，能展示男子强壮体魄、刚劲有力，健美性强的动作和造型，尤其强调动作力度。

3）针对不同运动水平的创编。运动水平决定了创编动作的难易程度、成套运动的运动负荷以及成套艺术性的表现，所以应该根据不同的运动水平进行创编。具体实施方法如下：

第一，针对初学者的创编：创编的动作应该以基础性动作为主，简单易学，避免过多的动作变化与转体类动作，运动强度中等偏下，以适应练习者运动水平。练习初期动作安排主要为增强体质，提高身体素质，提高心肺功能，肌肉的活动能力为核心进行。

第二，针对有一定基础学者的创编：针对有一定基础的大众健美操学员，应着重于形体的改善，气质的培养等。因此，设计和编排要相应变化，抓住重点。

动作的难度应相应增大，即动作的频率加大，速度加快，上下肢的配合要求更高。在编排时，可考虑一些练习队形及在队形上的一些变化，这样既能提高其娱乐效果，又能培养其团结协作的品质。同时，在编排动作时要拓宽素材内容，突出风格，突出审美要求，寓情于姿，把人的外部表现和内在神韵糅为一体，表达美的意境。

4. 健身健美操创作编排的全面发展原则

（1）全面发展原则的意义。健身健美操创编的全面性原则是指在健身健美操创编中，以全面发展人体健康和健美的需要为目的时，尽量考虑人体参与运动的部位，使身体各部位的肌肉、韧带、关节得到全面发展，内脏器官机能得到改善的原则。

在创编中遵循全面发展身体原则主要是由健身健美操目的和性质所决定的。健身健美操目的之一就是通过健身健美操的锻炼，能够使身体各部位的关节、肌肉、韧带和内脏器官得到参与和锻炼，从而促进身体功能、身体素质以及运动能力都能全面协调发展。所以创编的成套动作要尽可能使身体各部位都得到充分锻炼，才能真正达到全面健身的目的，从而能够充分体现健身健美操的特点。

（2）全面发展原则的实施。

1）动作选择方面要趋向全面性。动作类型如走、跑、跳、转体、踢腿、造型等，只要不违背生理结构的身体动作都可以纳入。

第一，根据人体解剖学特征，选择各个部位的基本动作。①头颈动作。前后屈、左右侧屈、左右转动、绕及绕环等；②上肢动作。肩、肘腕、指各部位的屈、伸、举、振、摆动、绕环等；③躯干动作。腰、胸各部位的前后屈、左右侧屈、左右转动、绕及绕环等；④下肢动作。髋、膝、踝、各关节部位的屈、伸、绕等。

第二，通过改变基本动作的方向、幅度、频率、速度、节奏、力度，达到全面锻炼的目的。健美操的动作是在一定的时间、空间中进行的，它的时间表象和空间表象的变化丰富与否直接影响健美操对人体锻炼的效果。因此，在创编健美操时应当考虑动作的方向有上下、左右、前后、斜向等变化，动作的路线有长短、曲直的搭配，动作的幅度、速度、力度方面有大小、快慢、强弱的对比。动作的时空变化丰富也有助于改善神经系统功能的状况，提高协调灵敏素质，进一步促进身体的全面发展。

第三，为了全面发展身体，使身体各部分得到充分的锻炼，创编时在动作的设计上要讲究对称，也就是要求动作的部位、方向、重复次数、运动时间等实现对等。此外重视大关节运动的同时，不忽视小关节的运动，力争考虑全面才能保证身体健康均衡的发展。

2）在每个部位尽可能全面运动的基础上，应该重视编排的合理性。

第一，成套动作设计对身体各部位练习比例要均匀，避免局部运动负荷过度，引起疲劳。

第二，成套的设计不仅要重视发展肌肉力量，还要发展柔韧性、协调性、速度、耐力等各种身体素质，从而全面促进身体各项素质的发展，全面锻炼身体。

3）全面发展身体的有效性不仅建立在有系统的设计与组织上，而且建立在有针对性的练习上。

第一，按照全面系统的设计程序进行创编，是达到全面健身的基础。完整设计程序一般是指从总体设计—形成框架—分步编排—音乐的选择—套路修订，在整个设计的过程中要考虑各个动作对身体的影响，以有效地提高练习者的身体机能。

第二，不同的目的任务有不同的创编，所以创编时不仅以全面发展身体为基础，而且要针对练习者的不同目的有所侧重，对症下药，这样既能发挥有效的健身作用，又能满足练习者的需要。

5. 健身健美操创作编排的音乐动作一致性原则

（1）音乐与动作一致性原则的意义。健身健美操音乐与动作一致性原则是指在健美操创编时，将音乐艺术的“声”引进到健美操动作的“形”中，有机地结合成为一体，使单一的感知动作成为运用两种感官复合感知的健美操，提高健美操的艺术效果。

音乐是健美操的灵魂，它影响着健美操的风格、结构、速度、节奏，音乐伴奏烘托了健美操的气氛，有助于表现健美操的魅力，使健美操的练习和表演有声有色。选配好的音乐不仅能够激发编操者的创作灵感和练习者的锻炼激情，还可以强烈地感染观众，使观众伴之以有节奏的掌声和情不自禁的低吟，甚至手舞足蹈，完全融入健美操的意境中。因此，创编一套成功的健美操，其动作随着音乐的启动而开始，随着音乐的变化而变化，随着音乐的结束而结束，才能给人以形影难忘的印象。

（2）音乐与动作一致性原则的实施。健身健美操音乐的选配，要考虑到音乐与动作的风格的统一，同时还要考虑到健美操是健、力、美的统一体，强调美与力的结合，所以它的旋律要动听，力求新颖，富于变化，节奏鲜明、强劲、规整，速度适中，必要时可以对音乐进行剪辑。音乐与动作的统一具体表现在以下方面：

第一，动作的高潮、低谷与音乐的起伏相一致。伴随音乐的节奏变化，配合各种动作递次进行，推波助澜逐步达到高潮。例如，当成套动作的高潮到来时音乐应该强劲有力，节奏明快，以突出高潮。

第二，音乐的风格与动作风格相一致。例如，创编拉丁健美操时，因为选择的动作素材以拉丁风格为主，这就需要用拉丁乐曲相伴奏才能吻合。如若选用其他风格的音乐，就会形成负面效果。

第三，音乐的节奏与动作的节奏相一致。创编健美操时，一定要根据音乐的结构完成动作的编排。选择快节奏的音乐就要编排快节奏的动作相统一，慢节奏的音乐就应该与慢的动作相吻合。如果节奏不一致，就会使动作失去动感韵律，破坏了原有的完整性。例如：编排节奏明快，强劲有力的动作，采用柔和慢节奏的音乐，就会使原有的动作拖泥带水，毫无激情，缺乏感染力。

第四，成套动作的时间与音乐时间的一致性。健身健美操在时间上是灵活多变的，但无论成套动作的时间长与短，都必须与音乐时间的长度一致。所以编排的音乐与动作都必须在相同的时间内完成相对完整的结构与情绪表达。

第五，不同相应节奏的曲调配合。在一套练习中可以用一首曲调的音乐贯穿始终，也可以用同样节奏的几首不同曲调的音乐或不同节奏不同曲调的音乐与相应动作节奏配合。因为一套操中的动作节奏会有快有慢，乐曲也该有相应的变化与之相配合，从而达到律动统一的效果。

6. 健身健美操创作编排的创新性原则

（1）创新性原则的意义。健身健美操创新性原则是指在健身健美操创编中，成套的设计必须是令人难忘的与众不同的新颖感觉，它必须展现集音乐、动作设计，与配合的、独特的、创造性的结合。

健身健美操要敢于创新，敢于突破旧的传统。可以说创新是健身健美操的生命，没有创新就没有健身健美操的发展。此外创新性原则的主要是了解国内外健身健美操的发展现状和趋势，以便总结、继承和发展已有的创作。因此，在健美操创编时必须遵循创新性这一重要原则。

（2）创新性原则的实施。

第一，创新动作的编排。可以从动作方向的变化、动作节奏的变化、动作路线的变化，成套组合动作的变化以及造型的变化，队形的变化中获得。创编健美操更具有灵活多变性，它可以移植吸收各种优美的健身动作，只要符合人体生理解剖规律。所以创编动作不仅要使各种动作相互交融，刚柔相济，而且要建立在全身整体机能得到锻炼的基础上，力求整套动作变化丰富，姿态优美，富有新鲜感，组成成为一幅美不胜收的健与美的画面。

第二，创新的动作要根据人体结构的运动规律设计独特新颖的动作。整体布局新颖，连接过渡要巧妙而流畅。健身健美操创新动作的方法通常有：一是移植法，指把一个项目的动作的部分或全部引入到健美操中来，并通过一定的改造而获得新的动作方法；二是逆向法，把原有的单个动作或组合动作顺序颠倒，从中启发或获得新动作方法；三是节奏变化法，指把原有动作通过节奏的改变锋利新动作的方法。

第三，音乐的选择要有新意。不论是民乐、西乐、打击乐，都可以大胆的选择，以促使动作刚劲、有力、明快，与动作协调配合，激起观众的感情，给人以深刻的印象。

第四，丰富的想象力。想象力是创造力的源泉，是对事物未知领域的设定与判断。想象力并非凭空而来，而是通过对周围事物的观察分析加工而来。所以创编者首先要丰富自己，了解国内外健美操发展新动态，深刻理解健身健美操的精髓以及借鉴体操、艺术体操、体育舞蹈、武术、瑜伽等多种健身素材，创编出既有健身价值又有艺术价值的健美操。

二、竞技健美操创作编排的影响因素与原则

（一）竞技健美操创作编排的影响因素

1. 竞技健美操创编的主观因素

人类所要创造的一切物质财富和精神财富，都是在实践中通过思维，即智力活动而形成积累起来的。一个优秀运动员能够获得世界冠军，一半是运动员的才华，一半是教练员和科研人员的智慧。竞技健美操的成套动作，在体育比赛和体育表演中表现出的精湛技艺，都是运动员、教练员、编导及科研人员共同思维活动的结果。在进行竞技健美操的创编时应从主观方面考虑，包括创编主体的创新意识、创编主体的创编能力、创编主体的心理品质、创编主体的知识结构，创编主体的实践经验以及创编主体所掌握的创编原则和创编方法。

（1）创编主体的创新意识。创编主体的创新意识来源于他们对创新重要性的认识，“创新则兴，守旧则衰”，这是贯穿整个竞技体育发展史的客观规律。体育运动领域中的创新活动与工程技术的发明革新，文学艺术的创作及科学研究中的科学发现既有共性，又有其特殊性。对于从事体育创新活动的教练员及科研人员来说，必须认识到创新对于体育发展的重要性，才会有意识地在训练和比赛中了解信息，分析现实情况进行体育技术的创新活动。竞技健美操项目特点决定创编主体必须具备创新意识，要敢于创新，而创新意识是可以培养出来的，经常地进行有意识的创新将不断地增进创编主体的创新意识。可以从简单的竞技健美操创编开始，逐步提高创新意识，增进创新能力。

（2）创编主体的创编能力。竞技健美操创编者的创新能力是指一种将创造能力与竞技健美操专业知识、运动实践经验相结合，应用于发现、分析、解决竞技健美操运动发展中的新问题，并取得成套动作创新成果的才能。它包括以下六个方面：

第一，观察力。在竞技健美操创编领域中观察能力主要表现在两个方面：一是灵敏的感觉能力，即对客观事物的刺激感受比较灵敏，不易忽视任何微小的异常现象，不易放过任何疑点，能随时注意寻找有价值的富有启发的线索，不会让新信息、新启示和机遇溜走；二是敏锐的洞察能力，即透过事物的表面现象觉察

到事物的本质的能力，这是一种对客观事物较深层次的觉察，对创编主体来说，要培养观察能力，既要养成乐于观察，勤于观察和精于观察的好习惯，又要从创新角度出发，掌握一定的观察方法，并且不断地总结积累观察经验，这样才能做到“目光敏锐”“明察秋毫”。

第二，记忆力。记忆力是再现经验过的事物的能力，创新虽以新颖为特色，然而并不排除经验的重新组织。记忆的越多，产生联想、想象、组合、移植的机会也就越多，尤其在体育创新活动中，记忆力的作用就更显得重要。因为，体育比赛和训练中的某些想象瞬间即逝，创编主体凭借记忆把感知获得的材料储存起来，日积月累，可为创新准备充分的营建材料。

第三，创新思维能力。创造性思维是人类思维的最高形式，也是整个创造活动的实质和核心。因此，它也是构成创新能力的最重要的因素。具体表现能力见表 4–1。

表 4-1　创新思维能力

想象力	想象力是指善于任意改变、组合、扩大和加工意象，形成新形象的能力。创新源于想象，纵观体育运动创新史不难发现，许多创新成果来源于创编主体的想象力。思想无拘束地自由飞跃是想象力的前提，丰富的联想和不断地提出疑问是产生想象力的途径。而渊博的知识和丰富的实践经验是想象力的重要基础。
多向思维能力	多向思维能力是指善于从多方向、多角度思考问题、解决问题的能力，是一种发散性思维的形式。对事物从多角度、多层次、多方面加以认识，需要在逆向、侧向、发散等思维辐射和转移中寻找出各种具有创意的新设想。多向思维以思维的流畅为基础，以思维的变通为关键，以思维的独特性为核心。要培养多向思维能力，应注意对某一问题的思考不能太局限，要尽量多提几种可能性和多种思路。当思路在一个方向受阻时，要善于及时变换思想的走向。
联想思维能力	联想思维能力是指善于由一个事物想到另一个事物的能力。创造性思维的本质是在于发现原来以为没有联系的两个事物（或现象）之间的联系。在此，联想起着极为重要的引导作用，如能充分而巧妙地利用“边缘”学科的知识或其他领域的知识，则容易产生价值更高的联想结果。

续表

灵感思维及其捕捉灵感的能力	灵感思维是指突如其来的对事物的本质或规律的顿悟和理解以及使问题得到解决的瞬间性的思维形式。捕捉灵感的能力是指其有将一瞬即逝灵感思维结果及时加工成创新设想的才能。灵感是一种特殊形式的思维活动，其本质是大脑经过紧张思考和探索之后产生的思维质变。灵感具有突发性和瞬时性等特点。由于它的出现人们常常没有心理准备，所以很容易得而复失。因此，灵感思维和捕捉灵感往往是创新能力的重要因素。竞技健美操运动的存在和发展必须不断创新，要求教练员必须具备创新思维能力，了解竞技健美操运动的发展趋势及竞赛规则的变化，才能创编出优秀的竞技健美操成套动作。

第四，创新设计能力。创新设计能力是指将有价值的构思变成实物，并付诸实践的才能。在体育创新活动中创新设计能力，包括组织能力和语言及写作能力。体育运动领域中创新活动的特点是任何创新成果都必须由运动员来付诸实践实现，组织能力强的教练员能够凭借各方面的协调配合，使实验顺利进行，达到预期的效果。而且在许多情况下，创新构思或设想，需要用语言或文章的形式表达出来，供他人借鉴理解或作为一种创新成果的完成形式，尤其是某些创新成果需要用论文、报告、书籍等形式呈现出来时，此方面的能力便更显得重要。

第五，预见力。预见力是指根据客观事物的已知因素以及发展变化规律，凭借个人的学识与逻辑思维能力，去预见推断未来的才能。体育运动领域中的预见力主要体现在两方面：①善于预见竞争的潜在需要，然后对需要的潜在趋势做出科学预判对创新活动来讲是至关重要的；②当一个新事物刚刚出现苗头时，就应具有预见其生命和发展趋势的能力，能预测出事物未来发展变化的趋势，期限与特点，是从事创新活动所必备能力。预见力是竞技健美操创编者对其项目发展趋势的判断的基础，良好的预见力是创编能力的一种体现。

第六，获得情报信息与分析能力。获得情报信息与分析能力是指利用各种方法手段，取得有价值的新信息、新情报，并进行整理加工的才能。在吸取信息和取得情报方面，既要着重吸收本运动项目领域内的各种情报信息，又不可忽略其他运动项目领域和其他学科领域中的信息与情报。因为，信息是创新活动的“营养源”，取得的信息范围越广，“营养”越丰富，就越有利于相互借鉴、学习和移植。

在利用情报方面，既要善于分析，善于综合，认真分析信息情报的真实意义，掌握其精髓和真正价值，又要具有开拓精神，创造性地运用情报信息，同时还应注意效率，发现新的情报应立即进行分析加工，快而活地进行判断思考，高效地利用。我国的竞技健美操正处于学习阶段，获得国外优秀编排者的情报信息，并在此基础上进行加工分析，突出自己的特色，也成为优秀成套动作创编的基础。

总之，创新能力是一种综合素质的体现，它的形成与发展需要较长时间有意识、有目的地加以培养，如果广大创编主体认识到培养自身创编能力的重要性，提高创新意识，则将使我国竞技健美操界的创编水平大幅度提高。

（3）创编主体的心理品质。创编主体所具有的创新心理品质是形成创造性思维能力的基础。只有具备强烈的创新动机的人，才能激发出高度活跃的创新思维。另外，良好的创新心理品质还表现在创新实验过程中应具有强烈的事业心和明确的奋斗目标，坚定果断的意志品质以及敢于冒险的意识。

创编主体以坚定必胜的信念和炽热的情感献身于他所从事的体育事业，这样才能克服种种困难完成创新技术的过程，同时创编主体对自己的工作的全部意义有清晰的认识，为此乐于牺牲自己的一切，有不达目的不罢休的毅力。果断性与自信心密切相关，它反映了一个人的勇敢精神与智慧品质，而在进行技术创新的过程中，很可能出现各种各样的困难和意想不到的情况，这就需要创编主体具有敢于冒险的意识。

第一，创编主体的知识结构。创编主体自身的综合知识水平对其创新思维产生启发和阻碍作用。技能类项目都不是“定型”项目，其自身需要向前发展，不断完善，这就要求创编主体多实践、多学习，丰富自己的大脑，提高自己的综合知识水平，不但要研究、掌握本专业的知识，还必须尽力多学与之相关的其他专业知识，丰富自己的知识结构才能更好地进行技术创新，竞技健美操的创编，不仅要求教练员掌握健美操的专业知识，还要求他们了解现代舞、迪斯科、武术、芭蕾等相关项目的知识。因此，丰富的综合性知识积累是创新思维产生的源泉。

第二，创编主体的实践经验。从创新的过程来看，在第一阶段，创编主体的实践经验是相当重要的，创编主体根据自己的经验以及外来信息，靠抽象的思维来进行逻辑推理主观臆断出富有创新的方案。但此方案的设计必须以以往的技术为基础，创编主体凭借其实践经验分析以往技术有哪些不足之处，分析自身与国际先进水平队伍的差距，并找出原因之所在，在其实践经验的基础上进行技术创新。而在创新的第二阶段，同样离不开创编主体的实践经验，这是因为体育运动领域中的任何内容的创新都离不开实验，一个新设想出现后，创编主体会制定周密可靠的实验方案，选择合理的实验对象，运用适当的设备和仪器，创编主体不仅要会设计布置自己的实验，更要会操作、观察记录和分析总结实验数据，从而得出实验结论，而这些实验能力的基础就是创编主体的实践经验。

（4）创编主体所掌握的创新原则与创新方法。创编主体所掌握的创新原则与创新方法是难美技能类项目进行技术创新的关键所在，创编主体所掌握的创新原则与创新方法直接影响着创新活动的进行，技术创新是以原技术为基础的，它必须遵循一定的创新原则，不能任意编造。必须遵循其科学性原则，可行性原则等，同时也必须与当前该项目的技术发展趋势和项目特点相一致。

创编主体了解掌握一定的创新原则，创新活动才不会走弯路。而创新方法是创新活动顺利进行的可靠保障，创新方法的种类很多，包括渐进创新法、动作加难创新法、移植创新法、综合创新法、生物力学创新法、逆向思维创新法，连接技术创新法等。创编主体掌握的创新方法越多创新成功的机率也就越大，所以创编主体所掌握的创新原则与创新方法是创新主体创新水平的体现，是难美技能类项目进行技术创新的关键所在。

健美操教练员创新思维能力的培养和提高需要较长时间的积累和磨炼。它是推动健美操运动向更加全面、科学、健康发展的动力。目前健美操运动的发展和普及，呼唤教练员全面提高自身综合素质和业务水平。重视创新思维的培养，这是健美操运动普及和发展提高的需要，也是优秀教练员应具备的素质。

2. 竞技健美操创编的客观因素

（1）良好的社会环境。良好的社会环境是进行健美技能类项目技术创新的前提基础。一个国家政治局势稳定，经济发展较好，文化科技水平不断上升，才有可能制定正确的方针政策推动体育事业的发展。而体育事业的发展必须依靠创新活动，没有创新则每个项目只有原地踏步不会向前发展。只有人民的生活水平不断提高，才会想到体育运动，才会想到锻炼身体，增强体质。体育运动只有在良好的社会环境中才能不断向前发展，创新活动才能顺利进行。因此，健美技能类项目技术创新必须以良好的社会环境作为前提基础。

（2）良好的体育环境。良好的体育环境对健美技能类项目技术创新起着极大的促进作用，它包括良好的创新形势、竞赛制度、规则修改、创新奖励制度等。整个体育界的创新形势，是进行创新活动的重要环境，一个国家对体育创新活动的支持是推动体育发展的基础。而某一项目的竞赛制度及规则修改对该项目起着直接的影响作用，竞赛制度直接规定着这一项目的发展程度，规则的修改也直接影响着这一项目的进步。

（3）良好的人际关系。良好的人际关系是进行健美技能类项目创新的必要环境。

第一，创新活动必须得到有关部门或领导的重视与支持，只有领导认识到创新对发展健美技能类项目的重要性，才会充分重视创新活动的开展，为创新活动提供必需的资金和帮助，为创新活动奠定一定的物质基础，并给予创编主体一定的精神动力，制定一定的奖励制度，鼓舞他们科学大胆地不断进行创新活动，同时创新活动必须依靠创编主体的齐心协力。

第二，创新的过程是一个非常复杂的过程，它受到许多因素的影响，任何一个环节的某一因素出现差错都直接影响着创新活动的正常进行。因此，教练员、运动员、科研人员以及医务监督人员等创编主体必须齐心协力地密切注意创新计划每一个环节的实施，才能保证创新活动的顺利进行。而且创新活动也必须依靠教练员、运动员、科研人员及医务监督人员等创编主体之间的相互配合，创新活动是一项集体性活动，是参与创新的所有人员共同活动的结果，这就要求每位创编主体都能够认识到相互协作的重要性，发挥各自的专业知识，共同为创新活动服务，创新活动才有可能获得成功。

第三，良好的创新环境必须得到群众的支持。体育创新活动是一种社会性活动，它不能脱离会而独立存在，必须得到广大群众的大力支持。只有得到群众的支持，创编主体才有进行创新活动的动力。也只有得到群众的支持，创新活动才能顺利进行下去。

（4）快捷的信息环境。自 20 世纪以来随着科学技术进步的突飞猛进，世界各国依靠科学技术使经济得到飞速发展，提高了其综合国力和国际上的竞争力及影响力，同时也给体育的发展带来影响。在体育领域中通过科学技术作用于体育，推动体育的发展特别是推动体育创新技术的发展起着不可替代的作用。

例如，运用电脑动画创编竞技健美操能更稳定、清晰、完整的表现创作者的意图，引发创编动作的新思路，成为创编动作的催化剂，缩短创编动作与定型动作探索阶段的不必要的损伤。同时，随着科学的进步，信息传递速度的加快，信息，成为创新设计的丰富营养源，通过大量收集国内外各项目动作技术信息，及时获取创新前沿动态，进行联想归纳，研究分析，从中觅取创新目标。创新设计后，立即实验，争取早日成功并捷足先登用于国内外大赛。或于实验反馈信息中，因动作失误而联想出新的动作技术方法，顺藤摸瓜，形成新的设计，再进行实验论证，突破难点，求得创新效益。因此，运用电脑、网络、三维摄像、解析摄像等现代化科技手段，掌握丰富而快捷的信息资料对进行健美技能类项目的技术创新起着巨大的推动作用。

（5）良好的实验条件。在体育领域中的任何内容的创新都离不开实验。当一个新的创新设想出现后，创新主体应制定周密可靠的实验方案，选择合理的实验对象，运用适当的设备和仪器进行反复多次的实验才可能完成创新活动，所以良好的实验条件是进行健美技能类项目创新活动的科学保障。

首先，进行创新实验必须有一定的实验对象，而不是直接将创新动作应用于一线运动员，以防一线运动员出现意外事故受伤，这就要求选定一些运动员作为实验对象，他们将要做出一定的牺牲首先尝试创新动作的训练，直到确定创新动作的合理性及安全性时再应用于一线运动员。

其次，必须有科学、安全、先进的实验设备及配套设施。在进行创新活动的过程中，创新主体必须设计布置安排自己的实验，运用到许多必需的实验设备及配套设施，操作整个实验的过程。那么，实验设备及配套设施的科学性、安全性、先进性都直接影响着创新活动的进程与结果，同时也影响着实验对象的安全。

最后，在进行创新活动时，必须有良好的医务监督条件。因为在进行健美技能类项目创新活动的过程中，随时都有可能出现损伤现象，必须有良好的医务监督条件才可使创新活动得到必需的安全保障。

（二）竞技健美操创作编排的原则

我国的竞技健美操作为独立的体育竞赛项目，正日趋成熟并与国际同步。创编作为竞赛活动的先导环节，直接影响着竞技水平，动作及套路创编的优劣最终将在竞赛中直接关系到运动员的比赛成绩。所以明确创编的指导思想，研究并遵循竞技健美操的创编原则是至关重要的。

1. 整体性原则

竞技健美操作为健美操的一种，因此它也以全面整体健身为根本目的，但在竞技健美操创编中坚持全面整体性与健身健美操不尽相同，它不一定按照由远而近、自上而下的顺序全面整体设计身体各部位的运动，而主要是全面发展人体整体的力量、柔韧、灵敏、耐力等身体素质。因此，在竞技健美操创编过程中，必须考虑到怎样的编排才能更好地展示运动员整体的身体素质。此原则的运用在创编过程中主要表现为对难度动作的选择方面。

整体性原则是指在成套动作中，各类难度动作能够达到一种最佳组合状态，不能使某一类难度动作过分地集中出现。难度动作分为 4 个组别，共 323 个难度动作，俯卧撑、倒地、旋腿与分切，占总难度动作的 23%、53%；支撑与水平占总难度动作的 12%、38%；跳与跃占总难度动作的 53%、25%；柔韧与平衡占总难度动作的 10%、84%。

每一类难度动作都体现着不同的人体的身体素质，所以在进行难度动作选择时，也应该考虑到所选择难度动作组别的均衡性，以体现运动员整体的身体素质，使成套动作的难度动作数量比值基本与 4 个组别的比值接近。

2. 针对性原则

（1）针对运动员的特点进行创编。创编者要根据运动员的特点创编不同风格的操，运动员与运动员之间存在着各种差异，除了个性上的差异，还有运动能力、身体素质、技术、外形等方面的差异，在创编中应充分掌握运动员的个体特性及各方面的情况，并充分挖掘个人的特点，结合上述原则进行创编才能达到预期的目的。例如有的运动员弹跳能力好，可适当多编排一些跳跃性强，难度大的动作，令其弹性的跳跃步伐、轻盈的空中姿态得到充分地展示；对于那些柔韧性好的运动员，编排难度较大的劈叉、平衡、多种方向的大踢腿等动作，展示其舒展优美的体型和健美高超的身手；为力量型运动员编排一些难度较高的俯卧撑、支撑等动作，有利于表现其力量和控制能力。

（2）针对项目的特点进行编排。竞技健美操比赛一般设有男单、女单、混合双人操、三人操、五人操、有氧舞蹈、有氧踏板。单人项目没有配合问题和队形的变换，其动作语汇的丰富独创和特定动作设计的难度是创编的核心。集体性项目创编更强调整体性和一致性，讲究队形画面的对称或均衡，同步与配合动作的巧妙组合以及整套动作造型的全景效果。

3. 创新性原则

竞技健美操的竞赛日趋激烈，若想在群芳荟萃的竞赛中脱颖而出，动作的新颖、独创甚为重要。从某种角度说，创新是竞技健美操的生命，没有创新就没有竞技健美操的发展，创新可以从多方面着手，如动作的创新、队形的创新、连接的创新、音乐的创新等等，但动作的创新是其他创新的基础，应该予以重视。

创新性原则体现在竞技健美操创编过程中是突出其编排的独特性。在创编一套动作前，要了解规则的规定，才能在创编中有目的有方向有尺度，只有这样才能使成套的艺术性与艺术魅力展现得淋漓尽致。具体做法是：主题在成套中可选择一个表现的主要内容，如读书、欢聚等，在成套中恰当地加以描述，使成套动作产生戏剧性效果。但值得注意的是，不能过多地展现，每个动作必须为体现竞技能力服务，可通过短时间的两三个动作，也可在成套中反复出现同一主题（用不同的动作），但以不超过 3 次为宜，与此同时要使主题与其他因素有机地结合，主题的出现要能够突出独特性。

音乐优美完整及独特的音乐风格是展现动作与艺术性的动力，音乐具有完美的表现形式，它可以为创编者提供创造的源泉，并使创编者产生灵感。恰如其分地运用这些表现手段，可以突出艺术效果，并给动作带来生命。在创编中应对音乐的结构、节奏、旋律、配器等诸多因素进行分析，找出动作与音乐的结合点，特殊的音响效果会给动作带来意想不到的效果。音乐的选择必须有利于体现竞技健美操的竞技能力。因此，在创编中音乐是不容忽视的。

国际规则有关艺术创造性中指出“表演是与众不同的，独特的和非凡的”，并在完全新颖的音乐和独特的动作时指出“当所有的因素被编排和融合一起时（动作设计表现力、音乐、配合），才能形成一套与众不同的独特的和令人难忘的成套动作。动作设计、健美操组合的编排、过渡动作、不同的队形，这些都是新颖的、与众不同的、不可预见的。并且通过运动员的动作和表现与音乐风格完美地结合起来，再加入一些以前无人做过的具有特殊感觉的小动作细节。在一套动作中可体现一个主题”，动作设计、音乐、表现和服装都与主题密切联系。各种因素完善地结合在一起，使之具有独特的个性。

4. 竞技性原则

竞技健美操作为一项竞技体育运动，最终目的是要通过比赛区分优劣，运动员则是通过比赛来检验自己训练的水平，并在比赛中取得理想的成绩。如何体现竞技能力，对于成套动作的创编非常重要。

健美操的特色在于身体姿态的控制技术基础上的有节律的弹动控制技术。而它的竞技特征则表现为动作的难度与配合，动作形式的多样性与连续性，脉动负荷的高强度等。所有这些都是围绕着体现运动员的身体素质（力量、无氧耐力、速度柔韧、灵敏、协调、平衡能力）、独特的吸引力（动作设计、动作表现及表情气质）、智慧（战略战术、成套动作的不同层次表现）、心理素质（情绪的稳定性）而进行比较的。所有这些综合能力的优劣，直接反映出竞赛当中的竞技能力，因此在编排中体现竞技健美操的竞技能力是创编中的另一个十分突出的指导思想，也就是人们所说的竞技性原则。

竞技性原则在竞技健美操编排中的运用主要表现提高运动强度。竞技健美操强度体现着竞技健美操运动员的竞技能力，要想在比赛中取得较好的成绩在竞技健美操编排中必须提高强度编排，从而体现运动员的竞技能力。决定竞技健美操强度的因素：①动作频率：即单位时间内完成动作的数量，以高速度完成动作，展示做复杂、快速动作的能力；②动作速度：即完成单个动作的时间快慢，它同时也展示着动作力度；③动作幅度：即要求运动员大幅度地完成动作的能力；④耐力：即在成套动作中（无间隙）保持心血管系统运动强度的能力；⑤抵抗重力的运动能力：即爆发力、腾空高度，特别是连续完成空中动作的能力。

以上决定竞技健美操强度的影响因素直接由运动员的竞技能力表现，在成套动作的编排中，根据这些影响因素在编排中实施这一原则可以按以下要求进行创编：

（1）下肢步伐一直处于弹动状态，即多采用高强度步伐，如后踢腿跑，弹踢腿、开合跳等，也可采用这些高强度步伐的变形步伐。

（2）上肢动作在1个8拍内必须出现一次最大极限的上肢伸展，即出现一次垂直方向的最高点。

（3）每个手臂都必须有动作，不能出现只有单臂运动的情况。

（4）在成套动作中，不能出现停顿性休息，即使只有两拍。

（5）在成套动作中，必须出现1个8拍的动作节奏变化，即提高动作频率的编排。

（6）将比赛场地分为5块区域，在提高竞技健美操强度的编排中，应该增加区域移动的编排。

（7）集体项目中，减少配合、托举动作前的准备动作。

（8）增加身体运动的方向、面和转体。

竞技健美操要求运动员完美完成每一个动作，因此在进行竞技健美操编排时，必须考虑到运动员的能力，宁愿采用运动员能够完美完成的低强度动作，也不要强行采用运动员不能够完美完成的高强度动作。

5. 艺术性原则

竞技健美操是以人体动作作为表现自己的物质手段，同时也以人体的动作作为表情达意的艺术，它以具体可视感的形象高度显示出人的灵巧、力量、智慧，显示出人对自然的征服和支配的创造能力，同时也表现了人的思想感情和精神风貌。在竞技健美操比赛中，他们在精神气质和外在动作表现的统一，是表演艺术水平的体现，运动员通过面部表情，融合音乐，更好地体现动作的艺术内涵和动作意境，感染观众，体现艺术表现美。

运动员通过自身的表现力及自身的形体动作来展示竞技健美操项目的艺术表现美，因此，艺术表现美是健美操运动员自信能力的体现，是超越自我的展示，体现了人类的综合素质。具体来说，竞技健美操的艺术表现美体现在各种动作能轻松地完成，自信能力强，动作舒展优美，有力度感，节奏感好，动作与音乐紧密结合，并赋予好的表现，充分体现其动作内涵，音乐韵味和个人的性格特征，充分地展示美，能感染观众和裁判，给人深刻的印象，使人得到美的享受。竞技健美操作为这样一种具有极高艺术性的体育竞赛项目，竞赛评判对其艺术性方面的要求使它的创编更加复杂，更应该注重遵循艺术性原则。

创编时首先要注重整体结构设计的艺术性，整体结构设计合理才能产生悦人的节奏感和张弛有序、高潮迭起之美感。其次要注意音乐选配的艺术性，与操的结构相吻合的音乐往往能起到推波助澜、锦上添花的作用。最后要注重队形动作设计的艺术性，选择最能展示动作美的队形，编排最有体现队形美的动作，这样才能使整套操风格更加鲜明、统一。

第三节　健美操创作编排的过程与方法

一、健身健美操创作编排的过程与方法

（一）健身健美操创作编排的过程

1. 健身健美操创编的认知

（1）明确健身健美操创编的目的和任务。

第一，明确创编健美操的目的。由于不同年龄、不同职业、不同身体状况的人参加健美操活动的目的不尽相同，有的是以锻炼身体、增强体质为目的；有的是以培养优美的身体姿态、提高自身气质为目的；有的是以减脂瘦身、塑造完美体形为目的；有的是以缓解压力、娱乐身心为目的；还有的是以宣传、表演、比赛为目的。正是由于人们参加健美操活动存在着众多的目的，因此，在创编健美操之前首先要明确创编健美操是为了达到什么样的目的而创编的，针对不同的目的，创编不同的动作内容、结构、特点和难易程度的健美操。

第二，明确创编健美操的任务。针对参加健美操活动不同人群的不同目的，创编健美操的任务就是通过不同特点和作用的练习满足他们的需求，达到目的，完成任务。例如：表演性健身健美操的主要目的就是通过练习者多种多样的具有健美操特色的身体练习及其相互间的配合及路线的跑动，达到良好的视觉和听觉

效果，给人以美的享受和情绪的感染。

（2）了解参与者的基本情况。

第一，年龄。不同年龄阶段的人群运动器官和内脏器官的生理机能状况有很大差异，对运动负荷的承受能力也有所不同。为儿童编排的健身操要突出儿童天真活泼的特点，动作要简单、有趣，容易模仿，音乐节奏鲜明，容易掌握，运动量不宜过大；为青年人编排的健身操要充分展示青年人朝气蓬勃，充满活力的一面，因此，动作幅度要大，速度要快，动作变化比较复杂，音乐要强劲有力；为中老年编排的健美操要注意动作幅度及难度都不宜过大，速度较慢，技术简单，重复次数多，而且有很高的实用价值。

第二，性别。由于男性和女性之间存在着显著的性别差异和气质特点，因此在创编男性健美操时，要选择能够突出男性强壮体魄、刚劲有力的动作和造型，尤其强调力度、幅度，并要多编排一些跳跃的动作。在创编女性健美操时，要选择能够突出女性柔中有刚、刚柔并济、激情活力的动作和造型，躯干的动作稍多，体现女性的优雅多姿，协调性强的特点。

第三，身体素质。身体素质是人体为适应运动的需要所储存的身体能力要素。身体素质包括力量素质、速度素质、耐力素质、灵敏和柔韧素质。不同的年龄、性别的人群身体素质都有差异。在创编健身操之前要了解参与者整体的身体素质，在他们各项能力的基础上选择他们能够完成的动作，并了解其整体的优势，选择能够充分体现其身体能力的动作，以增强他们的信心，展示他们的风采。

第四，场地设备。场地设备是参与者进行健美操活动必不可少的一部分，为参与者的活动提供了条件。一般木质地板或地毯能够较好地缓冲压力，减少了地面对各关节的反作用力，使关节不易受到损伤，一些在普通地板上不能完成的动作也能在木质地板或地毯上完成。如果地面比较坚硬，则尽量少安排一些地面动作和跳跃动作，充分考虑参与者的安全，保证练习的顺利进行。

2. 健身健美操成套动作创编的过程

（1）健身健美操总体设计。总体构思是在明确创编健美操的目的任务及参与者的具体情况的基础上，有针对性地对整个创编健美操的初步设想。创编健美操总体构思是为了设计整个套路的一个框架，之后创编的动作内容要在这个大框架的前提下进行填充。如同画画一样，先勾勒出它的轮廓，然后精雕细琢，使之内容丰满，有血有肉。总体构思的内容包括动作的整体风格，动作的基本内容，成套动作的时间，难易程度，音乐的节奏和速度，运动量和运动强度。

第一，整体风格。所谓整体风格就是参与者通过各种身体动作，动作节奏的变化以及与音乐相一致的内在的情绪和感情的表现所展示出的成套健身健美操的整体特征。这种特征是练习者通过动作的展示留给观众的一种深刻的印象。有的健身健美操通过轻巧、灵活、拟物化的动作表现出活泼可爱的特点；有的健身健美操通过舒展、有力的动作表现出青春健康的特点；有的健身健美操通过动作速度、路线、方向的变化表现出良好的视觉效果；还有的健身健美操通过简单、实用的动作达到锻炼身体的最佳效果。因此，在整体构思时，要先考虑所要创编的成套健身健美操需要表现何种整体风格，能够给观众和练习者留下深刻的印象，就像画家在进行创作时，也都有自己的创作意图。

毋庸置疑，整体风格需要参与者通过具体的动作来体现，那么，在决定健身健美操成套动作的整体风格时，就要充分考虑到参与者的年龄、性别、身体素质及整体的个性特征等特点，进行有针对性的，符合实际情况的创编，避免只追求整体风格，忽视参与者的实际能力的创编，从而导致事倍功半的不良效果。

第二，动作的基本内容。动作的基本内容是由成套健身健美操的整体风格来决定的。动作的基本内容必须能够充分体现创编操的整体风格。例如，要表现儿童天真、活泼的特点，应该选用一些简单、有趣、容易模仿的动作作为基本内容；要表现青年人活力四射、朝气蓬勃的特点，应该选用一些节奏强劲、速度快而有力、复杂多变的上肢和下肢动作作为基本内容，其中包括一定数量的跑跳类动作。要表现老年人积极、沉稳、健康的特点，应该先用一些动作简单而大方，具有很高锻炼价值的步伐和姿态的动作作为动作的基本内容。但无论选择何种动作作为基本内容，都要力求新颖、美观，大方，同时还要遵循身体活动的顺序性原则，即健身健美操的动作要从小关节肌群活动过渡到大关节肌群活动，从身体局部活动过渡到全身的活动，从原地站立动作过渡到移位的走、跑、跳动作。逐步地、分层次地使身体各个部位得到比较充分的均衡锻炼。

第三，成套动作的时间及难易程度。成套健身健美操动作的时间依据创编健美操的性质而定。如果是比赛性的健身健美操，则根据具体的比赛规则而定；如果是表演性的健身健美操一般在 2 ~ 5 分钟，若有对节目具体的时间要求则根据要求决定表演时间。如果是课间或工作期间用来调整的健身健美操一般在 10 分钟左右，有的健身健美操也可在 20 分钟左右，中间可以穿插一些重复性的动作。

动作的难易程度要根据参与者的年龄、身体素质和锻炼水平而决定。创编者可以通过一些健美操的基本步伐和简单、不易损伤的力量练习来测试练习者的柔韧性、灵活性、协调性和力量，根据参与者在这些方面的表现来综合考虑动作的难易程度，尽量做到扬长避短，选择一些能够发挥其整体的动作作为主要内容，使创编的健身健美操突出参与者的本身的气质和特点，更好地展示参与者的风采和水平。

第四，音乐构思。在动作构思设计完成之后，可以先根据成套健身健美操的整体风格，选择与其相适应的音乐，也可待成套动作编排完成之后根据动作选配音乐，但无论选配何种的音乐，都要求音乐能够渲染、烘托和表达创编者创编操的情绪和意境。音乐的长短、高低、快慢、强弱要根据参与者的年龄、性别的实际锻炼水平而决定。音乐要与动作浑然一体，能够激发参与者的锻炼热情和表现欲望，能够调动他们的积极性并使他们在完成动作的过程中体验一种成功的快乐感觉。

（2）健身健美操动作素材的挖掘。在确立成套动作整体框架的基础之后，接下来要做的工作就是在此基础上挖掘动作素材。挖掘动作素质有多种途径，可以通过文字性的描述、简图或录像来获得所需素材。同时，还可以请教专家或与同行进行学习和交流，获得所需的资料，并从中得到启示。根据所要创编操的类型和整体设计，可以参照一些健美操的比赛、表演活动或拉拉操的录像，也可以借鉴民族舞、拉丁舞、现代舞等一些舞蹈方面的动作，主要观察其开始和结束动作的形式，动作的主要内容、表现形式以及动作连接的方法，将初步选取的动作素材记录并进行分类，描述每一动作的作用，特点和在成套中的位置，以备成套动作划分段落时快速准确地抽取素材。注意初选的动作素材要以创编操的目的任务和参与者的基本情况为依据，具有很强的针对性，充分考虑到参与者的接受程度。

第一，基本动作。基本动作是指富有健美操动作特色的上肢和下肢动作及上下肢简单的配合动作。它是健身健美操创编的主要内容。它包括锻炼身体各个部位的基本动作，例如：头部、躯干、上肢、下肢等动作。在健身健美操的创编内容中有对基本动作的详细介绍可供创编者进行参考。除了书中介绍的基本动作，还有平时的学习和生活中积累的素材。这些素材主要通过一些健身健美操的录像或参加专业培训班以及阅读相关书籍所获得。

第二，过渡连接动作。过渡连接动作在成套动作中起着非常重要的作用，它用以连接两个主体动作或两个动作组合，使成套动作通顺流畅，行云流水。要挖掘过渡连接动作，就要多观察、多实践、多创新，在实践中进行大胆的尝试，从而创造出新的连接动作。

第三，队形设计。队形设计是指一套操的队形变化方法的选编和创造。健身健美操的队形变化应该是简单、自然、巧妙，便于做操。避免过多的队形变化，显得形式过于纷繁复杂而缺乏内容。常用的队形有直线形、平行线形、弧线形、三角形、方形、菱形、V 字形、十字形、丁字形等。创编者可以利用已有的队形进行创编，也可以从这些基本的队形设计中得到创作的灵感，创造出更加美观、新颖的队形。例如：倒 V 字形，散点放射无序形等。

（3）分段进行组合，连接成套动作。

1）划分段落。无论是健身、表演还是比赛性质的健身健美操，根据动作的内容大致都可以划分为 3 个部分，即开始部分，主体部分，结束部分。开始部分和结束部分较短，主体部分较长，其中主体部分包括基本动作和高潮动作。这一阶段的主要任务是规定每一部分的长度（拍节），动作的内容和特点，每一部分的情绪如何，用何种方式去表现。

2）分段组合。以收集到的动作素材为基础，按照编排原则进行动作的创编，通常以 4 个八拍为一小节，每个组合由规定的若干个小节组合而成。编排组合时，要做到动作与动作之间连接巧妙，过渡顺畅，将编排好的若干个组合分别放在开始主体或结束部分，并以组合为单位用文字或图解的方式粗略记录动作内容和大致位置。

第一，开始部分。一般的锻炼性质的健身健美操开始部分练习应安排简单易学、变化有规律，能使身体得到全面、充分活动的动作。选择以节奏感强、富有时代气息的练习内容，使练习者一开始就感到心情愉快舒畅，有浓厚的练习兴趣和迫切的练习欲望。例如，基本姿态练习，简单的步伐练习。动作的选择建立在培养练习者正确姿态及动作规范的基础上，结合练习者年龄、性别、职业等情况，选择针对性强，能激发共鸣的乐曲来吸引练习者，从而激起强烈的参与感，并积极地投入健身健美操的锻炼中来。

对于表演或比赛性质的健身健美操，开始部分一般以优美的造型或具有动感的队形跑动出场，配合中速或慢速的音乐给人以视觉和听觉的完美享受，仿佛在欣赏一件优美的艺术作品，一部戏剧的序幕，能够给人留下深刻的印象。一套表演或比赛性质的健身健美操的开始部分编排得新颖别致，引人入胜能够为整套操的成功赢得好的开始。

第二，主体部分。主体部分是表现成套健身健美操内容的重要载体。对于锻炼性质的健身健美操来说，这一部分的内容应使练习者达到一定运动密度和强度，有利于肌肉、骨骼、关节的匀称和谐的发展，促进血液循环，加强身体新陈代谢，增强心血管系统和呼吸系统机能。因此，在主体部分的内容应是有针对性的身体各部分的练习，如上肢、躯干、下肢练习及全身上下相配合的整体练习。主体部分的安排要遵循科学性原则，一般由远离人体的头或足开始，由局部到整体，高潮在跳跃运动。动作强度和幅度由小到大，难度由简单到复杂。

对于表演性或比赛性的健身健美操来说，主体部分动作幅度大、节奏快，动作多是身体多部位共同参与的全身性运动，动作的过程中需要有高潮的体现，高潮动作是指一连串的速度快、幅度大、节奏强、令人目不暇接的动作。一套表演或比赛性质的健身健美操可能有一个或两个高潮，如果只有一个高潮，则安排在主体部分后半部为好；如果有两个高潮，则分别安排在主体的前半部和后半部为好。在高潮之前应有铺垫动作，起着步步推进，重点烘托的作用，高潮结束之后，动作节奏应做调整，使活动的强度较小、速度相对较慢。

第三，结束部分。结束部分是整套操的结尾，对于锻炼性质的健身健美操而言，一般安排整理放松运动。动作要求简单，舒缓，动作活动范围缩小，强度相对降低，速度相对减慢，渐渐地使身体和心率恢复到正常状态。

对于表演或比赛性质的健身健美操的结束部分一般比较短，安排动作的原则与锻炼性质的健身健美操的结束部分基本相同，同样是减缓动作速度，缩小动作幅度，缩小动作范围，减少身体活动部位，不同的是它一般需要有静止的造型，静止造型前需要过渡动作连接主体内容和结束部分的内容，使整套操看上去连接顺畅，过渡合理，主体突出，有始有终。

3）连接成套。把开始主体和结束三个部分连接起来，组编成套。在数拍子的情况下，让参与者进行试跳，删除、个性、替换明显不合理的动作，测试动作难易程度是否适合参与者，成套动作的强度是否能够被参与者所接受，并根据他们的表现，增加或降低难度，同理，加大或减小运动强度，使成套动作与参与者的实际承受能力基本一致。

（4）健身健美操音乐的选配与练习。

1）选配音乐。音乐是健美操的核心，是激发创编者的创作热情，调动参与者表现个体的重要因素，也是一套创编操不可缺少的一部分。音乐在健美操锻炼中起着非常重要的作用，在不断变化的音乐旋律伴奏下，练习者兴奋度不断增强，进而达到锻炼身体、陶冶情操的目的。音乐旋律的节奏与动作形象可在大脑皮层中形成一定的联系，因此，可以通过音乐加强练习者对动作的记忆和想象能力，从而达到动作自动化，并在此基础上融入练习者的情绪，使之更加完美地表现健身健美操成套动作。音乐使人产生联想，音乐节拍的强弱，节奏的轻重，音调旋律的美感，音质的悦耳动听会产生同动作和事物的联系。因此，音乐的这种特点能够激发创编者对动作创造的灵感，激起中枢神经系统的兴奋性，从而创造出更好、更完美的健美操动作。

正是由于音乐在健美操中的重要作用，好的音乐又能够激发创编者的灵感和练习者的学习热情，因此，在选配音乐时，要注意音乐与动作风格相一致，音乐的节奏要鲜活、明快与动作相配合，根据成套运动选配适合成套动作的音乐，使动作与音乐有机地融为一体。

第一，根据动作选择音乐。健身健美操音乐的速度一般为，慢速为 16 ~ 18 拍 /10 秒，中速为 20 ~ 22 拍 /10 秒，快速为 24 ~ 26 拍 /10 秒。根据年龄和身体素质做不同的调整。搜集的音乐要求旋律优美动听，节奏明显，动感强，情调健康。乐曲的风格、基调、节奏、速度要求与成套动作相一致，将搜集好的乐曲反复听，并分析音乐的结构、每段的情绪，看是否与成套动作的幅度、活动范围、和动作的性质相一致，如果基本一致，则选定该乐曲。如果有部分一致的地方，则选取该乐曲作为音乐剪接的素材。

第二，根据动作制作音乐。将选取的音乐素材进行剪接，按照动作的顺序进行剪接。对于音乐的剪接，可以是同一乐曲的剪接，也可以是两首或多首乐曲的剪接，无论哪种剪接都应注意剪接部位要放在乐曲有停顿处、空拍或乐曲的结尾处效果较好。剪接处前后乐曲的旋律应做到相同或相似，特别是两首或多首乐曲的剪接，其乐曲的速度和旋律要相同或相似，避免在节奏和旋律方面出现不自然的现象。另外，在一些特殊动作中加入音乐效果，既可以提高动作的表现力，还可以给人特别的艺术享受。

如果通过音乐的剪接不能达到满意的效果，则要向专门制作音乐的专家求得帮助。向专家介绍每套动作的风格和每个动作的特点及所需乐曲的类型，介绍成套动作的节数和每节动作占多少拍及预备拍是多少拍，根据成套动作的特点向专家提出在哪个节拍上加入特殊效果。制作完后，进行检验，并修改。

2）进行练习。将选定或制作好的音乐配合动作进行练习，看动作是否与音乐融为一体，音乐的节奏、速度是否与动作能够完全配合；看音乐是否能够烘托气氛，配合动作，表达情绪。

（5）健身健美操的修改加工。把动作与音乐反复配合进行练习，从整体角度去分析成套动作，看成套的路线、音乐的配合、场地的运用是否合理；看动作的面向、角度、方向是否有利于动作的幅度和美感；看队形的转换是否形成最佳的观赏效果；看高潮的形成是否自然，形式如何；看音乐的运用是否恰当。通过观看，修改不合理的地方，使成套动作尽善尽美。

（6）健身健美操的记录。动作成型后，要不断完善熟悉全套动作，再仔细雕琢，也可以聘请专家对成套动作进行指导，并提出宝贵意见，不断改进，直至完成成套动作的最终编排。完成编排后，对成套动作进行详细记录，最好做到图文并茂、简洁明了，附带录像。记录成套动作的方法分别有：文字、简图、录像。

第一，文字。文字记录首先要描述一下创编操的总体结构格框架，高潮阶段的表现形式，动作的特点等基本情况。然后，记录每一拍动作，包括描述动作的做法，手臂的位置、姿态，下肢的动作细节，动作的方向、路线以及注意事项。

第二，简图。简图是指通过画图的方式记录健美操动作的一种方法。这种方法简明、形象、容易理解，能够突出动作技术特点。用简图记录动作时，要用线条体现动作的位置、幅度、特点，要用特殊的符号体现动作的方向、路线及与器械的关系等要素。

第三，录像。让参与者进行成套动作的练习，待练习者对动作和音乐完全熟悉，能够完美完成动作时，拍摄录像作为历史资料，以备参考。拍摄时，要注意服装的色彩统一，背景的布置，有条件时可以请专业摄像师进行录像的制作，力求做到画面的清晰和美观。

（二）健身健美操创作编排的方法

健美操的动作设计和创编是以人为对象，以增强体质，培养人外在形体美和内在气质、精神、情操为目的的。它必须符合人体结构特点，根据人体活动规律和活动对身体影响的效果以及创编者对美的认识，对现代艺术的理解为基础的。因此，人体解剖学、运动生理学、运动心理学、运动医学、现代艺术造型学、人体美学、音乐基础知识、舞蹈、体操、绘画等等都是创编健身健美操的必备知识。在针对初级和中高级创编者的创编过程中，可运用不同的方法进行创编，如整体法、分解法、线性法、叠加法、递进法、移植法、联想法、环境灵感法等。然后再利用术语法、修饰法、转换法对创编的动作进行连接设计，使其形成一幅完整的艺术作品。

1. 初级学者的创作编排方法

（1）了解健身健美操创编元素。初级创编者创编健身健美操要从认识健身健美操创编元素开始。健身健美操创编元素主要是指创编健身健美操过程中需要考虑的动作元素与音乐元素。

动作是指物体的活动，健身健美操的动作是指人体在空间的活动。动作在健身健美操创编当中居首要因素，安全的、科学的动作会更容易接近乃至达到目标，反之则会事与愿违，甚至对人造成伤害。优美大方的动作可以使人赏心悦目，并给人们带来欢乐从而延缓疲劳现象的产生，反之则容易使人产生厌烦心理。动作元素主要由关节、肢体等身体其他部位所处的状态（姿势），并由这些不同状态有机组织成不同的姿势动作。这些动作元素有上肢动作、躯干动作、下肢动作。其中上肢动作包括手臂动作与变化动作，下肢动作包括基本步伐及其变化动作。

音乐是声音的艺术，它作为完整的艺术形式，有着自身独特、系统、完整的表达方法与方式，健美操的动作在音乐的衬托下，使健美操更具有生命力与艺术性，可以说为健美操添上了翅膀，使健美操扩大了表现空间。在创编健身健美操之前，创编者应该加强音乐素养的培养，使自己掌握有关乐理知识，认识乐曲结构，了解音乐与动作之间的关系，加深对健美操结构的理解，懂得如何选配、处理和制作音乐等知识，重视音乐素养的培养。培养可以通过反复听音乐、数节拍、跟随音乐节拍击掌等方法来体验音乐的节奏感和韵律感，将听、说、动三者紧密结合起来，强化创编者的乐感。

（2）收集健身健美操动作素材。健身健美操动作素材的收集是健身健美操创编的前提之一。只有拥有了大量的动作素材，才能创编出丰富多样的健身健美操。健身健美操素材来源于身体各部位，再形成不同形式、不同类型、不同组合的系列动作。身体动作只要不违背解剖结构所构成的都可以纳入健身健美操素材。健身健美操动作素材收集法主要有以下方法：

第一，录像法。录像法是指创编者通过观看录像而获取相关项目感性材料的方法。录像法是一种获取相关项目信息简便易行的途径。初级创编者可以根据实际需要，有选择地选取录像材料来观看。

第二，观察法。观察法是指在日常生活中，创编者通过细心的观察，捕捉生活中的动作信息的一种方法。例如：在创编少儿健身健美操的时候，可以观察生活中的儿童许多有趣的动作，把这些动作素材进行提炼、加工。

第三，实践法。实践法是指创编者亲身体验各种项目以获取技能进行健身健美操动作创编的方法。在条件允许的情况下，这是一种较实用的方法，它能给初级创编者以最深刻的技术动作感觉刺激，使他们能够自如地将获取的动作素材运用到健身健美操创编中。

第四，记录法。记录法是指创编者将通过各种途径获得的健身健美操创编素材，用图画或文字的形式记录下来，以比较完整地记录下所有素材，比较深刻地认识素材的内涵，从而更加合理地创编出丰富多彩的健身健美操。

通常利用上述方法的过程往往结合记录法同时进行，以获取动作素材。

（3）健身健美操上肢动作创编法。健身健美操上肢动作包括手臂动作及变化动作。健身健美操上肢动作创编方法包括以下方面：

第一，上肢动作幅度变化法。上肢动作幅度是指做动作时，上肢或上肢某部分移动距离的大小。健身健美操上肢动作幅度变化法是指通过改变上肢动作手臂屈伸的杠杆变化来调节幅度大小，创编出新的上肢动作。例如，两臂屈臂上举和两臂直臂上举比较，前者的运动幅度较后者大。

第二，上肢动作轨迹变化法。上肢动作轨迹是指做动作时，上肢或上肢某部分运动所经过的路线。健身健美操上肢动作轨迹变化法是指通过改变上肢动作运动轨迹，创编出新的上肢动作。例如，4 拍动作，第 1 拍，左腿提膝跳，左臂侧举，右臂胸前屈；第 2 拍，左腿放下，两臂放于体侧；第 3 拍，右腿提膝跳，右臂侧举，左臂胸前屈；第 4 拍，右腿放下，两臂放于体侧。改变运动轨迹后，第 2 拍变为左腿放下，两臂上举。这个 4 拍动作的开始和终止动作一样，只是改变了动作轨迹，第 2 拍上肢动作由两臂放于体侧变为两臂上举，使上肢动作内容更丰富，动作的力度感更强了。

第三，上肢动作节奏变化法。上肢动作节奏是指上肢动作所形成的强弱和时间间隔的关系。健身健美操上肢动作节奏变化法是指加快或放慢上肢动作节奏，使上肢动作不仅仅是一拍一动，还可以是两拍一动，两拍三动等，从而丰富了健身健美操上肢动作的创编。例如，一拍一动的手臂胸前交叉 2 次，通过加快手臂动作节奏，变为两拍三动的手臂交叉 3 次。

第四，上肢动作对称法。健身健美操是锻炼身体各部位均衡发育，使全身肌肉发展匀称，既强身心，又塑造形体，因此，创编健身健美操时不可忽视对称动作的创编，以体现全面发展的锻炼因素。上肢动作对称法既是指单个上肢动作的对称性动作，也是指一个 8 拍或多个 8 拍上肢动作组合的对称性动作。例如，两臂上举属于对称性动作。

第五，上肢动作递增法。健身健美操上肢动作递增法又称上肢动作“1+n”法，是指在一个或几个 8 拍里，在原有一个上肢动作的基础上，逐渐增加上肢动作的数量，从而创编出丰富多彩的健身健美操。例如：在一个 8 拍里，两臂侧上举 4 次，运用上肢动作递增法，加入两臂向外绕环一次，再加入两臂前举一次，就构成了两臂侧上举两次 + 两臂向外绕环一次 + 两臂前举一次。

第六，上肢动作插入法。健身健美操上肢动作插入法是指在一个或几个 8 拍里，在原有的两个或两个以上上肢动作中间插入新的上肢动作，以创编出更加丰富的健身健美操。例如，一个 8 拍上肢动作由两臂胸前屈两次和两臂侧举两次组成，运用上肢动作插入法，在两臂胸前屈两次之后和两臂侧举之间插入两臂肩侧屈一次，就构成了两臂胸前屈两次 + 两臂肩侧屈一次 + 两臂侧举一次。

第七，上肢动作改变排序法。健美操上肢动作的排列顺序是指完成上肢动作时的动作先后顺序。上肢动作改变排序法是指在原有的一个或几个 8 拍动作的基础上，改变一个或几个 8 拍中上肢动作的排列顺序，从而构成新的上肢动作组合。例如，一个 8 拍上肢动作由两臂上举两次 + 两手胸前击掌两次 + 两臂斜下举一次组成，运用上肢动作改变排序法，改变上肢动作排列顺序，将两手胸前击掌两次放于两臂上举两次之前，就构成了新的上肢动作组合：两手胸前击掌两次 + 两臂上举两次 + 两臂斜下举一次。

（4）健身健美操躯干动作创编法。健身健美操躯干动作创编方法包括以下方面：

第一，躯干动作幅度变化法。躯干动作幅度是指做动作时，躯干或躯干某部分移动距离的大小。健身健美操躯干动作幅度变化法是指通过改变躯干动作幅度，创编出新的躯干动作。例如，改变体前屈动作幅度，会产生具有不同锻炼效果的全前屈动作，增大体前屈幅度使难度增加，减小体前屈幅度使难度减小。

第二，躯干动作轨迹变化法。躯干动作轨迹是指做动作时，躯干或躯干某部分运动所经过的路线。健身健美操躯干动作轨迹变化法是指通过改变躯干动作运动轨迹，创编出新的躯干动作。例如，4 拍动作，第 1 拍，向左顶髋一次；第 2 拍，还原；第 3 拍，向右顶髋一次；第 4 拍，还原。改变运动轨迹后，第 2 拍变髋部由左向右绕。这个 4 拍动作的开始和终止动作一样，只是改变了动作轨迹，第 2 拍躯干动作由还原变为由左向右绕，使躯干动作内容更丰富。

第三，躯干动作节奏变化法。躯干动作节奏是指躯干动作所形成的强弱和时间间隔的关系。健身健美操躯干动作节奏变化法是指加快或放慢躯干动作节奏，使躯干动作不仅仅是一拍一动，也可以两拍一动、两拍三动等，从而丰富了健身健美操躯干动作的创编。例如，含胸或挺胸动作可以一拍一动，也可以放慢动作节奏两拍一动，还可以加快动作节奏两拍三动。

第四，躯干动作方向变化法。躯干动作方向是指躯干动作所面对的方向。健身健美操躯干动作方向变化法是指改变躯干所面对的方向，使躯干动作方向不是单纯地面对一个方向，而是变化多样，丰富多彩。躯干动作方向变化多伴随下肢动作方向变化。例如，在一个 8 拍里，开合跳 4 次，运用躯干动作方向变化法，第三次和第四次开合跳改变动作方向，连续向左转体 180°。

（5）健身健美操下肢动作创编法。健身健美操下肢动作包括基本步伐及其变化动作。健身健美操下肢动作创编方法包括以下方面：

第一，下肢动作幅度变化法。下肢动作幅度是指做动作时，下肢或下肢某部分移动距离的大小。健身健美操下肢动作幅度变化法是指通过改变下肢动作幅度，创编出新的下肢动作。例如，侧弓步动作，既可减小两腿之间的距离，形成幅度较小的侧弓步，又可增大两腿之间的距离，形成幅度较大的弓步。

第二，下肢动作轨迹变化法。下肢动作轨迹是指做动作时，下肢或下肢某部分运动所经过的路线。健身健美操下肢动作轨迹变化法是指通过改变下肢动作运动轨迹，创编出新的下肢动作。例如，4 拍动作，第 1 拍，左腿向前弹踢一次；第 2 拍，左腿收回；第 3 拍，左腿再向前弹踢一次；第 4 拍，左腿收回。改变运动轨迹后，第 2 拍动作变为左脚脚尖在右脚外侧点地一次。

第三，下肢动作方向变化法。下肢动作方向是指下肢动作所面对的方向。健身健美操下肢动作方向变化法是指下肢带动身体改变所面对的方向，使下肢动作方向不是单纯地面对一个方向，而是变化多样，丰富多彩。下肢动作方向变化多伴随躯干动作方向变化。例如，在一个 8 拍动作里，step-touch4 次，运用下肢动作方向变化法，第 2 拍和第 6 次分别向左或向右转体 90°，就构成了新的下肢动作组合。

第四，下肢动作节奏变化法。下肢动作节奏是指下肢动作所形成的强弱和时间间隔的关系。健身健美操下肢动作节奏变化法是指加快或放慢下肢动作节奏，使下肢动作不仅仅是一拍一动，还可以是两拍一动、两拍三动等，从而丰富了健身健美操下肢动作的创编。例如：开合跳可以是一拍一动，也可以放慢节奏两拍一动，还可以加快节奏两拍三动。

第五，下肢动作路线变化法。下肢动作路线是指下肢动作向前、后、左、右、斜前、斜后等方向的运动。下肢动作路线变化法是指通过改变下肢动作运动路线，从而创编新的下肢动作。

第六，下肢动作对称法。健身健美操是锻炼身体各部位均衡发育，使全身肌肉发展匀称，既强身心，又塑造形体，因此，创编健身健美操时不可忽视对称动作的创编，以体现全面发展的锻炼因素。下肢动作对称法主要是指一个或多个 8 拍下肢动作组合的对称性动作。例如，创编与一个或几个 8 拍动作组合的动作相同，方向相反的下肢动作。

第七，下肢动作递增法。健身健美操下肢动作递增法又称下肢动作“1+n”法，是指在一个或几个 8 拍里，在原有一个下肢动作的基础上，逐渐增加下肢动作的数量，以创编出丰富多彩的健身健美操。例如，在一个 8 拍里，开合跳 4 次，运用下肢动作递增法，加左腿提膝一次，再加人前弓步两次，就构成了开合跳两次 + 左腿提膝一次 + 前弓步两次。

第八，下肢动作插入法。健身健美操下肢动作插入法是指在一个或几个 8 拍里，在原有的两个或两个以上下肢动作中间插入新的下肢动作，以创编出更加丰富的健身健美操。例如，一个 8 拍动作由交叉步一次和开合跳两次组成，运用下肢动作插入法，在交叉步和开合跳之间插入后踢腿跑两次，就构成了交叉步一次 + 后踢腿跑两次 + 开合跳一次。

第九，下肢动作改变排序法。健美操下肢动作的排列顺序是指完成下肢动作时的动作先后顺序。下肢动作改变排序法是指在原有的一个或几个 8 拍动作的基础上，改变一个或几个 8 拍中下肢动作的排列顺序，从而构成新的下肢动作组合。例如，一个八拍下肢动作由后踢腿跑两次 + 开合跳一次 + 弹踢腿两次组成，运用下肢动作改变排序法，改变下肢动作排列顺序，将开合跳一次放于后踢腿跑两次之前，就构成了新的下肢动作组合，即开合跳一次 + 后踢腿跑两次 + 弹踢腿两次。

（6）头部、上肢、躯干、下肢动作协调配合创编法。在健身健美操创编过程中，上肢、躯干、下肢动作创编是健身健美操创编的主要内容，然而，头部、上肢、躯干、下肢动作的协调配合也是健身健美操创编中需要考虑的重要内容，只有全身各个部位协调配合，才能使创编的健身健美操更加流畅、安全、达到全面健身的目的。头部、上肢、躯干、下肢动作协调配合创编法包括以下方面：

第一，保持重心合理位置法。健身健美操创编要遵循健身性和安全性原则，安全性是基础，要在安全的基础上发挥健身健美操的健身性。在健身健美操练习中，人体重心应该时刻处于合理位置，如果人体重心不稳，处于不合理位置，往往会造成人体重心失去平衡，发生伤害事故。因此，在健身健美操创编中，创编者应该充分考虑头部、上肢、躯干、下肢动作的协调配合。以及时调整人体重心位置，使人体重心处于合理位置，避免伤害事故的发生。

例如，在创编下肢动作左腿提膝跳后，为了调整身体重心，在创编上肢动作时应该充分考虑平衡身体重心，创编左臂侧举，右臂胸前屈的上肢动作，能调整左腿提膝后造成的身体重心不稳，而如果创编右臂侧举，左臂胸前屈，就会造成身体重心更加不稳。

第二，符合肌肉牵张原理法。健身健美操动作要符合肌肉牵张原理，符合肌肉牵张原理的动作能使锻炼者身体得到初次性的锻炼，往往达到事半功倍的效果，而不符合肌肉牵张原理的动作，不仅锻炼效果事倍功半，而且容易造成身体的伤害事故。例如，创编含胸动作时，运用符合肌肉牵张原理法，创编者必须创编低头动作，而避免抬头或仰头动作；创编挺胸动作时，运用符合牵张原理法，创编者必须创编抬头或仰头动作，而应避免低头动作。

（7）集体项目创编法。由于集体项目自身的特点，集体项目创编还具有以下方法：

第一，队形变化法。队形是健身健美操集体项目创编中不可或缺的要素，队形设计、编排与变化的新颖独特，布局合理，能烘托成套动作的情绪与气氛。队形变化法主要是遵循运动形式美的基本法则，充分利用场地，注意队形的纵深变化和伸缩的幅度及垂直面上的不同层次的高低变化，使空间结构充实饱满，产生引人入胜的神奇效果。例如，菱形、“L”形、三角形、六边形、平行四边形、十字形、梯形等队形都是健身健美操队形变化较多的形式。

第二，协调配合法。配合是健身健美操集体项目创编的重要内容，配合是指两名或两名以上的练习者之间的主动配合，即指动作的表演或音乐的体现是通过两名或更多练习者共同完成的，包括练习者之间的身体接触和相互交流。优美、协调、默契的配合使健身健美操集体项目流畅、精彩，从而使健身健美操集体项目更加体现出集体合作的特性。例如，练习者互相握着表演探戈；练习者相互击掌；练习者相互对视，进行目光交流等。

2. 中、高级学者的创作编排方法

在健身健美操初级创编的基础上进行内容与方法的提高。

（1）整体法。整体法是指对全套健身健美操动作的整体构思，即对一套动作的初步的然而是完整的设想。整体构思不是具体动作的创编，而是一种形象的思维活动，这种总体的框架的设想，为一套动作确定了风格、时间长短、强度大小，音乐的选择、动作的基本内容等，这些也正是整体构思所应包括的内容，同时也确立了全套动作的基调。

以创编一套中老年人健身健美操为例：人进入中年后，逐渐会出现身体衰老现象。如心血管功能降低，诱发骨质疏松，肌肉开始松弛，新颖性减弱，记忆力衰退，外部体形改变等。所以在创编之初，要充分考虑到中老年的生理、心理特点，整套操的风格与青年健美操截然不同，要避免强烈的跳跃和激烈的摆动，应选择幅度较小、多次重复的动作；强度不宜过大，通常的有氧训练强度为最大心率的 60% ~ 80%，由于对象是中老年人，可适当降低强度；对于音乐的选择，创编人员除了要考虑节奏快慢的因素之外，也应注意到不宜选择重金属音乐等。

（2）分解法。分解法是指对全套健身健美操动作分部分进行创编的方法。对于准备部分，以伸位动作为主；主体部分，要始终保持跳的弹性，它使整套动作达到高潮；结束部分，过渡要自然，不能立即停下来。

一套完整的健身健美操包括准备部分、主体部分、结束部分三个部分。准备部分主要目的是为进入应有的运动强度做准备，防止运动损伤，同时做锻炼的思想准备。主体部分是锻炼的主要部分，目的是提高运动负荷量度，通过运动而减脂，提高人体运动的基本素质和内脏器官的机能水平。结束部分目的是机体得到充分的放松，通过降低运动负荷从而恢复到锻炼前的状态。

对于准备部分，以伸拉动作为主；主体部分，要始终保持跳的弹性，它使整套动作达到高潮；自然，不能立即停下来。一般情况下，活动部位应从远离心脏的肢体末端开始逐渐过渡到躯干直至全身性活动。动作节奏要由慢到快，运动量由小到大，逐渐增强；动作结束时要由大到小，由强到弱。它既要有一般简单的协调性动作，又要有训练有素的高度协调动作。

（3）线性法。线性法是指逐渐增加新的动作元素的一种方法。它较之分解法，针对的是更加具体的动作，是动作的逐渐累积，是健身健美操具体动作创编中最常用的一种方法。它可以是一个个具体动作元素的增加，也可以是一小节一小节动作的积累。

以一组动作一个 8 拍为例，先编排第一组动作，在第一组动作的基础上，编排第二组动作，连接成一小节，再编排第三组动作，将第三组动作与第一、二组的动作连接起来，以此类推，完成成套动作的编排。具体步骤如下：

（4）叠加法。叠加法是指在创编健身健美操动作时，将两个或两个以上独立的技术动作通过巧妙的结合，形成新的技术动作或成套组合动作。健身健美操的动作组合既可以是同一类型动作变化为多个不同特色风格的动作，也可以是不同类型多个单独动作进行适当重组，最后完成成套动作的编排。成套动作是否流畅、自然、连接与过渡动作至关重要，动作的设计要符合健身健美操的特点。成套动作不宜停顿过多，动作之间需要有间隙时，停顿最好不要超过 2 拍，不要有多余步伐，动作之间的转换必须轻松和自然。

在叠加法的运用过程中，健身健美操动作创新组合不是简单的动作技术堆积，更不是简单的凑合，而是要形成形式多样、技术独特、动作新颖、结构合理并与音乐风格相和谐的动作创新组合，因而对创编人员的创新思维能力提出了更高的要求。

（5）递进法。递进法是单个动作编排中最常用的一种方法。它是在原有动作基础上为提高动作难度和动作的编排技巧而递进增加另一动作的方法，以此类推，保证每组之间连接合理顺畅，最终完成成套动作的创编。递进指的是既可以在原有动作基础上递进增加另一个动作，也可以是动作与过渡性、舞蹈等特色动作的连接，增加动作的艺术感。

（6）移植法。移植法是将某一项目的技术动作移植到另一个项目中去，并通过一定的改造而获得新技术动作的方法。健身健美操的动作吸纳了迪斯科、爵士舞中许多髋部动作，它的许多动作都与其他体育项目、各艺术领域存在着相互联系与转化的关系，才形成健美操独特的健身、艺术魅力。健身健美操成套动作中许多开始动作和结束动作的造型，就是从技巧运动、舞蹈等项目中移植而来。为此，创编人员不但要熟悉、精通专业技术知识，还应了解熟悉其他相关项目、学科的知识，力求从表面上看来完全不相关的两个项目、两个动作之间发现彼此的联系，移植、借鉴到健身健美操技术动作中。

（7）联想法。联想法就是利用感知的和已知的信息进行再创造的方法。它是指创编人员根据输入的信息，在大脑的记忆库中搜寻与之相关的信息或者利用大脑记忆库中的一些信息形成与之相关信息的过程。在健身健美操创编过程中，从社交舞的配合动作，联想运用到健身健美操的双人配合动作，就体现了联想法的运用。这种方法反映了创编人员对动作技术技巧的广泛吸纳。实践中，各种舞蹈、体操、芭蕾、武术等都可作为健身健美操的动作素材，通过由此及彼的思维方式，对不同技术动作之间进行联系与想像，从而达到开拓思路并实现动作创新的目的。

（8）环境灵感法。环境灵感法是指在特定的环境中产生的灵感运用于健身健美操创编的一种方法。当人们处在一个特殊的环境中，通过观察周围人的身体行为动作，就会产生相应的灵感和反应。例如在欢庆的活动中，可以看到周围的人在这一状态下欢呼跳跃的反应，相应的在健身健美操中就可以编排一些类似的跳跃动作，把它应用于健身健美操的实践当中。这种编排方法灵活实用，但是要注意的是创编出来的动作要经过再加工，经过改造后才能使用，要符合健身健美操自身的特点和原则，具有科学性的特点。

（9）动作创编技巧法。连接设计系指成套动作编排过程中，采用多种变化把分割的各段动作连贯而和谐地串联成有机的整体。基本动作之间、基本动作与风格动作之间均要做到衔接紧凑、巧妙、流畅。连接的方法以动为主，以瞬间造型的静态动作为辅、停而不断、行而不乱，能够更加完美地体现出一套动作的完整、流畅、通顺与和谐。

在分部分编排的基础上把多段落合成时，不可避免地会出现段与段之间衔接的失调，这需要加以调整，使其更紧凑、流畅。连接的方法有：术语法、修饰法、转换法。

第一，术语法。术语法是指根据健美操专门用语进行创编的方法以，通过改变动作的关系，动作的方向以及在术语中选择合适动作等因素进行创编的一种方法。这种方法简单实用，但是要注意编排的过程中避免动作的叠加，动作之间要有一定的联系，具有规律性和科学性。

第二，修饰法。所谓修饰法是指对一套大体已成形的健身健美操套路进行某些细节上的变化或改变的方法，使其更具活力和艺术性，从而达到淋漓尽致充分展现肢体美和欣赏的目的。修饰法主要修饰的部位有头部，手和脚。这三个部分在编排健身健美操套路时是最容易被忽视的部分，然而在编排时将其充分的发挥却能达到画龙点睛的效果。

头部修饰：是指对面部表情的修饰，包括口眼神、面部肌肉、嘴和眉等。

俗话说眼睛是心灵的窗户，人的很多情感都是通过人的眼神来传达的。而在以肢体语言为表现方式的健身健美操中，眼神便显得尤为重要。特别是比赛性健身健美操，眼神是参赛者唯一与裁判进行交流的部分，在其他都实力相当的情况下，一个眼神或许是你取胜的决定因素。

面部肌肉、嘴和眉也是表现的一方面，如噘一下嘴或挑一下眉，在配合肢体发自内心的表达整套操所要表现的情感时，都将会起到意想不到的效果。

手的修饰：健身健美操中手上动作有拳型、掌型、五指张开型、西班牙手型等。在创编某一动作时，肢体动作都很美，如将手上动作再加以修饰，将并手掌改为西班牙手型，无形中增加了立体感，从而达到更充分地展现肢体美的效果。

脚的修饰：脚跟手相比，灵活性差了很多，健美操要求绷脚尖，然而在某一动作时突然一个夸大的勾脚尖，给人以一个新鲜感，也会达到较好的表现效果。

第三，转换法。转换法就是在原有动作基础上进行方向、面、节奏、位置、速度、强度、幅度方面变换的方法。根据需要可选择其中一种或多种进行变换。在原有动作素材的基础上运用转换法，可编排出多样的健美操动作。成套动作设计的多样性要从动作的创编以及动作与动作之间的连接等方面入手，力求动作丰富、不断创新，把有限的动作通过巧妙多样的组合变为无限的动作，成为具有锻炼价值的健身健美操动作。

成套动作是否流畅自然，连接与过渡动作至关重要，动作的设计要符合健身健美操的特点。成套动作不宜停顿过多，动作之间需要有间隙时，停顿最好不要超过两拍，不要有多余步伐，动作之间的转换必须轻松和自然。因此，在健身健美操的连接与设计中，要合理地运用连接方法，使动作之间的衔接巧妙、流畅、合理、有创造性。

二、竞技健美操创作编排的过程与方法

（一）竞技健美操创作编排的过程

创编的过程是指在创编竞技健美操时实际操作的先后步骤与流程。有序地进行这些步骤，可以提高创作的效率及质量，同时有利于对其结构及形式进行分析以便于下一步的修改工作。竞技健美操的创编过程一般分为以下七个步骤：

1. 总体设计

竞技健美操创编的第一步就是进行整套操的总体设计，一般情况下，竞技健

美操的总体设计有以下两种方法：

第一种方法：根据创编者对操的整体设想把操分为若干部分或若干段，如开始部分（造型或入场），主体部分和结束部分（造型或退场）；设计出各部段的主要队形和运动路线，确定各部段大体的拍节数；根据操的风格、结构、长度及速度等选择剪接音乐。总体过程可以大致描述为：确定成套动作风格特点—构思成套动作结构—素材的选择与确定—按创编原则编排分段动作—按顺序组合成套动作—音乐的创作与剪辑—评价与修改。

第二种方法：根据操的风格选择音乐，根据音乐的结构、节拍数、高潮起伏等确定操的总体结构。总体过程可以大致描述为：确定成套动作风格特点—音乐的选择与剪辑—素材的选择与确定—建立基本结构—按创编原则编排分段动作—按顺序组合成套动作—评价与修改。

2. 制定目标

创编者在选择好用哪种模式进行创编后，就要制定创编目标。因为只有目标明确才能使创编具有目的性，才能尽可能地少走弯路或不走弯路。制定目标时，要明确创编目的。竞技健美操的创编目的有以下三个方面：

（1）竞赛类型。竞赛类型的不同决定着所采用的比赛规则不同，例如，全国锦标赛和全国大学生比赛所采用的比赛规则就有所不同，这就决定着创编者安排所选择的难度动作。

（2）比赛对象。参加不同类型的比赛，比赛对象都有所不同。根据不同的比赛对象进行创编，可以更好地分析对手的实际情况，制定比赛战术。

（3）比赛目的。比赛目的直接影响着创编者的创编想法。例如，比赛是为了取得优异的成绩，创编者将根据预期目标尽力发挥创新能力进行创编。比赛只想积累运动员的经验，创编者则会根据运动员的具体情况和比赛的实际情况进行创编。

3. 构思成套动作风格

竞技健美操是时代的产物，总的原则要反映出它的共性特点。除此之外，还要有其他的个性特点，那就是操的风格，每个人所编的操都有它自己的风格和特点及动作素材的选择、动作形态的设计不同。确定操的风格主要根据创编者的特长、项目的特点以及运动员的身材、素质及完成动作的能力、表现力等来确定。

4. 选择素材

素材收集工作主要靠平时的学习与积累。当目标确定后，在创编者的素材库中选择那些适合目标的动作。竞技健美操选用哪些难度动作与过渡动作，哪些动作为个性动作，特别是哪些动作是独创动作等，但是选择往往不是一次性的。与此同时，如果有条件，应把素材拿到组合中先进行检验，看看是否可行有效。通过这两个步骤可以初步确定创编中所要采用的素材动作。例如：当已经获得了爱不释手的音乐，并且经过反复分析音乐对该音乐已经了如指掌后，就要考虑动作了，应先考虑那些有代表性的、风格明显的动作。动作素材源于身体各部分可形成的动作，再形成不同形式、不同类型、不同组合的系列动作。身体动作只要不违背生理结构、符合规则的都可以被纳入，那么应找出基本动作，在派生出许多动作而形成许多动作组合，再加上配合动作而形成一系列动作。例如：

（1）头部动作：屈、伸、转、绕是基本动作，然后通过方向、方位、面的改变，单动作、串动作、组合动作、对称与不对称动作派生出许许多多的动作。

（2）上肢动作：举、屈、伸、摆动、绕环（手部有大臂、前臂、掌心、拳心等动作）等，而身体各部位的动作的基本动作都可在改变不同的方向，不同的面派生出无限的动作，同时，竞技健美操的动作素材也可以吸收邻近项目动作，通过改编将其运用于成套动作之中。例如，基本体操中徒手操的动作、竞技体操中自由体操的动作、技巧运动中的配合与托举动作、武术中的神韵、芭蕾舞、爵士舞、拉丁舞等舞蹈的变形动作等，这些都可以作为动作素材运用到成套动作中。

5. 分段创编

分段创编是在总体布局与动作设计的基础上进行的，实际上是把全套动作的创编化整为零，根据音乐结构创编成套动作为例讲解分段创编：通常竞技健美操的三个部分为：开始—发展—结束，当根据创编原则建立结构的同时，必须考虑音乐对结构的制约：音乐与成套结构紧密联系，有乐句、过渡、乐段及终止等因素。一般音乐会在开始的部分“序”，结束部分“终止”，而在这些“序”与“终止”中音乐的节奏与配器往往是很独特的具有吸引力的，应该抓住这个机会，尽可能地发挥想象力。所以，在创编成套动作时，首先可以将开始和结束部分进行重点编排，其次再根据音乐结构创编其发展部分，当完成确定成套动作风格特点，选择素材，建立结构之后，可以进行分段动作的编排了，分段动作指的是把 2 个 8 拍以上的动作串联起来的动作组，使之成为一段动作，在连接这些动作时，应按照创编原则去做，在编排分段动作时可按成套的先后顺序进行编排；也可以打破顺序，按主次分段动作进行编排；还可以按创编者的灵感进行分段动作的编排。

6. 组合成套动作

当分段动作组合基本完成之后，可以按结构框架把分段动作组合排列起来，审视其中连接是否顺畅合理。在将分段动作组台成成套动作时，首先可以以 4 个 8 拍为一段进行组合，认为该组合动作满意后再做下一个 4 个 8 拍组合动作的编排，直至成套动作完全编排结束。

7. 评价与修改

当一套动作初步完成之后，先要进行初步的实践，然后要根据规则及创编原则进行评价与修改，从而使成套动作更趋于合理与完善。如果成套动作有不足，则应参考创编原则进行修改。修改工作通常要在成套动作创编完成之后进行，但有时修改工作在创编时同步进行，边创编边修改。应注意的是不要过多停留在细节上，如果过于纠缠细节问题，往往会使创编陷入困境，停滞不前。成套创编完成之后进行修改，可以整体、全面地分析，可以有比较，使成套更趋合理。评价工作可以是创编者独立完成，也可以请教有关专家。

（二）竞技健美操创作编排的方法

1. 联想创新法

善于对一个事物的思维，联系到另一个事物或几个事物的思维。创造性思维的本质在于发现原来以为没有联系的两个或几个事物之间的联系。因此，联想思维可为创造性思维起到积极的引导和铺垫作用。知识和经验越丰富，联想的广度和深度越大，也越容易产生意想不到的创想结果，如联想能与边缘学科的知识有机结合，将会产生更高价值的新思维。联想创新需要灵感，灵感思维是指突如其来的对事物的本质或规律的顿悟与理解，以及使问题得到解决的瞬间思维形式。

捕捉灵感的能力是指具有将瞬间即逝的灵感思维紧紧抓住，并及时加工成创新设想的能力。它是通过紧张深入思考的探索之后产生的思维成果，具有突发性和瞬时性特征。灵感思维的出现人们往往没有心理准备，很容易稍纵即逝。所以，要及时记录下灵感思维的内容，保持思维热线并适时向纵深扩大思维成果。灵感的产生与艰苦积极的思维活动，丰富的知识经验等因素有关。

2. 多向思维法

善于从多角度、多层面去思考问题。由于创造性思维需要产生不同寻常的思维结果，因此它要求人们从单向思维转向多向思维，在逆向、侧向、发散等思维辐射和转移中寻找出各种具有独创的新设想，对多向思维能力的培养，应注意对某一问题的思考要从全局出发，提出多种思路，当思维在某一处受阻时，应善于及时变换思维走向，当久思不得其解时，可引导注意力转向其他领域，寻求新的启示，当运用通常的方法解决不了问题时，可考虑交换事物的条件、目标等因素，从不同的途径去解决问题。

3. 录像分析法

参考要参加级别或高一层次级别的比赛录像，从竞赛套路中吸取其精华，为自己的成套动作起到一定的启发作用，一般在观看录像比赛套路时，主要应关注以下五个方面：

（1）成套结构。所谓参看成套结构是指在参看比赛套路时主要参看成套动作与音乐结构的关系，即音乐段落与动作段落、音乐情绪与成套情绪以及音乐高潮与动作高潮是否能有机结合。

（2）难度分配。所谓参看难度分配是指在参看比赛套路时主要参看成套动作中难度动作的分配规律。首先是难度分值的分配；其次是难度动作组别动作的选择；最后要观看难度动作在成套动作中的位置。

（3）过渡与连接动作的编排。所谓参看过渡与连接动作的编排是在参看比赛套路时主要参看过渡与连接动作的选择，新颖的过渡与连接动作会给人留下深刻的印象，同时烘托成套动作的主题表现，通过参看过渡与连接动作的编排将会给人以提示和启发使之运用于自己成套动作的创编。

（4）基本操化动作的连接。所谓参看基本操化动作的连接是在参看比赛套路时，主要参看成套动作中基本操化动作的连接编排，参看一个动作的结束是否为另一个动作的开始，参看他们是如何编排的。

（5）托举与配合的创意。所谓参看托举与配合的创意是在参看比赛套路时主要参看成套动作中过渡与连接的特点，参看他如何更好地体现音乐的主题，成套动作中托举与配合动作是最能体现成套构思、音乐主题的关键，因此托举与配合动作的创意参看对成套动作的创编有非常重要的启发作用。

4. 基本组合法

基本组合法是指按照竞技健美操动作编排原则和方法，将两个或两个以上独立的技术动作通过巧妙的结合或重组，形成新的技术动作或成套组合动作。竞技健美操的动作组合既可以是同一类型动作变化为多个不同特色风格的动作，也可以是不同类型多个单独动作进行适当重组，最后完成成套动作的编排。竞技健美操动作创新组合不是简单的动作技术堆积，更不是简单的凑合，而是要形成形式多样、技术独特、动作新颖、结构合理并与音乐风格相和谐的动作创新组合，这对教练员组合创新思维能力提出了更高的要求。

5. 三维动画辅助法

用电脑二维动画技术可以辅助教练员创编竞技健美操高质量难新动作，辅助运动员加快完成目标动作的定型过程，对创编动作在训练中和比赛中出现的问题进行及时的目标反馈、重构和完善，减少了运动员在创编动作探索阶段中不必要的损伤。

然而，目前在进行竞技健美操训练时，创编动作的过程仅是在教练员和运动员的大脑中和身体上试验完成。运动员在试做创编动作时，始终存在着一些来自主客观方面的各种因素，直接影响了动作的效果。这些因素的影响使教练员和运动员感到缺乏一个能够清晰、稳定、完整、快速的创编和演示动作的辅助工具，来对创编动作进行“定量化、形象化”解释。

电脑三维动画技术可以建立一个标准的竞技健美操运动员动态模型，用来虚拟创编动作，进行试探、分析、评价、反馈、修改和确定等工作，可以减少创编环节中负面的人为因素的影响，使创编效率和质量进一步提高。运用电脑三维动画技术辅助创编竞技健美操动作能为今后竞技健美操的创编开拓一个新的思路。

创编动作是针对新的动作技术和新的比赛规则进行的，所以更细致准确地理解动作类型、等级、趋势或比赛规则对运动员的比赛成绩来说是至关重要的。如果用电脑动画技术辅助解释比赛规则，就可以加快运动员对规则的理解。

绝大多数创编动作都是教练员、运动员和裁判员作用原有的动作基础而创编出现的。由于“电脑数字编辑”可拷贝、可拼接特点，可以使教练员和运动员灵活地从一个已有的动作修改成另一个新动作。使动作的形象性、经验性更趋向于动作的专业性、多样性。所以，电脑动画有助于在原有动作的基础上方便地设计出变通的动作调整方案。

第四节　健美操创作编排的构成要素

一、健美操创作编排的基本动作

健美操基本动作主要由下肢动作、上肢动作和躯干动作组成。健美操基本动作是健美操运动的基础，是最小的健美操基本元素，所有健美操的组合都是在基本动作的基础上发展和变化起来的。

竞技健美操套路动作较健身性健美操具有更难、更复杂的技术动作特点，其基本步法在动作规格上对关节、肢体位置的要求更高，在完成上强调准确地控制，协调、灵活、流畅的动作变化。基本步法有踏步、后踢腿跑、吸腿跳、踢腿跳、开合跳、弓步跳、弹踢腿。

二、健美操创作编排的难度动作

难度动作是竞技健美操的特殊规定动作，根据国际体操联合会《2013—2016年竞技健美操竞赛规则》规定，难度动作由动力性力量、静力性力量、跳与跃、平衡与柔韧等A、B、C、D四类组成。①

---

① 黄荣，张鹏，王彦旎 . 健美操 [M]. 北京：清华大学出版，2015.

（一）动力性力量

动力性力量包含的种类有：俯卧撑类、文森俯卧撑类、俯卧撑腾起类、提臀腾起类、分切类、成分腿高直角支撑类、旋腿类、托马斯类、直升飞机类和开普类等十种。

1. 动力性力量的总体描述

（1）开始或结束姿势：单手或两手支撑地面，肘关节伸直，肩部平直平行于地面，头部处于脊椎的延长线。

（2）肘部的屈伸：俯卧撑下降到最低点，胸离地面的高度不得高于 10 厘米。

（3）俯卧撑的起落必须要有控制，两肩在起落位置必须与地面平行。

（4）侧倒和后倒俯卧撑 4 个阶段必须清晰。

（5）单臂、单臂单腿俯卧撑两脚之间的距离，除非有特殊规定，否则一律不得超过肩宽。

（6）俯卧撑腾起或由空中着地时，除非有特殊规定，否则和脚必须同时以控制的方式同时离开或接触地面。

（7）以俯卧撑着地：支撑屈肘，再推起。

（8）“文森类”全部难度技术要求腿伸直，并展示出良好的髋关节柔弹性。

（9）架起腿必须搭在同侧肱三头肌上方。

2. 动力性力量的最低完成要求

（1）旋腿类：开始位置必须从两臂前撑开始，在整个动作技术过程中，两脚不得触底。

（2）托马斯类：开始位置必须从两臂前撑、两脚腾空无支撑姿态开始；在整个动作技术过程中，两脚不得触底；两腿必须展示完整的回旋。

（3）直升机类：身体转体时仅以上背部为轴，开始和结束方向必须相同。

（4）开普转体类：在完成动作技术前必须展示腾空阶段。

（5）所有文森姿态结束的难度动作：在落地时必须展示文森姿态；成文森姿态落地时，前腿必须立刻在支撑臂肱三头肌上方。

（二）静力性力量

静力性动作包含的种类有：分腿支撑类、直角支撑类、锐角支撑类、文森支撑类、肘撑类、水平支撑类等六种。

1. 静力性力量总体描述

（1）该类动作展示静力性力量，每个动作必须停 2 秒。

（2）支撑转体动作无论是在开始或结束位置还是在转体过程中，整个支撑过程必须保持 2 秒。

（3）身体各种姿势完全支撑在单手或双手上，只允许手触地面。

（4）在整个技术动作过程中，两脚或臀部不得接触地面。

（5）在支撑时，手或拳头必须平整地撑于地面。

2. 静力性力量最低完成要求

（1）每个难度动作必须保持 2 秒，同时臀部、腿或脚不能触及地面。

（2）在支撑转体时，无论在转体开始、结束或在转体过程中，支撑必须保持 2 秒。

（3）小于 90° 的不完整转体，难度动作将被视为降组难度，值减 0.1 分。

（4）水平肘撑和水平支撑类：身体必须成一直线，不得超过水平面以上 20 厘米。

（三）跳与跃

跳与跃动作包含的种类有：跳转类、自由倒地类、给纳类、燕式平衡成俯撑类、团身跳类、分腿跳类、科萨克跳类、屈体跳类、纵劈腿跳类、横劈腿跳类、交换腿跳类、剪踢类、剪式变身跳类等 13 种。

1. 跳与跃的总体描述

（1）跳与跃动作所有难度动作必须最大限度地展示爆发力和最大的动作幅度。

（2）所有跳跃类动作可以以单脚或双脚起跳，无论单脚或双脚起跳都视为同一难度动作，并且分值相同。

（3）落地时必须保持完美的身体标准姿态。

（4）身体在空中形成必须清晰可辨。

（5）身体和腿必须保持紧张、伸直，并与头和脊椎成一直线。

（6）腾空成俯撑姿势落地时，手和脚必须以有控制的方式同时落地。

（7）以劈叉姿势落地时，手可触地。

（8）以单脚或双脚落地被认为是同一难度的不同形式。该规定对起跳同样适用。

（9）多数情况下自由倒地以俯撑落地，也允许其他方式落地。

（10）任何落地方式必须有控制。

2. 跳与跃的最低完成要求

（1）腿必须与地面平行（除团身跳、自由倒地和给纳）。

（2）转体不完全，90° ~ 180° 减 0.1 分。

（3）团身跳腾空后腿的位置必须达到腰部以上。

（4）给纳、自由倒地和塔马诺时，手、脚必须同时落地。

（5）旋风腿两脚贴近胸展示整个圆。

（6）剪踢在空中时，起始腿必须到水平面，与地面平行。

（四）平衡与柔韧

该组动作包含的种类有：转体、平衡、高踢腿、纵劈腿、横劈腿、依柳辛、开普等 7 种。

1. 平衡与柔韧的总体描述

（1）全部动作技术过程中身体处于标准姿态。

（2）身体位置清晰可辨。

（3）两腿必须伸直。

（4）全部动作的转体必须完整。

（5）所有动作过程中均必须展示完全劈叉 180° 。

（6）转体过程中脚后跟不允许接触地面。

（7）开普时，由任意姿态或坐姿开始，一腿弯曲，一腿伸直，将伸直的腿踢至肩，同时抬起另一腿并以单臂支撑，展示劈腿姿态。躯干成一直线，并低于垂直面。

2. 平衡与柔韧的最低完成要求

（1）转体与平衡：全部转体动作，支撑脚必须始终保持与地面接触；小于 90° 或多于 90° 但小于 180° 的不完整转体，难度动作将视为降组难度，分值减 0.1。

（2）依柳辛：自由腿必须在垂直面划一整圈，完成动作时身体不能有多余的转体。

（3）垂直劈腿：支撑腿必须与地面保持接触。

三、健美操创作编排的造型

健美操是一种动态的人体健美造型，然而无论是健身健美操（尤其是表演性健身健美操），还是竞技健美操，在其开始和结束时，往往都设有瞬间的静态造型，那些健美、独特的造型不仅给人以开始和结束感，而且是体现该项目艺术性、技巧水平、独特风格与创意的亮点部分。奇特的开始造型会激发人参加锻炼或观赏表演比赛的兴趣，精美的结束造型将令人久久品味，回味无穷。

健美操造型应根据项目特点和个人能力进行设计。单个动作讲究元素美，选择健美舒展、有力度感的动作姿态，注意造型中躯干的挺拔、肢体的伸长、恰到好处地展示肌肉的丰满和线条美。集体造型讲究组合美，多人组合造型时要体现出结构的均衡、对称及节奏的变化，包含高低、正反、疏密、主次的对比，遵循统一多样性的形式美法则。

四、健美操创作编排的队形与场地空间

（一）健美操创作编排的队形

队形变化是健美操集体项目比赛和表演的重要内容之一，丰富多彩的队形和巧妙流畅的队形变化会令健美操项目更具可观性。特别值得注意的是为提高健美操锻炼的兴趣，减轻创编的数量和难度，推动基层单位开展集体健美操的锻炼活动，许多健身健美操竞赛往往设有规定动作，自编队形的项目。在比赛中人们可以看到同一套规定动作，由于队形设计不同，竟会产生截然不同的效果。其队形图案的多样，变化方式的巧妙，变化线路的流畅，各具特色，令观众为之赞叹。

健美操队形设计的原则如下：

（1）构图清晰。健美操队形设计最基本的、也是首要的要求是：队形构图要清晰。如果构图混乱难辨，就难以产生美感。而要使队形线条清晰就要注意“字间距小，行间距大”的道理，同时队形图案中的“各部分”需“内密外疏”，即每部分本身站得密一些，各部之间距离大些，方可令图案的结构更加明晰。

（2）丰富新颖。设计者应在队形的创新上下功夫。队形不仅可设计成对称的，还可以设计成均衡的；不仅可以是一个整体性的队形，也可以是几组队形相互呼应。基本队形是有限的，但基本队形的不同组合却会产生丰富多彩的队形变化。

（3）对比鲜明。一套健美操的队形一般都有十多个，健美操队形设计时应注意队形图案之间有鲜明的变化，尤其是相邻的队形不应为相似队形。只有对比鲜明的队形才能显示出队形的丰富，产生队形变化的节奏感。

（4）变化流畅。好的健美操队形设计不仅在于队形本身的丰富新颖，还取决于队形变化的方法是否多样、巧妙，从而使队形之间的过渡自然、转换流畅。尤其是双人、三人健美操的队形种类比较有限，只有队形变化巧妙、流畅，才能产生丰富多彩、目不暇接的队形变化效果。

（5）显示动作。健美操队形最终要为显示动作服务，因此队形设计时要与动作创编密切配合，要使所设计的队形能充分展示动作的面、动作的美。

（二）健美操创作编排的场地空间

空间利用是健美操项目竞赛评分的重要依据之一，同时也是健美操艺术表现美的形式之一。健美操竞赛项目是在 10 米 ×10 米的场地内完成的，在比赛过程中，运动员应该注意以下方面：

（1）在完成成套动作均衡、流畅的表演线路的过程中必须有效地利用比赛场地。不仅仅是比赛场地的各个角落和赛场重心，还包括赛场所在的全部空间。

（2）在整个成套动作中，路线必须展现所有方向（向前、向后、横向、对角线、弧线）和距离（短或长距离），尽量不重复路线与轨迹（从右到左进行横向移动再做一个从左至右的横向移动是允许的，但再重复一遍从右到左的横向移动就不被接受了。对角线等的移动也如此）。

（3）比赛场地的全部三层空间（地面、站立、腾空）都必须充分被使用，不允许任何空间过度集中的使用。

（4）动作必须在赛场空间内均衡的分布（若在成套动作中有4段地面动作，应使它在不同的区域完成）。

优秀成套动作的空间安排必须考虑上述表现因素，通过调整运动员（混双—三人—五人）的间距（远—近），最大限度地使用整个比赛场地的空间。

五、健美操创作编排的时间

时间元素包含动作速度和持续时间，而动作速度和持续时间很大程度上决定着动作的难易程度和运动强度，并影响锻炼效果。

（1）动作速度：直接影响着动作难易程度和运动强度，要根据健美操动作类型确定动作速度。一般拉伸类动作速度较慢，低冲击步伐类动作速度中等，高冲击步伐类动作速度快。持器械动作比徒手速度要慢些，此外还要考虑年龄、接受程度、运动能力对动作速度的影响。

（2）持续时间：一般健身套路动作的时间为2分 ±10秒之间；有氧舞蹈成套动作和竞技健美操竞赛套路时间为均为1分30秒 ±5秒。

六、健美操创作编排的音乐

音乐是健美操的灵魂，健美操是音乐的形体再现，音乐直接影响身体的锻炼效果，激发情绪，增强表现力、感染力和号召力，启发创编构思。音乐的风格应与健美操动作的特点相统一，并适应不同年龄的对象。清脆悦耳的儿童音乐适合少年儿童，现代感强的流行音乐适合青年人，富有民族风格的现代音乐适合中老年人。

第五节 健美操创作编排的音乐选择与空间应用

音乐作为健美操的另一组成部分，在创编中不容忽视，健美操的音乐要考虑健美操的风格。在选择音乐的时候要注意节奏的个性鲜明，充满热情朝气的力量，还要根据编排的目标确定音乐。合适的音乐可以对练习者起到引导作用，然后要根据整体结构或特殊需求，确定音乐的变化，或者根据音乐的变化确定整体结构和动作。

音乐在创编中起到至关重要的作用，应根据锻炼者的能力和运动目的，对音乐进行正确地选择与合理地运用。

一、健美操创编中的音乐选择

（一）健美操音乐范围选择

在选择健美操音乐的时候，选择性非常广泛，一般都是用 2/4 拍或 4/4 拍，这些拍子的节奏感强烈。因为健身健美操的动作速度多是 22 ~ 26 拍 /10 秒，而竞技健美操的动作速度多是 26 ~ 30 拍 /10 秒，所以健美操的音乐大多充满激情、情绪饱满，节奏感强烈，且带有一定感染力。可选择的音乐见表 4–2。[①]

表 4-2 健美操的音乐特点与表现形式

音乐种类	特点	表现形式
民族音乐	具有浓烈的地方特色和民族风格 具有丰富的调式色彩和音乐色彩 具有强烈的时代气息 音乐形象多样化	节奏鲜明、热情、刚健、明快，旋律亲切、优美、抒情

① 朱晓龙，李立群 . 健美操 [M]. 杭州：浙江大学出版社，2015.

续表

爵士乐	旋律由连续不断的切分节奏组成 即兴性强 强有力的打击乐 节奏变化多端 音乐鲜明而强烈 和声丰富	表现喜悦氛围
迪斯科	在旋律上继承了爵士乐的切分节奏 更强调打击乐 节奏感强	表现出一种旺盛的精力
摇滚乐	继承爵士乐演奏的即兴性 有快有慢，以一种节奏模式反复出现 有一种摇摆的感觉	属于激情音乐，表现形式有：重金属及其相对的柔摇乐，混合的乡村摇滚、流行摇滚等
轻音乐	轻松愉快、生动活泼并浅显易懂 表现重大的主题思想	轻松活泼的舞曲 电影音乐和戏剧配乐 通俗歌曲和流行歌曲 舞蹈音乐和民间音乐 音乐小品
外文歌曲	外文演唱，有强烈的节奏感和震撼感 打击乐明显 音乐速度通常较快	表现出强烈的时代特征和青春气息
世界名曲	曲调经典，能跨越时空、种族和语言的界限，能超越人格、思想和阶层的鸿沟，音乐的哲理性超越了音乐本身的意义	旋律优美，形象鲜明，感染力强，表现形式多样

（二）健美操音乐的速度选择

为了保持身体伴随音乐一起运动，从健身音乐中获取最佳锻炼效果，针对个人的健身水平和选择不同有氧健美操操种来说，音乐的速度是非常重要的。

表示健身音乐速度的单位是 BMP，意味每分钟拍数。表 4–3[①] 有助于选择正确的音乐速度以适合不同的操种。推荐的 BMP 是针对每个操种或每个特定的练习内容划分两种不同的强度水平——适中与较高强度。

表 4-3　不同类型健美操的音乐速度

操类与练习内容	适中强度（BMP）	较高强度（BMP）
瑜伽	70 ～ 96	97 ～ 120
伸展	80 ～ 100	101 ～ 120
力量	106 ～ 114	115 ～ 128
踏板	112 ～ 122	123 ～ 135
舞蹈	85 ～ 116	117 ～ 154
走踏	120 ～ 129	130 ～ 140
搏击	130 ～ 141	142 ～ 155
跑跳	140 ～ 152	153 ～ 165

（三）健美操音乐选择的注意事项

在选择健美操的音乐时候，要注意“三对比”和“一鲜明”的原则。

强度对比。音乐的强度变化越大，越能展示健美操的力度变化。

对比色彩。色彩的对比要和音乐的强度变化相适应，可以改变动作形态、幅度。

对比速度。速度可以帮助调节音乐，推进音乐进入高潮，能够很好地展现健美操不同的表现形式。

鲜明音乐。不同的音乐背后有不同时空、情感和地域的因素。有各种各样、特色鲜明的音乐，才能够尽情展示健美操的魅力。

二、健美操创作编排的空间应用

健美操创编中音乐应用的注意事项包括以下方面：

---

① 朱晓龙，李立群．健美操［M］．杭州：浙江大学出版社，2015.

（一）反复多次聆听音乐

编排者借助听力、大脑和神经的协调配合实现对音乐的认知，熟悉音乐的旋律、效果和节奏等特点。一首音乐能否被编排者选中，首先要看这首音乐能否打动聆听者，能够让聆听者产生丰富的灵感和无限的想象。确定音乐之后，编排者要不断重复听音乐，感受音乐，构想音乐里蕴含的情感和内容，尤其是音乐过渡部分要认真聆听。

（二）记录音乐速度与节拍乐段

（1）记音乐速度。健身健美操的速度一般为 22 ~ 26 拍 /10 秒；竞技健美操的速度为 26 ~ 30 拍 /10 秒。现在将音乐速度加快的做法，一般是借助电脑解决，这样操作可做到随心所欲。但值得注意的是，加快也应在适当的范围之内，否则会失去真实感，音质变差、节奏不清，甚至出现男声变成女声的现象。

（2）记录节拍乐段。记录音乐的方法很多，但根据健美操的特点，只要能记下节拍、段落和主旋律的位置就可以。简单的记录方法如下：

第一行记前奏：用括号把它括起来，如：（88），表现前奏是 2 个 8 拍。

第二行开始记主体部分：

用小节线“|”分开每一个乐段；

有唱词的地方用“ ~ ”表现；

有特殊的地方用符号表示，如“↘↙ ~『 』”等；

有打击乐的地方用“ × ”表示。

在记录上，记录者可根据自身的喜好选择符号，但需记住一个原则“越详细越好”，这样后期工作会更加高效。

（三）进行音乐设计与剪接

（1）力求乐曲开头的独特性。健美操音乐的开始部分尽量要独特，和快节奏的主体部分进行区分，能够具有明显的听觉差异和视觉差异。一般开始的时候都是舒缓的音乐，但是注意时间不要太长，两个 8 拍就可以。

（2）重视结尾乐曲的稳定性。在健美操的动作结束时，要创新动作摆出造型。这种动作是身体逐渐稳定下来所形成的美感。最后一个音节一般是最铿锵有力的声音，所以这一拍留在一个乐句或音节的首拍。

（3）注意过渡衔接的流畅性。在进行音乐剪辑的时候，因为音乐之间的速度、节拍不一致，不能生拼硬凑，否则会显得很不自然。要让音乐之间更加流畅，通常的办法是加上一段打击乐或一句占时间的效果音，降低音乐之间的不和谐感，让音乐更加流畅自然。

（4）保证音乐高潮的审美性。音乐的高潮部分是核心环节，让旋律不断重现。因此在剪辑的时候，不要把部分高潮音乐去掉，要让主要旋律能够不断重现。

（5）尊重原创曲目的完整性。如果是刚刚学音乐剪辑，最好选择同一首音乐，这样不管是想要延长或者剪短部分音乐，都可能让曲目更加完整，让欣赏者有完整的观赏体验。不要为了创新而乱加开头或者结尾，或者在中间旋律中嫁接别的曲子，会给人一种杂乱无章的感受，整合全部原则之后，可以借助剪辑设备进行音乐剪辑和编辑。

第六节　健美操创作编排的发展态势分析

（1）艺术评分更加具体化。竞技健美操作为健美操运动中一个典型的项目，将具有变化丰富的操化动作、流利多变的连接动作和高超的难度动作进行组合，同时在音乐的伴奏之下赋予了竞技体育观赏性超强的美感，同时也展示人体最大限度的美。国际体操联合委员会针对该项目的这一独有的特点，将评分规则不断细化，从不同的角度对评分规则进行修订，这样就进一步提升了竞技健美操评分的具体化，同时加强视觉感染力和观赏性。

艺术类评分的标准要求具体化表现：第一，对一系列违例和错误动作进行具体的举例说明，并且进行了最低和最高分值的限定；第二，针对竞技健美操成套动作的构成进行了详细的介绍，定义了一些关于操化动作等专有名词，综合概括了竞技健美操运动的突出特点；第三，对于三人和六人等集体项目的配合问题给出了明确的定义，清晰了托举、眼神交流、肢体交流的更高要求，在艺术类评分中的细微变化，不仅将竞技健美操的艺术美感提升到一个新的高度，同时也对参赛运动员的艺术表现力提出了更高标准的要求。[①]

（2）完成评分更加严格化。在完成评分的栏目中，评定标准的变化主要集中在三个方面：第一，对于在动作完成过程中出现的失误，扣分的力度加大，减少了扣分的具体等级；第二，对失误动作的评判标准趋向严格，例如在单足转体动作之中，规则要求必须是以脚尖为中心进行旋转，脚跟触地即判为动作失误；第三，对各类难度动作的最低要求进行了限制，具体表现为对各类平衡支撑类的维持时间和角度都有了明确的规定。

（3）难度价值趋向高新化。新的竞技体育时代背景下，竞技健美操规则也重新调整了难度动作的价值，主要体现在三个方面：第一，难度动作的总数呈上升趋势；第二，高分值难度动作的数量显著增加。高分值的难度数量的增加为竞技竞技健美操运动向高难方向发展提供了有力的保障。运动员在竞赛中取胜不能仅仅依靠难度动作的数量来决定了，他们必须在规定的难度动作个数之中选择完成高分值的难度，以绝对的高难度战胜其他选手，从而夺取比赛的最终胜利。高分值难度在比赛中使用比例的广泛增加，能够促进竞技健美操运动的总体难度质量水准的提高，同时也成为竞技健美操向高难方向发展的标志。

---

① 姜强强. 竞技健美操成套动作编排的创新和趋势研究 [D]. 武汉：武汉体育学院，2014，27–29.

第五章　健美操的竞赛组织与管理

竞技健美操竞赛组织对竞技健美操运动的发展起到推动作用，在保证动作完成质量的前提下不断提升动作难度，注重成套动作的编排创新，追求艺术和完成的双重完美。本章围绕健美操竞赛组织的要求、健美操竞赛裁判规则、健美操竞赛的现场展示以及健美操竞赛的艺术展开探究。

第一节　健美操竞赛组织的要求分析

一、健美操竞赛的意义与内容

（一）健美操竞赛的意义

（1）扩大社会宣传面，使更多的人了解健美操，热爱健美操。

（2）有利于提高该运动项目的技术水平。

（3）促进对健美操运动发展方向的研究，使该项运动的技术向更健康的方向发展。

（二）健美操竞赛的内容

（1）规定动作竞赛：规定动作比赛时主办单位根据比赛目的、任务、参赛对象层次以及不具备创编和评审条件等因素而特意在赛前创编好的成套动作，为参赛队共同的比赛套路。

（2）自编动作竞赛：自编动作比赛是参赛单位按照赛前下发的竞赛规则和特定的竞赛规程要求，进行不同项目的自编动作比赛，每个项目都有严格的评分规则。

二、健美操竞赛的组织

健美操竞赛的组织是一项复杂而又细致的工作，直接影响比赛的质量和预期的效果。在赛前、赛中及赛后都要进行一系列的工作，每个环节都十分重要，缺一不可。

（一）召开筹备会议

由主办单位或负责人召集有关单位及部门的相关人员出席会议。会议的主要内容是协商并落实有关竞赛的具体事宜，包括确定承办单位、经费来源、比赛日期、地点、规模等。成立竞赛筹备办公室，确定办公室成员，将任务分工落实到具体的人。

（二）制定竞赛的规程

竞赛规程是组织比赛的重要的指导性文件，是比赛筹备工作的依据，也是参赛单位、运动员、教练员及裁判员必须执行的标准。竞赛规程应由主办单位制定，一般应至少提前三个月下发给各个部门，以便参赛单位有充分的时间准备并安排好各项事宜。竞赛规程应简明、准确，使执行者不易产生误会。

竞赛规程应包括以下内容：

（1）比赛的名称：包括年度（届）、性质、规模、名称（包括比赛总杯名和分杯名）。如 ××× 年“×××”杯全国 ××× 健美操锦标赛。

（2）比赛的目的：简述举行本次比赛的目的。

（3）比赛的时间和地点：要详细、清楚地写明比赛的年、月、日和地点。若具体的比赛地点在下发规程前还不能确定，则要先将比赛所在的城市写清楚。

（4）参加单位的条件：限定参加者的范围，要具体、明确。

（5）竞赛的项目：对本次比赛参加项目、内容和时间的规定。

（6）参赛的办法：说明采取怎样的比赛方式、一次性还是分预赛和决赛、是否按技术水平及年龄分组、是单项赛还是团体赛或单项、团体赛都有。在某种比赛方式中的特殊规定一定要注明。

（7）参加人数及年龄：规定每个单位参赛的人数、参赛运动员的年龄要求。

（8）评分方法：说明比赛采用的评分规则和计分方法，团体赛和单项赛的录取办法。

（9）录取名次及奖励办法：根据比赛的规模说明奖项的数量，每个奖项的人数，是否有奖品或奖金等。

（10）报名和报到：说明报名的方式及要求，截止日期。比赛报到的时间、地点、乘车的路线、联系电话等都要很清楚。

（11）其他：凡不包括上述内容的所有事宜均可列入该项中。

（三）成立竞赛组织机构

根据比赛规模的大小，成立相应的组织机构。全国性比赛由主办单位和承办单位共同协商确定大会组织委员会成员，包括主办单位负责人、赞助单位负责人、承办单位和当地体委的负责人，上级领导机关的代表和有关知名人士以及总裁判长。组织委员会一般设主任 1 人，副主任 1 人，委员若干人。它是比赛大会的最高领导机构，在其下属的是各办事机构。根据比赛规模决定成立分部门。大规模的或大型综合性比赛，部门分得很细，各部门责任具体、细致。中小型比赛则可以设部门或只安排具体的人分别负责这些方面的事宜。

（四）召开领队和教练员、裁判联席会议

领队和教练员是竞赛中一项重要内容，是参加对于大会及裁判员沟通的主要途径之一，双方都应重视。一般由组委会主持，各处负责人及裁判长参加。通常在赛前、赛后各安排一次。赛前领队、教练员会议主要内容包括以下方面：

（1）介绍比赛的准备情况。

（2）介绍大会主要部门的负责人和主要工作人员。

（3）宣布大会竞赛日程及有关规定。

（4）解答和解决参赛队提出的有关问题。例如比赛安排、生活、规程及规则等方面。如果在规则和技术方面的问题较多，还应单独召开领队、教练员技术会议，由裁判长详细解答。

（5）抽签排定比赛出场顺序。如果时间允许，采取公开抽签的办法由各队

自己抽签比较好。如时间不允许，可提前进行抽签，但必须要有组委会委员或有关人在场监督执行，由指定人员代理抽签。这项工作应在领队、教练员会议上专门交代，以免引起误解。

（五）健美操比赛的流程

1. 健美操开幕式

（1）由主持人宣布比赛开幕式开始。

（2）运动员入场式。

（3）介绍领导和嘉宾。

（4）领导讲话，运动员及裁判员代表宣誓。

（5）运动员退场。

2. 健美操比赛的进行

（1）赛前检录：一般赛前 20 分钟按出场顺序第一次检录，赛前 5 分钟第二次检录。[①]

（2）运动员外场准备，有播音员向观众介绍裁判委员会和裁判员。

（3）运动员有播音员宣告后上场向裁判员示意，做好准备姿势，有放音员播放音乐。

（4）运动员在音乐伴奏下完成整套动作。

（5）裁判员进行评分并公开示分，播音员宣布得分。

（6）记录员记录每名裁判员的分数和运动员的最后得分。

（7）赛后，记录单经裁判长确认无误后再签名，交总记录处存根。

（8）成绩由总记录处统计后得出比赛名次。

3. 健美操闭幕式及发奖

（1）主持人宣布闭幕式开始。

（2）裁判长宣布比赛成绩（获奖名单）。

（3）获奖运动员入场。

---

① 黄玲，朱晓娜．动感艺术：健美操 [M]．北京：海洋出版社，2009.

（4）请领导或某知名人士为获奖运动员颁奖。

（5）运动员退场。

（6）可安排优秀运动员表演或专门组织的表演。

（7）领导致闭幕词。

（8）宣布比赛胜利结束。

4. 健美操比赛的收尾工作

比赛的收尾工作包括：编制和印发成绩册；安排各队离开赛区的事宜；场地、器材、服装、用具等物资设备的清理工作；财务结算；工作总结；上报上级主管部门。

三、健美操运动员、教练员与裁判员守则

（一）健美操运动员守则

（1）拥护中国共产党，热爱社会主义祖国，坚持四项基本原则，刻苦学习，全面发展，为锻炼成为社会主义事业的接班人而努力。

（2）有理想、有道德、有文化、有纪律为振兴中华做贡献。

（3）认真参加训练和比赛，服从领导，尊重教练，完成训练任务。努力提高运动技术水平。

（4）认真对待每场比赛，奋力进取，顽强拼搏，反映出当代运动员的精神风貌和体育道德。

（5）赛出风格，赛出水平，胜不骄败不馁，尊重裁判，尊重对手，尊重观众。

（6）团结友爱，关心集体，严于律己，勇于开展批评与自我批评，反对自由主义。

（7）讲文明、讲礼貌、讲卫生、讲道德、守纪律，爱护公物。

（8）尊重领导，服从组织，遵守校规和大会纪律，真正做到令行禁止。

（二）健美操教练员守则

（1）拥护中国共产党，热爱社会主义祖国，忠诚党的教育事业，以身作则，培养德智体全面发展高素质运动员而努力。

（2）严格管理，加强思想政治教育。关心热爱运动员，以身作则，为人师表，教书育人。

（3）发扬民主，关心和爱护运动员，不打骂和变相体罚运动员。认真爱好和管理好运动员。

（4）认真做好赛前准备和临场的指挥，赛后认真总结。讲文明、讲礼貌。尊重裁判，尊重大会工作人员。

（5）坚持真理，发扬正气。在训练、比赛和生活诸方面做运动员的表率，比赛期间不酗酒。

（6）教练员之间相互尊重、相互学习、相互支持、团结协作，不搞不正之风。遵纪守法，维护社会公德，模范地执行各项规章制度，敢于同不良倾向做斗争。

（三）健美操裁判员守则

（1）拥护中国共产党，热爱社会主义祖国，热爱体育竞赛裁判工作。

（2）努力钻研业务，精通规则和裁判法，积极参加实践，谦虚谨慎不断提高业务水平。

（3）作风正派，不徇私情，坚持原则，讲文明、讲礼貌、敢于同不良倾向做斗争。

（4）严格履行裁判职责，做到严肃、认真、公正、准确。

（5）裁判员之间相互学习、相互尊重、相互支持、团结协作。服从领导，遵守纪律。

（6）临场执行任务精神饱满，服装整洁，仪表大方。

第二节 健美操竞赛裁判规则解析

一、健身健美操（舞）

（一）健身健美操总则

1. 比赛的目的与宗旨

大力发展全民健身事业，着眼于百姓大众对生活品质的追求，深入研究新时代背景下群众体育需求的新特点、新要求和新思路，深层次挖掘多元健身形式，大力发展全民健身事业，大力推广科学健身方法，全面提高全民健康水平，激励广泛的健身人群参与，展示多元的健身文化形式，提供科学的健身指导理论，弘扬时尚的体育健身思想，提升品位的健身文明生活。

2. 参赛分组

（1）年龄分组。

第一，学校组：幼儿组、小学组、中学组（初中组、高中组）、大学组（普通院校组、体育院校组）、精英组（高校高水平运动队及运动训练专业）；

第二，社会组：青年组、中年组、老年组。

（2）内容分组。

第一，时尚健身操（舞）。①自选动作：有氧健身操、有氧健身舞、自由健身舞、健身轻器械操、轻器械健身舞、表演轻器械操、表演轻器械健身舞、有氧踏板操、有氧舞蹈（Aero-Dance）；②规定动作：2010年《全国普及组有氧健美操规定动作》、2011年《全国普及性健美操全民推广套路》、2012年《全国全民健身操等级推广规定动作》。[①]

第二，时尚健身课程。自选动作：传统有氧操（Hi-Low）、健身舞蹈（Ht

① 岳晓燕.中国竞技健美操的竞技实力分析[J].河南师范大学学报（自然科学版），2011，39（2）：171-174.

dance）、有氧搏击（Kick Boxing）、形神课程（Mind Body）、健身踏板（Fitstep）、动感单车（Spinning）、健身球（Fitball）、健身杠铃（Body-Pump）。

第三，大众锻炼标准。规定动作：少年组 1 ～ 3 级、《全国健美操大众锻炼标准》2 级、3 级、4 级、5 级、6 级套路。

第四，广场健身操（舞）。规定动作：2013 广场健身操舞规定动作自选动作：广场健身操、广场健身舞。

第五，街舞。①规定动作：2012 年健酷街舞规定动作、2013 年时尚街舞推广动作；②自选动作：传统街舞（Old School）、流行街舞（New School）。

第六，民族健身操（舞）。自选动作：民族健身操、民族健身舞、民族器械健身操、民族器械健身舞。

3. 参赛人数、时间与场地

参赛队员性别不限，人数分为 6 ～ 24 人。

自选动作成套比赛时间为：2 分 ±10 秒，有氧舞蹈、有氧踏板比赛时间为：1 分 30 秒 ±5 秒。

比赛场地：12 米 ×12 米。

4. 着装仪表

男、女运动员着装款式不限，适合运动，可适量添加服装配饰，如：飘带、亮片、适宜的设计图案等；男女运动员着装应整洁美观，头发不遮脸，允许化淡妆，不得佩戴任何首饰和手表（民族健身操舞例外）；必须着合适内衣，不得过于暴露，不得造型怪异；着比赛服领奖。

（二）健身健美操竞赛组织

1. 裁判的组成与职责

（1）高级裁判组：①负责控制整个裁判工作，按照规则对裁判员和裁判长的评分进行调控，以保证最后得分的正确性；②记录各裁判员打分的偏差，如反复出现偏差，高级裁判组将有权警告或更换裁判员。

（2）裁判长：①赛前组织裁判员学习竞赛规程和竞赛规则，负责裁判员分工、临场抽签等工作；②根据评分规则依据相关违规情况进行裁判长减分。

（3）裁判员：①严格遵守竞赛规程、评分规则和裁判员誓言；②按规定着装，如服装不符合要求时，取消其裁判员资格；③保留成套动作的评分记录，必要时递交高级裁判组或裁判长；④准时到达裁判地点，不能擅自离开，不得以任何方式同其他裁判员、观众、教练员和运动员说话或示意，如有违反，将给予警告或处罚；⑤当裁判的评分或与高级裁判组之间出现严重不一致时，要求给予合理的解释，并在赛后协助分析。

（4）计时裁判：按照规则记录成套时间的错误，填写减分表并及时向裁判长报告。

（5）检录长：按照赛程要求，组织运动员比赛入场以及颁奖入场检录工作。

（6）记录长：按照规则对评分进行统计工作的组织与实施。

（7）放音员：负责开、闭幕式音乐的准备和播放；负责收集各队比赛音乐盘，并进行整理排序、播放音乐、保管、退回等工作。

（8）播音员：负责收集各队资料，在高级裁判组的指挥下，介绍全民健身操的竞赛规则，对参赛顺序以及比赛的结果进行播报。

2. 成套评分

评分因素评分内容分值如下：

（1）成套创编成套编排主题突出，项目特征显著，动作内容新颖、多样，连接自然流畅，操舞（或民族舞蹈）动作设计风格特点突出；充分挖掘器械属性，完美展示轻器械动作语汇；开始和结束动作创编应表现出艺术性和表演性。记 2 分。

（2）场地空间与队形成套动作需最大限度地使用比赛的场地，有效利用三维空间的变化，正确处理运动员与器械的关系；队形设计新颖合理，变化清晰、流畅，体现团队配合意识。记 2 分。

（3）技术技巧运动员合理运用身体能力（力量、爆发力、柔韧、速度、耐力和灵敏性）表现出正确的动作技术、使用器械的娴熟性以及完美完成动作的能力，全体队员在完成成套动作过程中，必须表现出对动作的速度、方向及身体位置的整体控制能力。记 2 分。

（4）音乐与表现成套动作的设计与音乐的节奏、动效相吻合；运动员通过高规格的动作技巧，干净利落、娴熟地完成成套动作，表演热情洋溢，将运动、激情、表演融为一体，表现出运动员的健康自信与活力，彰显团队表演的感染力。记 2 分。

（5）一致性集体动作整齐划一，暨全体队员必须同步完成动作，主要体现在动作的幅度、速度、轨迹、合拍，队形移动变化的一致性与表演能力的一致性等。记 2 分。

3. 裁判长减分

（1）运动员在叫到后 60 秒未出场视为弃权。

（2）被叫到后 20 秒未出场，减 0.2 分。

（3）时间偏差（时间在 5 秒以内的时间偏差），减 0.2 分。

（4）运动员的着装、仪容不符合规定，减 0.2 分。

（5）托举的数量违例，每次减 0.5 分。

（6）运动员比赛时掉物或装束散落，减 0.2 分。

（7）因动作失误器械掉地，运动员不捡起判为失去器械，减 0.5 分。

（8）托举违例，每次减 1.0 分。

（9）器械种类超过两种，减 0.5 分。

（10）参赛人数不符合规定，减 1.0 分。

（11）违反安全特殊规定，每次减 1.0 分。

4. 最后得分

（1）裁判员评分精确到 0.1 分，运动员最后得分精确到 0.01 分。得分高者名次列前，若得分相等，则名次并列。

（2）最后得分 = 裁判员平均分（去掉最高分、去掉最低分，取中间分的平均分）– 裁判长减分。

5. 运动员更换

确认报名后不得更换参赛选手。如确因伤病或特殊情况需更换，必须在比赛开始前 24 小时持大会医生证明或相关证明提出申请，由组委会同意后方可更换。

6. 特殊情况处理

运动员在遇到以下特殊情况时，应立即停止做动作并向裁判长反映，在问题解决后重新比赛，比赛结束后提出的要求将不被受理。

（1）播放错误音乐。

（2）由于设备问题而出现的干扰——音乐、灯光、舞台、会场等。

7. 参赛者纪律与处罚

（1）拒绝领奖者取消所有比赛成绩与名次。

（2）检录 3 次未到者取消该项比赛资格。

（3）对不遵守大会相关纪律、不尊重裁判和大会工作人员、有意干扰比赛者将视情节给予处罚：①警告；②取消比赛资格；③取消其获得的与参赛项目相关的运动员、教练员、裁判员的等级资格；④终身取消相关赛事资格。

二、竞技健美操竞赛

（一）竞技健美操竞赛总则

（1）竞赛项目。男子单人、女子单人、混合双人、三人操、集体五人、8 人有氧舞蹈、8 人有氧踏板。

（2）运动员年龄。参加国际体联成年组竞赛的运动员，参赛的当年必须年满 18 周岁。

（3）运动员服装。

男运动员必须着一件套比赛服或紧身背心、短裤与合体的内衣，以及适于运动的固定物（如护腰）；整套服装前后都不能有开口；袖口处不得在肩胛骨下有开口（无袖）；不允许有任何亮片；3/4 的裤长是允许的。

女运动员必须身着带有肉色或透明裤袜的比赛服或连体衣，允许有亮片；紧身衣前后领口的开口必须得体，前面不得低于胸骨的中部，后面不得低于肩胛骨的下缘；腿部上缘的开口必须在腰部以下并且要遮住髂骨，比赛服必须完全遮住臀纹线；女装的两袖可有可无（1 个或 2 个均可），长袖袖口止于手腕处；长裤袜和连体紧身衣都是允许的。

运动员必须穿白色的健美操鞋和运动袜；头发固定在头上，不准佩戴除发带、发卡外任何装饰品；女运动员可化淡妆；禁止佩戴饰物，比赛时不得露出内衣或打底衣。

（4）比赛时间。所有比赛项目的成套时间为：1 分 30 ± 5 秒。

（5）音乐。必须配合音乐完整地表演成套动作。任何适合竞技健美操运动的音乐风格均可被采用，可以用一首或多首乐曲混合，或加入特殊音响效果。比赛中每位运动员每套动作必须自备两张 CD 盘，每张 CD 中只能录制一首音乐，并标明运动员的所属队名，姓名、参赛项目的名称和音乐的长度，并在运动员报到时交给大会。

（6）成套内容。成套动作必须表现健美操操化动作和难度动作的均衡性，手臂和腿部技术要领有力、定位清晰。成套动作至少包含以下各组难度动作各一个，最多允许做 10 个难度动作：A 组：动力性力量；B 组：静力性力量；C 组：跳与跃；D 组：平衡与柔韧。

（二）竞技健美操竞赛竞赛方式

竞技健美操只进行自选动作比赛，自选动作必须符合规则要求。比赛分为以下两种：

预赛：凡报名参加竞赛的运动员，均需参加预赛。预赛中取得前 8 名成绩的运动员方可参加决赛。预赛中团体总分为各单项成绩之和，得分多者，名次列前，总分相等时，名次并列，下一名次为空额。

决赛：参加决赛的运动员，预赛的成绩不带人决赛，最终名次由决赛成绩决定，如成绩相等，名次并列，下一名次为空额。

（三）竞技健美操竞赛裁判的组成及其职责

1. 高级裁判组

（1）负责控制整个裁判工作，按照规则对裁判和裁判长的评分进行调控，以保证最后得分的正确性。

（2）记录各裁判员打分的偏差。

（3）监督整个比赛的进程，处理影响比赛进程的一切违纪或特殊情况。

2. 裁判长

（1）组织裁判员进行规则学习，统一评分标准，研究评分细则。

（2）赛前5分钟召集裁判组人员准备入场。

（3）发出比赛开始信号，领导裁判组现场评分。

（4）在记录员的协助下，查看成套动作的时间，视情况给予扣分。

（5）检查评分情况如发现裁判不公正时，应向其提出批评，情节严重者应向仲裁委员会报告处理。

（6）检查评分差距，计算并出示最后得分。

（7）有权召集裁判员会商。

（8）对教练员、运动员行为错误给予扣分，情节严重者给予警告或取消其比赛资格。

（9）扣除违例扣分。

3. 裁判员

裁判员的职责表现：第一，熟悉竞赛规程，精通竞赛规则及裁判法进行独立评分；第二，必须在裁判员评分表上做好记录，作为评分依据，便于检查；第三，遵守裁判员守则，按照规则进行评分。第四，尊重并服从裁判长的领导，有权向裁判长用适当的方式在适当的场合提出意见。由艺术裁判、完成裁判和难度裁判三组裁判组成。

（1）艺术裁判评分标准（10分）：①音乐和乐感（2分）；②操化内容（2分）；③主体内容（2分）：混双、三人、五人成套中要求有两次托举，包括开头和结尾；④空间运用（2分）：场地运用、行进路线、空间维度运用及队形；⑤艺术表现力（2分）。

（2）完成裁判评分标准（10分）：①评判成套动作的技术技巧，包括难度动作、动作编排（操化、过渡、连接、配合和托举）和一致性；②轻微偏离正确完成（小错误）：每次减0.1分；③明显偏离正确完成（中错误）：每次减0.2分；④严重偏离正确完成（大错误）：每次减0.3分；⑤失误：每次减0.5分。

（3）难度裁判评分标准（根据难度级别给分）：①成套动作中最多允许做10个难度动作，必须完成每个难度组别中的至少一个难度；②地面动作难度最多不超过 5 个；③ C 组落地成俯撑的难度最多不超过 2 个；④ C 组落地成劈叉的难度最多不超过 2 个。

4. 计时员

（1）了解比赛规则，熟悉成套动作规定时间。

（2）赛前实习计时器性能及使用方法。

（3）比赛时运动员动作开始开表，运动员最后动作结束时停表。集体项目第一人动作开始时开表，最后一人动作结束时停表。

（4）熟练、准确地向裁判长报告成套动作的时间。

5. 检录员

（1）负责赛前点名、检录，并向运动员讲解有关比赛的注意事项。

（2）发现有弃权运动员应立即通知裁判长。

（3）比赛开始时或发奖时，负责带领运动员入场或退场。

6. 记录员

（1）填写比赛评分表，记录各裁判员的分数。

（2）计算运动员的最后成绩。

7. 总记录员

（1）登记并审核记录员填写的“比赛评分记录表”。

（2）准确、迅速计算出运动员名次，得分和团体总分及名次。

（3）比赛结束后，协助竞赛委员会编写成绩册，负责整理比赛用的所有表格资料。

8. 放音员

（1）在运动员报到时负责收存比赛用的音乐带，根据比赛出场顺序进行编号。

（2）比赛结束把录音带及时归还运动员，比赛过程中，不准任何人借用或复制录音带。

（四）竞技健美操竞赛最后得分

艺术分（10 分）、完成分（10 分）与难度分相加为总分。从总分中减去难度裁判、视线裁判与裁判长减分为最后得分。

（五）竞技健美操竞赛场地

（1）赛台高 80 ~ 140 厘米，后面有背景遮挡，赛台不得小于 14 米 ×14 米。

（2）比赛地板必须是 12 米 ×12 米。

（3）比赛的场地为 10 米 ×10 米，包括标记带。

第三节　健美操竞赛的现场展示

一、体育竞赛现场展示的功能

体育现场展示是一种复杂和混合的产品，是一项系统工程，是竞赛组织中必不可少的一个组成部分，吸引着各体育竞赛联合会、媒体和观众的高度关注。同时，由于体育展示本质上的主观性，它也是一个重要的、富有创意的挑战，成为重要的展现主办方文化的途径和方式。所以，体育现场展示通过其有效的表达，已经成为各种赛事的脸面和形象。

体育展示包括竞赛展示和文化展示两个主要组成部分。竞赛展示包括按照国际单项体育联合会规则和竞赛规程规定的赛前仪式、电子记分屏的显示，以及与体育竞赛直接相关的现场广播和比赛信息。文化展示则着重于加强观众与赛场的互动，主要体现为比赛前、后及间歇时进行的文体娱乐活动，以及借助视频图像、音乐、表演等形式营造体育竞赛文化氛围，以展示竞赛举办方的文化。

体育竞赛现场展示是指向现场观众和电视观众展示体育的方式或者是通过现场的播报员、解说员、音乐、现场大屏幕、计分屏、各类表演（啦啦队、吉祥物和文艺表演），以及灯光组成，将赛场包装为类似舞台的表现形式。

体育现场展示的具体功能如下：

（1）体育现场展示是比赛进程的“指挥棒”。在体育竞赛的众多关键环节，有着严谨的组织，并且都渗透着体育展示元素。从赛前观众入场开始到比赛结束，除评分以外的一切和赛场有关的活动都是竞赛展示范围。例如，比赛前后引导观众进退场播报，比赛开始后运动员上场、得分、中场休息、比赛结果等播报，颁奖仪式播报等各个环节。体育展示就像乐队指挥手中的指挥棒，引导竞赛组织工作一环紧扣一环奏出完美的乐章。

（2）体育现场展示是文化宣传的“窗口”。现场展示通过音乐、宣传片、记分牌、现场表演、现场播报或评论等形式，让现场观众、运动员、媒体以及官员更直观地感受到深刻的赛场文化和主办地文化，这些文化则通过体育现场展示这一“窗口”向外传播。

（3）体育现场展示是赛场气氛的“催化剂”。体育竞赛的紧张气氛会使观众和运动员感到压抑，而通过现场的音乐、表演、吉祥物、互动游戏等形式可以使观众在欣赏激烈的体育比赛之余，更可亲身参与到丰富多彩的娱乐活动中，如与啦啦队共舞、与明星同场竞技等。正是由于体育展示的参与，使竞争激烈的体育现场，变成了充满欢乐、友爱的聚会。

（4）体育现场展示是商业展示的“新平台”。体育展示是伴随当代媒体发展与体育产业发展而产生的一个混合衍生物，是体育营销中一个新的有效手段和渠道。以体育展示为媒介可以真正将赞助商的产品通过更多的渠道渗透到赛场中去，如带有广告效应的精彩集锦的大屏幕播放展示，成为商业展示的“新平台”。

二、健美操竞赛现场展示的组成

目前，健美操竞赛现场展示的组成主要有音频、视频、现场表演、娱乐与互动、颁奖仪式。

（一）音频

音频主要由音乐和播报员两部分所组成。

1. 音乐

音乐是现场音频展示最为重要的一个环节，从某意义上来说音乐比视频更重要。因为音乐现场观众来说不可选择，可直接深入人心，有提升或控制现场气氛的作用。音乐主要包括总开场音乐（体育展示标志音乐）、运动员入场音乐、裁判员入场音乐、信息或提示音音乐、颁奖仪式系列音乐、比赛结束音乐、观众退场音乐等。在比赛不同阶段都有不同的音乐播放。

现场音乐主要分仪式性和非仪式性音乐。例如，开幕式仪式中的运动员入场音乐、观众入场时的标志性欢迎音乐、裁判员的入场音乐、颁奖仪式前颁奖嘉宾和运动员入场音乐等属于仪式性音乐；除仪式外的其他场合或阶段，如赛前、中场休息、观众退场等，所播放的音乐均属非仪式性音乐。

现场所用的音乐都是赛前收集、选择符合比赛各阶段的统一录制的音乐。音乐的类型要重点考虑在不同阶段观众、运动员的心理状态，国际比赛还要考虑参赛队国家的民族音乐，以备在运动员热身阶段或获胜后现场巡游时播放。另外，还有一种是特效音乐，它是指在各种仪式阶段或在比赛进行时所编辑制作的特殊音效，如在比赛过程中，轮换项目、练习时间到、比赛马上开始、各个仪式阶段前的提示音等。

2. 播报员

现场播报员根据事先流程，按照事先准备好的播音内容或即时播音内容向观众和运动员提供信息，播报员的情绪和独有的音调将会为营造现场特殊阶段的氛围起到重要作用，如在比赛即将开始时的播报、颁奖时的播报等。播报员现场播报内容主要包括总开场白、观众服务、竞赛宣传、竞赛播报、颁奖仪式及比赛结束语等。

另外，比赛中如出现突发事件导致比赛不能正常进行时，如紧急情况通报、紧急情况解除、技术故障等，播报员要按照事先准备好的应急预案稿，及时引导观众和场地上的有关人员进行疏散、原地等候或返回座位继续比赛等。

（二）视频

视频指在所有竞赛场馆的现场大屏幕上播放的视频内容，以及在记分屏上显示的动画、图标和文字的设计内容。通过现场大屏幕可及时公布赛场的各类综合信息，随时播放健美操比赛之前各项比赛和本场比赛的精彩镜头集锦和回放，以及制作的与项目有关的花絮片段和介绍比赛项目、规则及历史的短片等。例如，悉尼奥运会上，体育展示团队每天都会制作当天比赛的精彩镜头集锦，送到各场馆播放，受到观众的极大好评。从此，精彩镜头集锦播放成为奥运会的一种传统，很多国际赛事也纷纷效仿，并从场馆大屏幕扩展到电视屏幕。

视频展示活动在赛前 1 ~ 2 小时开始，计分屏滚动播放当天的比赛项目。除播出比赛信息外还向观众介绍比赛项目基本知识和相关体育文化。

（三）现场表演

现场表演是指在比赛中（主要是开场、退场和中场休息期间），为了保持观众的观看热情，烘托赛场气氛而进行的短小精悍、富于舞动性、符合比赛项目要求和特点的表演活动，是体育展示工作的重要组成部分，是最容易使现场气氛热烈和展现主办地文化特点的元素之一，是最为复杂的展示元素，也是体现赛事组织工作有特色、有水平的重要载体。

现场表演一般有啦啦队类型的团体表演、吉祥物类型的表演、展现当地历史民族文化的综艺表演以及其他类型的表演等。通过体育展示现场表演，活跃赛场气氛、增加观众互动体验，展现当地文化和民族特点。①

（四）娱乐互动

体育展示在体育比赛活动之外的活动中充当角色，在支持运动员的同时，吸引、娱乐观众并与观众互动。例如，健美操比赛开幕式和闭幕式运动员入场时，要求播音员按照不同运动项目的自身风格进行报幕；要在介绍运动员、运动队时，要求播音员掌握适当的播报技巧，如运用拉长音、语音、语调的抑扬顿挫等。赛时评论员也可增强赛事的兴奋程度，如当特定选手展现出特别的影响时，把他们的身份向观众做出解释，在评论中有规律地给出间隙、时限、成绩，从而使观众更加投入等。

（五）颁奖仪式

健美操比赛是以鼓励参赛、促进健美操运动发展为主，每项比赛设置的奖项都很多，特别是健身性健美操比赛，其奖项是按等奖设计的，包括一等奖若干名、二等奖若干名、优胜奖、最佳奖、特殊奖等。颁奖仪式也常常设计成晚会的形式。因此，对颁奖仪式的组织和流程的严谨性要求特别高，既要庄严、又不失热闹欢庆的气氛。健美操比赛的颁奖仪式通常由竞赛现场展示经理负责，通过颁奖嘉宾、主持人（或播报员）、颁奖礼仪服务人员、音响师及颁奖工作组成员的默契配合

---

① 岳建军，杨念恩．竞技健美操运动项目特征研究 [J]. 体育文化导刊，2014，（10）：83–85，172.

完成。

三、健美操竞赛现场展示的职责

体育竞赛现场展示是一项专业性极强的业务工作，又是一项复杂的系统工程，对从业人员的专业素质及技能要求较高。其主要设有现场展示核心团、文字编辑组、视频音频组、播报员、竞赛放音组、现场表演团队、颁奖组等岗位。

（1）现场展示核心团。负责场馆运行阶段所有体育展示的运营事务，领导现场展示团队完成展示工作，组织团队人员培训，负责向竞赛主任和场馆竞赛委员会汇报现场展示相关工作，负责与场馆内外其他相关业务部门的协调工作，使现场展示团队可以在比赛时拥有良好的软硬件工作环境和条件。此岗位可设展示经理 1 人、助理 1 ~ 3 人（可由特殊部门人员兼职）。

（2）文字编辑组。负责编辑赛场电子的屏幕上和视频片段中所用文字的编辑工作，包括场馆介绍、项目历史、项目规则介绍、观赛礼仪、观众服务、赛前训练、比赛流程及主持人播报稿等内容。此岗位可设 1 ~ 2 人，如果比赛规模较小或场地没有电子屏、电视屏，也可以不要专门的文字编辑人员。

（3）播报员。播报员应根据场馆、竞赛各部门的需求和文字编辑共同完成播报脚本的编写工作。播报脚本包括赛前观众服务脚本，比赛项目、历史、规则介绍脚本，开闭幕式及比赛流程脚本，应急预案脚本，颁奖流程脚本等。播报员人数可根据比赛规模设 1 ~ 2 人，国际比赛需加设英文播报员。

（4）视频音频编辑组。视频组负责赛前、赛中图像采集工作，编制比赛时现场电子屏和电视屏上播放的所用内容；音频组负责比赛时从开馆到闭馆使用的所有音乐的收集、整理、分类及现场播放工作。此部门人员必须具备两种基本素质：一是对健美操竞赛的了解，要达到专家的水准；二是具有广播电视领域的专业素质和艺术素养。竞赛现场展示工作在国内是一个全新的领域，其工作责任重大。因此，可以选择体育专业院校的体育传媒专业的教师或学生承担音响、视频、专业播音等工作。此岗位可设 2 ~ 4 人。

另外，视频音频组的工作人员必须和场馆音频视频设备技师进行很好的沟通，以默契合作共同完成此部门的工作。

（5）竞赛放音组。负责赛前收取各队比赛用的音乐，检查音乐的播放质量，按照比赛场次及运动员出场顺序排好，或提前将音乐录制到电脑或专门的硬盘即时播放器里进行顺序编辑。赛时应准备至少两台 CD 机或播放器，作为备用。竞赛放音员应熟悉健美操项目特点，同时又能熟练操作放音设备，此岗位可设 1 ~ 2 人。

（6）现场表演团队。体育展示表演演员属于在竞赛场馆为活跃赛场气氛、增加观众互动体验、展现各地多元文化及民族特点、为现场观众提供现场表演的专业志愿者。表演形式不拘一格，如体育类、舞蹈类、武术类、杂技类及吉祥物等表演。

（7）颁奖组。颁奖组工作必须建立在竞赛部确定了比赛项目、奖项、数量的基础上才能实施。负责提前订制奖杯、奖牌、证书、锦旗，根据竞赛经费预算、准备奖品以及完成获奖证书的填写工作；联系颁奖礼仪公司或学校，提出相关要求并确定礼仪服务人员人数；确定颁奖形式、颁奖台及红地毯；确认国旗及国歌（国际比赛）。

颁奖组负责人必须具有丰富的比赛颁奖工作经验，必须提前完成所有准备工作。例如，奖品统一采购和存放、填写证书人选、如何分类摆放、礼仪服务人员培训等事项都要提前想到并安排妥当。赛时颁奖的组织更是一个艰巨、极富挑战、程序性极强的工作。颁奖仪式组织得好就等于为比赛画上一个圆满的句号。

四、健美操竞赛现场展示工作流程

（一）赛前工作准备

在赛前具体制作各场次流程单、项目模版、播报脚本，在赛时严格根据流程单和模板进行工作。

1. 进行总体策划

由竞赛现场展示经理负责，核心团成员配合完成。策划内容包括以下三个方面：

（1）与竞赛部主任共同协商制定各场次竞赛工作流程及主要播报脚本内容。

（2）了解竞赛场的实施情况，确定竞赛现场展示需求内容。

（3）确定工作部门及人员编制，以及各部门工作内容并职责到人。

2. 团队实战演练

（1）每个岗位，以某场比赛为蓝本，进行具体操练。

（2）依托场馆、比赛画面进行内部合练，整个过程与竞赛部紧密联系，并与竞赛部主任达成共识。

（3）个别相关联系紧密的岗位，如音响师与播音员，自行组合演练。

（4）通过参赛运动员试用场地或赛前训练进行赛前实战演练。

（二）赛时工作流程

1. 赛前工作流程

（1）一般在健美操比赛开始前 2 ~ 3 小时开始工作，这段时间的主要任务是检测通讯联络系统是否正常，对体育展示音乐播放和现场播报业务进行确认。文字编辑负责检查文字信息资料并对播报内容进行最终确认。播报员核对当日比赛运动员或运动队的基础信息资料并对内容进行模拟练习。音响师检查音频系统是否工作正常等。

（2）比赛赛前 1 小时到赛前 10 分钟的工作任务主要是播音员通过扩音设备进行现场播报，其播报内容有场内须知、天气预报、项目介绍、赛事观众须知、比赛日程安排、比赛场馆的介绍，也可通过播放轻松的音乐调动观众参与的积极性以烘托现场气氛等。因为，此时有些比赛允许运动员在比赛场地热身。

（3）比赛赛前 10 分钟到比赛开始时的工作任务主要是播音员通过现场扩音设备进行播报，其播报内容有比赛即将开始，请观众尽快就座，不要随意走动；请场上练习的运动员退场；请工作人员各就各位；适当时刻插播音乐，如暂停和替换时用的特殊音效等。

2. 赛中工作流程

比赛正式开始后所有部门应严格按照事前准备的工作流程进行。整场比赛，展示经理应该和竞赛部经理共同监控每一个环节，如果有现场直播就必须将比赛流程每一个环节精确到秒。

（1）健美操比赛通常按单项进行，播报员接到展示经理示意后宣布某运动员上场。

（2）放音员看到运动员开始姿势保持 2 秒，即开始播放音乐，动作结束后停止音乐。

（3）运动员完成比赛成套动作后到候分区候分，同时播报员播报前一名运动员的成套成绩。

（4）竞赛裁判长示意展示经理裁判打分完毕，展示经理示意播报员宣布下一名运动员上场。

出现设备异常、安全问题等特殊情况时，应紧急插入应急预案脚本。

3. 赛后颁奖仪式流程

在颁奖仪式正式开始前与竞赛展示各岗位工作人员确认音乐、颁奖嘉宾、运动员、礼仪服务人员准备就绪并及时通知颁奖负责人。

（1）播报员或颁奖主持人宣布颁奖仪式开始。

（2）由竞赛裁判长宣读比赛成绩。

（3）播报员或颁奖主持人宣布获奖运动员入场，此时颁奖音乐响起、引导员引领运动员入场。

（4）播报员或颁奖主持人宣布颁奖嘉宾上台颁奖，此时颁奖音乐响起，引导员引领颁奖嘉宾入场，手托奖杯、奖牌、证书等托盘的礼仪服务人员和手捧鲜花的礼仪服务人员也同时入场。

（5）在音乐中按次序颁奖。

（6）引导员引领嘉宾退场。

（7）获奖运动员转向国旗，奏国歌（国际比赛）。

（8）引导员引领运动员退场。

（9）所有颁奖结束后，播报员宣布颁奖仪式结束。

由于健美操比赛颁奖组别较多，颁奖礼仪人员应两组轮换上场，前一组颁奖嘉宾和礼仪人员颁奖时下一组应做好准备。因此，场下颁奖负责人和工作人员在递交礼仪人员奖杯、奖牌或证书时一定要心细、谨慎以确保颁奖仪式的顺利进行。

总之，在赛场这一特定的环境下，经过认真策划后的体育展示元素，往往能发挥特别的效果，甚至会促成比赛最让人难以忘怀的一幕。

第六章　健美操创新实践与教学模式创新研究

由于现代化多样化的教育思想发展，健美操教学在各个学校中逐渐扩大了发展空间，不断进行创新。本章研究健身健美操的创新实践、竞技健美操的创新实践以及高校健美操教学模式创新。

第一节　健身健美操的创新实践研究

创新性是健美操创编的一项重要原则，因此，应丰富自己，了解国内外健身健美操的发展现状和趋势，深刻理解健身健美操的精髓，然后根据健身健美操的特点、编操的特点及编操的对象，创编出既有健身价值又有美学价值，既有观赏价值又有表演价值，新颖、独特的健身健美操。

健身健美操创新就是将丰富多样的不同形式的单个徒手动作串成组合动作和成节动作，并根据音乐的节奏和旋律的变化，将其合理地连贯起来，组编成一套动作。健身健美操成套动作的创新不是简单的单个动作的罗列，而是根据健身健美操的创新目的，遵循一定的创编原则，来实现动作间的有机联系、和谐配合、完整统一。只有那些具有较强锻炼功效、运动负荷及难度适宜、富有魅力的健美操才能激发起人们的锻炼兴趣，吸引人们全身心地投入练习，并收到良好的健身效果。

一、不同身体部位动作组合创新

在进行教学组合动作的编排创新时，应以基本组合练习为核心，用不同的排列和连接方法进行单一动作组合的编排，或多个动作组合的编排，从而发展学生的力量素质和协调性。

（1）熟悉健美操的基本动作。具体包括：①头部的屈、转、绕、绕环；②肩部的提、沉、绕、绕环；③上肢的举、屈、伸、摆、振、旋、绕、绕环；④胸部的含、挺、移；⑤腰部的屈、转、绕、绕环；⑥髋部的顶、提、绕、绕环；⑦下肢的踏步、开合跳、吸腿跳、踢腿跳、弓步跳、弹踢跳、后踢腿跑等。健美操基本动作是一切健美操组合与套路的构成因素，正确地掌握这些基本动作可为创编健美操动作组合及成套动作奠定良好基础。

（2）创新高冲击步伐动作组合。丰富多彩、富有弹性的高冲击步伐动作是健美操的特色之一。这套跳跃动作组合共 10 个 8 拍，是由健美操的几种主要高冲击步伐，配以规范有力的上肢动作组合而成，经常进行练习有益于发展下肢力量，还有助于提高协调性。

（3）髋部动作组合创新。髋部动作由顶髋、提髋、绕髋和髋绕环动作组成。该组合是由髋的基本动作，配上手臂举、屈伸动作和头部动作组合而成。该组合内容简单，易学，练习者可根据自身需要，通过变化方向、练习次数增加运动负荷和练习的兴趣。通过练习有助于发展髋部运动的灵敏性和躯干与上肢配合运动的协调性。

（4）身体各部位动作组合创新。此组合包含身体主要部位的运动，使身体得到较全面的锻炼。音乐选择：旋律清晰、节奏强劲的迪斯科音乐，速度为 24 拍 /10 秒。要求：动作协调有力，幅度大，有弹性，节奏准确，满怀激情。

二、少年、青年与老年健美操动作创新

（一）少年儿童健美操动作创新

少年儿童天生活泼好动，好奇心强，在进行少年儿童健美操创新时，要利用这一天性，设计生动活泼、简单易记的造型或动作（如动物体态语言、劳动体态语言），选择节奏欢快的音乐，吸引儿童兴趣，变被动接受为自觉主动参与。所

创编的健美操是重点训练儿童的走、跑、跳、踢、转、撑、卧、蹲等基本动作，以及节奏感和静态情况况下活动空间中的方位感。

（1）背景音乐的选配问题。音乐是“心灵的体操”，它在与健美操教学和训练过程中占有十分重要的位置。音乐不仅能够培养少年儿童的节奏感和动作的协调性，而且也是激发少年儿童情绪，启发和帮助儿童更有效进行训练的一种手段。因此，在选配音乐时，一是尽量选择儿童喜爱的音乐；二是音乐风格要与动作协调一致，使听觉与视觉的配合默契和谐，风格突出。

（2）运动负荷的设计问题。健美操的创编是以练习者的性别、年龄、身体状况等具体情况为依据，以人体生理学、心理学、人体造型学、体育美学等多学科科学理论为指导进行的。因此，在健美操的创编中，要综合考虑少年儿童的身心状况，按照人体艺术造型的规律和人体生理特征，科学合理地设计运动负荷：①力求简单易学，讲求实效，不能为美而美，一味追求形式的美；②注意少年儿童健美操与竞技健美操的区别，在运动速度、幅度、频率、节奏等方面的设计上，更加符合少年儿童的承受力。

（二）青年健美操动作创新

青年健美操是依据我国健身操传统创编方法设计的健身型健美操，它包含身体主要部位的运动，使身体得到较全面的锻炼。同时该操比较简短、活泼、体现了青春时期学生的特点。

练习者可根据自身的具体情况，按照难度分级选择适合自己的套路练习。通过练习能够全面锻炼身体肌肉，消除多余的脂肪。此外，还可以改善肌肉、骨骼和内脏器官的血液循环。[①]

（三）中老年健美操动作创新

随着年龄的增长，人体各器官系统逐渐衰老，生理机能不断减退，从而导致动脉硬化、高血压、心脏病、脑血栓等一系列心脑血管疾病的发生，所以要使中老年人健康长寿，应该采取积极、有效的措施，组织他们参加适宜的体育锻炼，

---

① 王志强，张娅，纪力．优化教学模式对健美操课教学效果的研究[J]. 大家，2010，(13)：297-298.

其中健美操运动成为中老年人的首选。因此，根据中老年人的生理特点，创编一套适合他们锻炼的健身性健美操意义重大。

（1）音乐选择。音乐节拍应以 18 ~ 22 拍 /10 秒的节奏为宜，时间以 4 ~ 5 分较为合适。

（2）动作设计。设计动作必须始终考虑与音乐相吻合。晨练的中老年人年龄多在 45 ~ 65 岁之间，因此动作的选择上要符合这个年龄段的特征。

首先，头部。随身体自然而动（配合眼神），不宜单独做前、后屈或绕环，以免导致头晕。

其次，肩部运动。中老年人中有许多人患有肩周炎，在动作编排中应多做提（沉）肩、收（展）肩、肩绕环、振肩等动作（可将这些编在不同的动作组合中），以达到活动肩关节及胸、背部肌肉的目的。

然后，躯干及髋部。可做前屈、左（右）屈、左（右）转，各方向的肢体伸展，各方向顶髋等组合。

最后，腿、脚。前（后、侧）踢，前（后、侧、斜）弓步，全（半）蹲，前（后、左、右）开立，前进、后退、侧走，基本步伐以踏步为主（可要求幅度较大）。跳步组合在每套动作中可安排 2 ~ 3 次，每次 2×8 拍。

第二节　竞技健美操的创新实践研究

一、竞技健美操造型创新

造型是指占有一定空间、构成有美感的形象，使人通过视觉来欣赏的艺术。竞技健美操的造型是指在套路开始或结束通过运动员身体的表现形式达到某种特定姿势后定格 2 秒左右的静态艺术形式。

（一）竞技健美操造型创新的必要性

造型在健美操中具有重要的地位和作用，不论是单人、双人或集体项目的健美操，造型占有相当重要的地位。在竞技健美操成套中，造型是开始与结束时必不可少的要素。一个富有新意的独特的造型开场定会让裁判与观众眼前一亮，大大提高对选手精神面貌的印象分，让观众有一探究的期许，也是一支队伍的艺术性、技术和技巧以及展示独特风格与创意亮点的开端。同时一个意境深远的，精美的造型结尾则可以与开场造型首尾呼应，升华整套操主题，让人回味无穷。另外，造型设计得好与差、新与俗，直接关系到整套操的质量问题。质量高与优美的造型，应该是一种恰到好处的协调展示。第三，为了进一步完善与发展健美操，相对于组别已经固定的难度动作，造型形式不限，更给了人们无限想象与创造以拓展健美操的发展空间。

（二）竞技健美操造型创新的方法

竞技健美操造型通常按照面可以分为正面、侧面和背面。正面造型：稳定、庄重、凛然、不铺垫、不隐晦，便于观众交流；侧面造型：有变化，有趣味、有运动感，易于表现队员间的呼应交流；背面造型：含蓄、内敛。有时，有魅力的背影表现的好，会比正面造型更具感染力。按照人数可以分为个人和集体造型。个人所采用的造型比较具有性别和主题特征，一般有低姿、中姿和高姿三种类型。集体项目中造型分为以下两种形式：

第一种，托举式，即众人以其中的几人为底座，将其他同伴托举至腾空或高空的形象。目前较常采用的普遍是集中造型的“金字塔”型，即“2 托 1”“3 托 2”或者“倒金字塔型”，即，“1 托 2”“2 托 3”，或者“直塔”型，底座与尖子人数相等，可以是高低型、正反型、也可以是技巧型的。

第二种，分散式，这种是近年来采用比较多的，即以个人为对象，可以是同样的摆式，也可以各自不同姿势但拼凑在一起却是很和谐的造型。另外，在竞技健美操中按形态可以分为静态造型和动态造型两种，静态造型是指在成套中动作与动作之间那短暂相对静止的定势造型。

二、竞技健美操空间创新

空间是竞技健美操成套动作的外在表现形式，主要包括垂直空间和平面空间垂直空间中主要体现为空间层次的转换，平面空间主要体现为队形、场地、路线及其方向的运用。在完成成套动作均衡、流畅的表演过程中必须有效利用比赛场地的各个角落、中心以及赛场所在的全部空间。竞技健美操的赛台高 80 ~ 140cm，后面有背景遮挡，赛台不得小于 14 × 14m2。竞赛的地板必须是 12 × 12m2，并清楚标明 lO × lOm2 的成年组各项目比赛场地，（在年龄组某些项目比赛中使用 7 × 7m2)。标记带是场地的一部分。

（一）竞技健美操空间创新的必要性

竞技健美操空间创新是竞技健美操最新规则的需要及发展趋势。竞技健美操规则对空间变化要求的多样性使成套动作中的空间位置的变换次数增多。竞技健美操空间创新是提高艺术分的重要举措，在艺术分的 10 分中，空间的合理使用占 2 分的比重。因此，复杂有序的移动路线，错落有致的空间变化以及花样繁多的队形将成为艺术评判的重要内容。为难度动作创新铺垫，难度动作的创新始终离不开地面—站立—腾空这三个空间的范畴，因此，空间的创新也是难度创新的必然要求。

（二）竞技健美操空间创新的方法

1. 竞技健美操的垂直空间的创新

依照竞赛规则中将竞技健美操的空间划分为地面动作空间 A，站立空间 B，腾空空间 C，即竞技健美操的垂直空间。在难度动作中，一般 A、B 组难度在地面空间完成，C 组则是在地面、站立和腾空三个空间完成、D 组偏于地面和站立空间。通常过渡动作是空间转换的重要媒介，操化动作则是在站立空间完成较多。但一套完美的成套动作需要空间的不停变化和交叠。因此动作的编排创新需要合理利用每一个空间维度。在套路的表演中主要体现为各种空间层次的交替使用，使成套动作更富于变化，层次分明，有立体感，有助于构思和设计出在多层空间范围内运动的难新动作。

2. 竞技健美操的平面空间的创新

平面空间主要体现为队形、场地、路线及其方向的运用。

（1）队形创新。队形包括搭档之间的位置以及改变位置到另一个队形或者保持队形的方式，或者当运动员在做操化等动作时改变位置到另一个队形的方式。队形的变化是竞技健美操项目比赛和表演的重要内容之一，丰富多彩的队形和巧妙流畅的队形变化会令整套操更具有可观看性，常用的集体项目常用的队形有直线、平等线、弧线、三角形、圆形、方形、梯形、菱形、丁形、十字形、箭头形、字母形（T 字形、A 字形、M 字形、V 字形、X 字形等）等队形及其变化，还有一些不同常规、不规范、不对称的队形，且每种队形有其自己的优点和适合编排的动作。在完成难度时的队形变化和完成过渡与连接动作时的队形变化要多增加艺术性和观赏性，应适当提高不规则队形、移动性队形、地面队形的使用比例，通过运动员的配合，使得队形构图更具欣赏性。

健美操的队形如果只是几种常见的队形的不断重复，则会枯燥乏味，因此，编排者重点应在队形的创编上，基本队形是有限的，但基本队形的不同组合却可以产生丰富多彩的变化。一个常规的“T”形可以通过改变其位置从而可以呈现多个“T”形。在三人操、集体项目中可以通过类似的方法将很多常见的队形通过改变其位置达到更多图形变换的效果。队形不仅可以设计成对称的，也可以设计成均衡的，不仅可以是一个整体的队形，而且可以是几个小队形的相呼应。

（2）路线创新。在整个成套表演过程中，路线必须展现所有方向（向前、向后、横向、纵向、对角线、弧线）和距离（短或长距离），尽量不要重复路线和轨迹。在竞技健美操成套编排中，单人成套动作设计中应充分考虑个人能力的展示，在路线及其方向的设计必须流畅，长短路线相结合考虑不同的方向，最大限度的发挥个人的魅力。在集体项目路线的编排上，充分考虑场地的空间使用，使每个方位都得到充分利用。

三、竞技健美操音乐创新

（一）竞技健美操音乐创新的必要性

音乐是健美操的灵魂，竞技健美操音乐的创新是激发运动员练习兴趣，挖掘其体能潜力，帮助其领会并记忆动作，培养表现力，提高其训练和比赛的效果的重要途径。其次，竞技健美操音乐的创新是将裁判与观众吸引到成套动作意境中的有效手段，是增加与对手竞争的重要筹码。运动员通过创新的种种细节把选择的音乐淋漓尽致的表现出来，诠释对音乐的理解，展示音乐的节拍与速度，运用肢体语言表现音乐的流畅性、形态、强度以及激情，再加上动作与所选择的音乐完美统一，使成套动作与音乐的理念和谐一致，动作的设计与音乐的结构（节奏、节拍、重拍和乐段），以及时间的一致性，从而获得裁判员的青睐。

（二）竞技健美操音乐创编的方法

竞技健美操音乐的创编，要认识一套竞技健美操的音乐结构主要包括开始、过程和结尾 3 个部分，要求尽量简练、灵活、自由和多变，且能在短短的一分三十秒以内塑造出鲜明的个性，给裁判留下深刻的印象。首先，音乐的开始阶段应该能够给人以强烈的感受和鲜明的印象，“一见钟情”。因此，选曲时要明确、简练而精致，让裁判能够在短时间内迅速进入场景；发展阶段是最能体现音乐内容与运动员风格的部分，是整首音乐的精华之所在。因此，乐段要清晰，内容要丰富，节奏感强，动感十足。最后的结尾部分，可以表现为首尾呼应、再现主题或形成高潮后愕然而止，它是整个表演的总结概括和印象的完成，使音乐形象更丰满、充实和完美，给人以回味无穷的感觉。音乐像语言一样，符合对称规律，形成清晰的句法，当我们决定取舍音乐的某一部分时，不能破坏音乐的基本结构形式，而是利用这些为我们的目的服务。一般音乐的创编方法分为以下三种：

1. 先选曲

曲子的选择必须有利于表现运动员的个性特点与技术风格，必须适合各个项目特点，并且起到促进作用。

（1）按性别、年龄选曲。对于运动员的性别和年龄而言，曲子的选择是有区别的。一般女运动员应选择轻松、活泼欢快的曲目，尤其是一些流行歌曲，或者是能够充分展示其艺术表现力的民族舞曲；男运动员通常可以尝试一些大气磅礴、刚强的，能够突出男生特点的音乐；在年龄上，青少年可以选择活泼欢快，鼓点明确，速度中等的音乐；成年组可以选择节奏稍快，带有一定主题意义曲目。

（2）按项目选曲。对于单人、混双、三人或五人项目来说都有差别的，并不是所有的音乐对他们的项目范畴和年龄都适用。单人项目要重点强调对人体的体能、技术、心理、力量、意志、表现力等方面的严格要求。所以在音乐的选择上应该挑选情感表现更丰富的曲目；双人项目可以选择一些干脆、有力、明快的音乐上；集体项目要突出集体的默契和团队的协作，扬长避短。

2. 先编好动作来谱曲

根据事先编好的动作，主要包括：操化动作、难度动作、过度连接动作、配合（集体项目）、空间的转换等环节，根据每一个特定的环节谱出适合的音乐，比如，动作为跳跃类难度或者从地面至腾空界面转换之时，音乐必须高亢或者由低转高；动作为地面动作或者过度连接动作时，音乐就得随着动作或平缓或低沉下去等。谱曲时注意前后的连贯，曲目的完整性。音乐完成后可以加上鼓点，使节奏更明确。

3. 编好动作后选曲

一套操主体动作基本完成时便可进行曲子的选择，一般很少有动作与曲子完全吻合的，这时，需要对已经编好的动作做适当的修改，或者通过一些操作手段对曲子进行剪辑或者修改。所以选择一首合适的曲子是一件非常难的事情，这就需要教练或者运动员熟悉音乐，了解音乐。另外剪辑必须完整、连贯，有清晰的开始和结束，巧妙地使用动效（如果被选用）。

四、竞技健美操服装创新

（一）竞技健美操服装创新的必要性

（1）随着竞技健美操规则的日益完善，追求艺术性，追求美感，成为该项运动发展的潮流，而服装作为艺术表现的重要组成部分越来越受到关注。

（2）在一场比赛中，运动员出现在观众和裁判面前最先传达的就是服装信息和精神面貌，因此精致的比赛服装和合理的设计方式成为感染观众和裁判的重要因素。

（3）竞技健美操服装款式在规则中具有明确的规定，兼具运动性和艺术性，具有较强的专业针对性，使用的布料也较少，因此缺少专业的服装和色彩设计单位研究开发。

（二）竞技健美操服装创新的方法

在竞技健美操规则中对比赛服装有着固定的要求，因此只能通过色彩和图案的改变来创新。在色彩的选择上，应以亮色为主，同时考虑颜色的选择要和选手的肤色搭配，肤色偏黑的人不应该穿暗色调，皮肤偏黄的人最好不要穿黄色或者紫色服装，恰当的颜色不仅能够掩饰运动员不理想的肤色，而且还能够扬长避短。另外，服装颜色的选择应考虑场地、灯光和背景的搭配，切忌选择与场地同样颜色的服装，也应注意灯光因素。可以根据不同风格的比赛主题，选取适合颜色进行拼接使服装紧扣主题。在图案的选择上，可以采用抽象的几何图案，配以简单的线条，通过重复、叠加、渐变等效果来设计。同时，还可以运用具有民族特色的图案，例如中国的龙图腾，国家的国旗等。

五、竞技健美操实践创新

（一）竞技健美操“过渡—连接”创新

竞技健美操成套动作包括操化动作、难度动作和托举，以过渡和连接的方式组合而成。它包含过渡动作和连接动作。过渡动作是从一种形态转换到另一种形态的动作，前后两个动作主题不同，是空中和地面动作的转换。连接动作是指健美操从基本动作到复杂动作一系列动作之间的衔接。基本动作与复杂动作的区别就是两种动作是否在同一个平面完成，在同一个平面完成是连接，反之则是过渡。成套动作过渡与连接技术的创新性是指赋予了该动作新内涵，不仅有利于难度动作和托举的顺利完成，而且能使空间完美转换和伙伴间配合更顺畅自然。

1. 竞技健美操“过渡—连接”的必要性创新

创新是事物发展的必然。健美操过渡—连接动作合理巧妙创新的必要性体现在三个方面：①可以使动作间无缝衔接，更加流畅，提高难度动作的难度价值，使之更具观赏性；②可以使竞技健美操更具艺术性，过渡—连接动作将复杂的前后动作合理而自然地连接起来，以及自身具有的复杂多变性显示出成套动作独特的艺术性，多变的动作能给观众一种层出不穷的变换感，同时也给裁判留下更深刻印象；③创新要合理有度。合理适度地对过渡—连接动作进行创新可以更好把握健美操动作整体协调性，同时也可以在赛场上更多地获得裁判员的青睐，从而获得高分。[①]

---

① 俞爱玲 . 高校健美操教学模式的创新 [J]. 体育学刊，2002，9（2）：77-79.

2. 竞技健美操“过渡—连接”创新的方法

过渡—连接动作是成套动作中以连接为基础实现与自身及另外三种动作的连接，以展示其动作的复杂性和多样性。常见的创新方式主要有四种类型：一是比较常用的不满 8 拍的简单动作；二是在空间中可以转换的过渡动作，如俯卧撑从向下撑地到翻转到一定造型的过渡动作；三是教师根据运动员本身的动作特征设计的非难度跳和小跳；四是吸收并利用与健美操相关运动项目优点，如体操、武术以及冰上舞蹈等。

（二）竞技健美操“托举与配合”创新

健美操中的托举动作是一名运动员借助外力被举起、抱着或支撑着的状态，是健美操动作的组合形式。配合是指运动员之间的动作协调配合。竞技健美操成套动作规定要有两次托举以及动力性配合，并且托举和配合必须属于原创性动作，这就要求人们必须创新竞技健美操。

1. 竞技健美操“托举与配合”的必要性创新

首先，托举与配合创新性不足影响了我国竞技健美操发展。通过对近年来一些国际性比赛仔细研究可以发现，虽然男子单人操和女子单人操的操化与难度动作已经有了上乘表现，但是混双、三人等集体项目中的托举与配合缺少创新，艺术感染力不强，导致整体健美操表现力下降。

其次，托举与配合动作的空间艺术展现力决定着健美操发展趋势。在国际健美操评判新规则中托举与配合占了 2 分，这是前所未有的。这说明托举与配合动作的创新性已经成为决定性评判内容。耳目一新、别出心裁的托举与配合优美动作展现出的空间变化幅度和层次以及稳定性是健美操孜孜以求的新目标。

最后，托举与配合是衡量运动员之间相互动作协调关系的窗口，它是多人集体项目中提高分数的重要组成部分，所以托举与配合动作的创新是今后竞技健美体操不断取得进步的努力方向。

2. 竞技健美操“托举与配合”创新的方法

托举与配合是指托与举两个动作的配合以及托起者（底座）与被托起者（尖子）之间的配合。创新从来都是人的创新，所以托举与配合创新的源动力来自底座和尖子。主要有以下七种表现形式：

（1）底座与尖子之间动作姿态寻求变化体现一种节奏搭配美，如底座站着跪着躺着而尖子则配以相应的分腿支撑、水平支撑等。

（2）托举动作动静结合相互交错展现一种别致美。

（3）底座可以用肩部以上或以下托起尖子以展现托起高度与底座肩部的关系。

（4）不同的托举造型展现一种形式美，比如金字塔和倒金字塔形状的变化，底座第一次和第二次人数不同，动作完成前尖子不能离开地面。

（5）健美操可以艺术的展现运动员力量、柔韧以及身体平衡之美。如国外将男托女的健美操表现形式改为女托男的形式让人眼前为之一亮，为整体艺术润色，成功吸引了裁判员注意。

（6）增加尖子空间利用次数使动作呈现多样化。尖子身体形态、动作在高中低三种空间变换次数以及在期间穿插进行丰富了动作多样性，使托举动作更具视觉冲击力。

（7）动力性托举与静力性托举相互变换以取得和谐美。

第三节　高校健美操教学模式创新研究

在应试教育思想影响下，一些高校健美操教学并没有体现健美操的规律和特点，教学过程中只局限于简单的动作技能讲解，忽视了学生学习兴趣、方法的培养，特别是在创新能力、创新意识培养方面存在较大空白。这显然不利于学生创新能力和综合素质提升，影响了高校人才培养质量。因此，当前高校健美操教学要打破传统模式限制，坚持健康第一教学理念，与创新教育发展方向保持一致，不断提升健美操教学水平。

一、高校健美操教学认知

（一）高校健美操课程教学情况

（1）高校健美操课程教材使用情况。健美操教材为健美操教学提供方向性、具体性的指导，其中包括健美操教学方法、知识、技能和要求等，是师生开展教学活动的重要依据，也是学生认识健美操的重要工具，同时也为教师开展教学提供参考与依据。

（2）高校健美操实践课教学内容情况。健美操课程教学内容主要包括：健美操实践教学、辅助教学和理论教学。其中，健美操实践教学内容是最关键的一部分，是实现健美操教学目标的重要前提条件，也是师生进行健美操学习的主要依据。健美操实践教学内容包括基础知识、基本技能和身体练习等内容，主要包括在教材内容和大纲当中。

（3）教学模式不够先进。中华人民共和国成立以来，我国学校体育主要以基本知识、动作技能为教学内容，以教材和教师为中心开展教学活动。因此，当前人们必须要转变体育教学思想观念，摸索新时期创新型人才培养模式和路径。

（二）高校健美操教学目标与内容优化

1. 高校健美操教学目标

引导学生养成良好的健美操学习和锻炼习惯，掌握健美操基础知识和技能，通过系统的学习和练习，深入了解健美操动作要领、方法、技能和原理，不断提升体育素养和综合素质；对健美操组成结构、编排方法、动作要领、锻炼目的和联系方法进行系统学习掌握；对竞技健美操动作要求、组成结构、测评规则等进行了解；对健美操与身体健康、生理机能的影响机制进行了解。采用理论教学与实践锻炼相结合的方式，提高学生对健美操技能的认识和掌握，了解到健美操练习对个人身体素质提升、生理功能改善的作用；学会正确评估自己的身体健康和机能，养成正确的体育健身和锻炼方法。在教学过程中，要充分尊重学生的学习主体地位，根据学生的个人学习兴趣、爱好、能力和身体条件，制定有针对性的教学计划和方案。

2. 高校健美操教学内容的优化

（1）理论课学习的重要性。健美操运动与其他体育运动项目一样，都有自己的理论基础和方法体系，这是开展健美操运动实践的重要理论依据。健美操教学要从实用性出发，在传授动作要领和技术知识的同时，加强健身知识教育。例如，健美操对提升个人体质的作用，健美操陶冶情操的功能，健美操锻炼要点和方法，如何利用健美操调节身体机能，健美操锻炼时间安排以及运动量控制，竞技健美操与普通健美操之间的区别，身体健康指标监测以及健康管理知识等，以此不断拓展学生的知识面，以理论指导实践、以思想指导行动，不断强化学生体育锻炼思维和意识，自觉参与体育锻炼活动。

（2）教学内容的精品性。教学改革要以学生为本，采用丰富多样的教学内容、方式和手段。健美操内容是不断变化发展的，不同时期具有不同的练习内容和方法，对学习者也提出了不同的要求。因此，教师必须要具备较强的教学信息和内容加工、整理能力，密切关注和跟踪健美操教学信息更新和发展变化，灵活调整教学内容和方法。要对过去、当前健美操教材内容进行全面比较和分析，突出健美操教材的时代性、实用性和针对性，从学生需求出发制定和设计教材内容。

（3）健美操教学方法和手段的选择。

第一，夯实基础。动作讲解和分析是健美操教学过程中的主要环节和内容，但是成套动作不是健美操教学的全部，而是要将动作要领作为教材编制的主要参考依据。在加强基础动作教学的同时，还要引导学生学会知识迁移，活学活用。教师教会一个动作，学生就能够举一反三学习和掌握类似的动作要领。在教学过程中，要求学生主动思考和联想，将新知识与学过的知识融会贯通，进行创造性学习。

第二，变教为导。创新能力培养没有固定的模式可循，主要在于培养方法的运用。教师要采用正确的教学方法，引导学生采用正确的学习方法，更好地完成教学计划和目标。对于一些比较简单的动作，教师只要示范一次就可让学生掌握和领悟；而对于一些比较高难度的动作，则需要教师循循诱导和深入浅出地指导，让学生准确把握其内在要求和要领；健美操教学不能只靠教师对理论进行讲解，同时要进行实践指导和练习，学生通过动作学习、肌肉运动来体会和把握动作要领和要求，综合掌握动作方向、规律和节奏，做到正确理解和熟练掌握。

第三，利用“同助教学”的方式。“同助教学”是指在教学过程中结成相互合作、帮助的关系，在教师的指导下，学生之间相互检查和纠正彼此的错误动作，互相鼓励和帮助，课后共同探讨和交流，共同进步。

在教学过程中，教师不仅要做好讲解和示范，还要组织学生结对开展练习活动，或者以小组为单位开展比赛，并辅以各种类型、方式的示范、表演、评比等活动，教师与学生能够进行面对面的沟通和交流，了解学生存在的问题和诉求。这种教学方法有利于改进健美操教学质量，提高学生参与学习的主动性和主观能动性。

（4）创新教育让学生在欢乐中学习。摒弃过去单纯的模仿教学，进行创新教学，让每一位学生都能够参与到健美操教材编写中来，以此得到学生对教材创新的认可和支持。因为在这种模式下，学生个人意见和学习地位得到了尊重，也锻炼了其创新能力和创新思维，有效提升了学生学习的兴趣，在收获新知识的过程中也获得了更多欢乐。

（5）帮助学生增强学习自信心。在开展健美操教学过程中，要善于创新教学方式，这不仅可以提高教学效果和质量，还可以增强学生学习健美操的自信心，促进学生综合素质全面发展。在开展创新教育过程中，学生能够将前后学习的知识融会贯通起来，在此基础上尝试编排健美操教材和节目，如果达到一定水平还可以组织表演活动。例如，教师可以在课前组织学生集体观看，提高学生编排健美操的积极性和主动性。这样才能够让学生感受到自己的学习成果得到认可和肯定，才能够激发他们的学习自信，在今后的学习中更积极地投入。

（6）通过合作学习激发学生的创造性。教学实践证明，合作学习能够有效提高学生学习积极性和主动性，有利于改进教学效果。在创新高校健美操教学方法过程中，除了改进和调整教学内容外，还要引导学生建立合作学习关系，通过合作来改进健美操教学环境，活跃课堂氛围，提高学生学习热情。例如，教师将学生分成若干组，要求他们开展合作学习，共同探讨学习内容和问题，提高课堂学习效率。

（三）高校健美操教学评价方式

在创新教学方法和方式的同时，也要对教学评价方式进行改进和调整，学习评价是开展教育评价的重要一环。通过开展学习评价活动，可以更好地了解教师健美操教学情况，还可以了解学生学习表现，这为教师改进教学方法、提高教学效果提供参考依据。健美操教学考核和评价要突出创新能力培养，要对学生掌握健美操基础知识和技能以及运用新知识进行创新的行为进行重点评价。通过开展学习评价，让学生感受到自己学习带来的获得感和成就感，也可以帮助他们找出自己学习过程中的问题与不足，激励他们不断改进学习方式。

二、公共体育健美操课程方法的创新

大学公共体育课属于相对开放课程。其开展的形式以身体练习为主，开展的项目多种多样。作为高校必修课程，体育课要修满 1 ～ 3 个学年，是大学生主要体育锻炼途径。通常，体育课以实践课的形式在室内或者室外规定的运动场地进行教学，操场、体育馆、健身房、训练场和象棋室均可成为体育课堂，具有较高的开放性。学生通过身体力行的练习掌握项目基本运动技术，获得运动乐趣，养成良好的运动习惯。体育游戏、音乐伴奏、分组训练等教学形式在愉悦学生身心的同时还能活跃学生的思维，激发学生潜在的创新意识。

（一）公共体育课对学生创新意识的培养

（1）培养学生创新兴趣，激发学生创新欲望兴趣是引导学生自主练习、主动接收的最重要因素，兴趣是一个人学习最好的老师，人一旦对事物有兴趣，神经就会产生刺激，并且对刺激做出反应。对事物的好奇心、探索欲就是激发兴趣、培养兴趣的开始。健美操运动是一项竞技难美性项目，除了规定动作和表演完整套路外，更需要自己组织编排和联想设计动作。设计过程中，学生通过身体力行参与其中，配合音乐，对固定要求的基础内容设计动作和组合，具有明显的创新性。长期坚持，有助于创新意识的形成。主要流程包括：精彩导入，激发兴趣；勇于挑战，体验成功，激发兴趣；优选教法，提高兴趣。

（2）营造良好学习氛围，激发学生创新动力与文化类课程相比，高校公共体育课程教学环境开放，学生的心情也处于相对放松状态。以健美操教学课堂为例，教师的教学语言幽默有趣，组织形式丰富有趣，学生的学习热情和课堂参与度普遍较高，师生关系也相对融洽。学生更容易进入项目，在教师的引导下，从动作设计、编排等方面大胆创新。

（3）营造教学情境，激发学生创新灵感教学情境就是指教师在课堂教学中，为完成教学任务、实现教学目标，并能对学生产生较强的吸引力，激发学生主动配合教学而设定的教学场景。教学情境因课程而异，因目标而异。公共体育课（健美操）围绕着“创新能力开发”设计以下情境：

第一，创造音乐情景。可以说，音乐在某种程度上，对健美操课堂具有统领作用，是一种极具感染的情感语言。

第二，创造游戏情景。游戏是课堂导入的重要部分，能快速激发学生对身体运动的兴趣。

第三，创造竞争模拟情景。善于引入竞争意识，最大限度发挥学生的潜能，活跃课堂气氛，提高教学效果。

第四，创造故事情景。在教学过程中，创设一些生动的故事片段和问题，让学生在专心听故事的同时，激发创新意识。

（二）多方位创新教学方法的实践

1. 合作学习教学法

首先，健美操教学有独特的渲染力，在音乐的衬托下，课堂气氛更温馨、活跃，更有益于学生之间的交流和合作。

其次，健美操教学的内容有适合个人自学的，也有集体参与的，离不开合作交流。健美操项目的教学内容和手段丰富，通过手型、手法以及肢体动作可以形成多种多样的形式组合，且难易不一。

不同的个体，对动作的领会和学习程度也不同，而合作学习教学方法可以解决这一难题。遇到较难掌握的动作或者组合时，学生会产生消极态度，自己无从下手，有其他学生共同学习，就能够顺利掌握动作。在这一过程中，学生既顺利学会了动作要领，又培养了同学之间的感情和合作团结精神。健美操教学的另一特点是，在学习了新的动作和组合之后，需要进行大量的重复练习，达到一个非常熟练和美观的效果，学生之间互相指导和交流更容易实现。

2. 情境体验教学法

情境体验教学法中，教师主要引导学生把握正确的学习方向和学习内容。通过教师的引领，激发出学生一连串的情感和学习行为，主要强调对生活的关怀和参与某一活动的成就感和幸福感。以健美操课堂教学为例，先明确本节课要掌握的新动作，再创设 1 个体育主题，设置背景音乐，根据项目要求，让学生分组练习，教师对其训练状态进行评价。例如："快乐之旅"健美操教学内容，可分为三个部分：第一部分：教师向学生展示新动作细节。第二部分：教师或学生选择合适的背景音乐，在创设音乐氛围的背景下，引导学生简单编排健美操套路。在体验式训练背景下，学生拥有了对健美操的情感体验，收获了成就感和快乐感，学习氛围轻松自在。在体验意境中提升了审美意识，在运动情境中提高了生命感知和认识。同时，情景体验的方法也能提高学生的创新能力和合作能力。第三部分：在想象训练背景下，学生在与背景音乐融合的过程中形成自己的认知，寻找到健美操动作与音乐之间的契合点，对动作和作品的理解更加到位、细腻。

3. 比赛教学法

不同水平、不同身体条件的学生，在同样的教学条件下，对动作的掌握程度有所区别。接受快的学生，教学效果明显，表现也更具观赏性。对于健美操公体课，通常的考核方式都是在期末进行固定或自编套路表演，教师对学生的表现进行综合评分。如若在班级之间开展教学交流比赛，更能激发学生的表现能力和自信心。将所有教学班级分成若干教学小组，在课堂教学的过程中，教师根据各队学生的实际情况进行相对应的指导，期末考核由比赛成绩代替，对学生的动作内容、表现形式、创新等方面综合评比。通常，学生在这种比赛机制下，更能够激发其学习兴趣和主动性，希望学到运动技能的同时，能够很好地表现和展示自己。这种模拟竞争形式，能使学生感受到紧张的氛围，同时能培养学生的应变能力和创新思维能力。

4. 旁征博引教学法

旁征博引教学法是指巧妙融入其他运动项目特色。健美操教学内容一般包括形体训练、音乐节奏鉴赏、基本技术动作、成套动作以及自编套路。创新教学内容就是需要在原有的教学内容中再融入一些新的内容和形式。目前，艺术类项目体育课程，除了健美操，学生对于拉丁舞、街舞、民族舞也比较感兴趣。因此，对学生的兴趣点进行交叉融合是一个能激发其兴趣和创新能力的好方法。例如，形体练习时，除了健美操的一些基本手型、步法，还可以融入一些街舞元素，两者都偏向欢快，但节奏还是有些不同，也能锻炼学生对音乐节奏的区分和掌控。

5. 探究式教学法

探究式教学方法是当下非常流行的一种模式。与传统教学模式相比较，其优越性和创新性更加明显，教学效果更加显著。传统教学中，教和学的过程相对独立，教师只负责教授，学生只学习规定动作；探究式教法除了注重教与学的过程外，还强调师生角色的协同性。在教授过程中，教师可以通过接受学生的反馈完善教学内容、改进教学方法；学生在学习的同时，要及时向教师反馈，与其他同学互相交流和帮助。教师在教学过程中也充当着参与者的角色，通过与学生的合作得到提升。将探究式教学方法巧妙运用于健美操教学，能丰富其内涵，增强项目的运动价值。教学过程中的自主性探索更显得重要，可以激发学生的创新意识。多思考动作细节，多与老师和同学交流，让学生根据自身情况选择合适的训练方式和方法，可以激发学习积极性，提高独立思考能力，丰富健美操知识和技能。

6. 多媒体辅助教学法

鉴于健美操项目较高的观赏性，教学过程中应使用多媒体、音响和影像设备。一方面，可以帮助解决音乐问题。健美操总是随着音乐完成，快速的、动态的，不同类型的健美操有不同的动作要求，很多动作和音乐必须保持一致；另一方面，可以帮助学生产生更直观的视觉感受，通过影像认真观察动作细节和艺术表现。例如，可以用相机保存练习或成套示范动作，通过电脑或手机让学生回看，进而发现自己的动作差距。此外，一些教师由于自身原因无法顺利展示的难度动作和组合，可以课前用视频摄像机等设备拍摄下来，在教学的时候通过动作慢放，辅以语言讲解和分析，帮助学生理解动作结构和原理，继而通过练习熟练掌握。

大学体育课程是学生在校参与运动的主要方式，而健美操公共体育课程的教学能够帮助学生身心获得更好的发展。体育课堂的身体练习能够帮助学生活跃思维，在一个非常开放的环境下，探索运动乐趣，活跃学生思维，培养学生创新意识。通过创新教学方法，合理引入合作教学法、情境体验法、比赛教学法、探究式教学法以及多媒体设备，改善教学状态，培养学生创造性思维能力。

三、分组协作的混合式教学模式应用

强化学校体育是实施素质教育、促进学生全面发展的重要途径，对于促进教育现代化、建设健康中国和人力资源强国，实现中华民族伟大复兴的中国梦具有重要意义。国务院对加强学校体育提出明确要求，指出：坚持培养兴趣与提高技能相促进。遵循教育和体育规律，以兴趣为引导，注重因材施教和快乐参与，重视运动技能培养，逐步提高运动水平，为学生养成终身体育锻炼习惯奠定基础。信息通信技术已经在很大程度上改变了高校教学的环境和条件，但从传统教学到网络教学，再到混合式学习，需要教师在教学理念上加以重新认识，进而自觉加以运用和实施。

新时代的社会发展趋势下，高校尽可能让学生多学习和掌握几项运动技能，各高校的体育教育专业和运动训练专业人才培养方案不断改进，在大学体育健美操课堂中出现同一教学班级学生彼此之间的专项技能水平差异性非常明显，因此，针对不同学生的个体差异与学校的实际情况，实施分组协作教学有着十分重要的意义与作用。

以合肥师范学院体育科学学院为例。选定合肥师范学院体育科学学院 2017 级体教、运训健美操（主、副项提高）班学生为对照组、2018 级体教、运训健美操（主、副项提高）班学生为实验组，每班 15 人，共 30 人作为研究对象。实验组学生以混合式教学模式 + 分组协作教学法为主要课堂教学手段，对照组学生以混合式教学模式 + 自主练习教学法为主要课堂教学手段，（每组男生 6 人，两组男生共 12 人，每组女生 9 人，两组女生共 18 人）。两组受试者的基本情况均无显著性差异（$P > 0.05$）。

（一）教学模式与方法

1. 混合式教学模式

混合式学习就是要把传统学习方式的优势和网络化学习的优势结合起来，从教与学的角度来理解，混合式学习就是将传统课堂中的面对面学习和高校中学习者基于某种网络教学平台，在助学者的指导下有组织、有计划、有明确学习目标的在线学习进行有机结合，实现二者优势互补。

混合式教学就是把传统教学模式和互联网教学相结合，混合式教师模式既利于课堂中教师主导作用的发挥、系统知识的掌握、教学过程的组织管理、师生情感的沟通和人际交互等，又让丰富的网络学习资源得到充分有效的使用，改变了传统教学中的师生关系，充分实现了学生的个性化学习，提高了学生的自主学习能力。

2. 分组协作教学方法

在教学过程中采用分组协作教学法是一种新颖而有效的教学模式。将不同层次的学生均衡的分布在各个小组中，可以使小组的成员相互学习、启发和补充，从中要求不同层次的学生充当不同层次的角色，引导学习小组各成员之间在这样的氛围中完成不同层次的学习任务，实现不同层次的学习目标。

（二）分组成员情况

结合实验组学生的自身情况以及实际教学条件，按照班级学生的专业、性别进行分组，分组方式如下：小组由 3 人组成，3 人小组中男女性别比例分配均匀，体育教育专业和运动训练专业平均分配，3 人小组中健美操专业能力上有 1 人是成绩较突出的 A 类学生，1 人是学习成绩中等的 B 类学生，1 人是学习稍有困难的 C 类学生。

（三）身体素质情况统计

身体素质是健美操专业学生基础能力的保障，健美操学生需要的身体素质能力包括上肢力量、腰腹力量、下肢力量以及柔韧性。①

1. 实验前身体素质情况统计

根据健美操专项的特点，按照身体素质的基本要求，设计俯卧撑 60 秒（动作要求：屈肘时肩肘位置平行）、健身球俯卧撑 30 秒（手撑地，脚放在健身球上面进行练习，动作要求：屈肘时肩肘平行）作为检验上肢力量的实验指标，设计两头起 60 秒（动作要求：肩部和脚贴于地面开始，折叠时手碰脚踝位置，每次回到起始位置）、肋木举腿 30 秒（动作要求：双脚伸直，抬起时脚尖到头的位置）作为检验腰腹力量的实验指标，跳绳单摇 60 秒、连续团身跳（动作要求：膝盖过腰）60 秒作为检验下肢力量的试验指标。男女生实验前身体素质差异性

① 徐静，江雪冰 . 基于分组协作的混合式教学模式在高校健美操教学中的应用研究 [J]. 运动精品，2019，38（08）：41–43+45.

见表 6–1 和 6–2。[①]

表 6-1　两组男生实验前身体素质差异性

测试项目	实验组（6 人）	对照组（6 人）	P
俯卧撑（60s）	45.86±2.75	46.35±2.78	＞0.05
健身球俯卧撑（30s）	21.46±1.29	22.53±1.35	＞0.05
两头起（60s）	24.76±1.49	24.44±1.47	＞0.05
肋木举腿（30s）	14.53±0.87	13.86±0.83	＞0.05
跳绳单摇（60s）	142.62±8.56	143.70±8.62	＞0.05
连续团身跳（60s）	24.82±1.49	25.56±1.53	＞0.05
柔韧性（30 分）	13.72±0.82	12.97±0.78	＞0.05

表 6-2　两组女生实验前身体素质差异性

测试项目	实验组（9 人）	对照组（9 人）	P
俯卧撑（60s）	27.86±2.51	28.35±2.55	＞0.05
健身球俯卧撑（30s）	18.33±1.65	18.83±1.69	＞0.05
两头起（60s）	20.77±1.87	20.44±1.84	＞0.05
肋木举腿（30s）	8.68±0.78	8.36±0.75	＞0.05
跳绳单摇（60s）	148.30±13.35	147.70±13.29	＞0.05
连续团身跳（60s）	20.74±1.87	21.12±1.90	＞0.05
柔韧性（30 分）	17.72±1.59	18.73±1.69	＞0.05

从表 6–1、表 6–2 可以看出实验组（男、女生）与对照组（男、女生）在 7 项基本身体素质方面 P ＞ 0.05，反映出两组学生并无显著性差异，实验组学生和

① 本节图片引自：徐静，江雪冰 . 基于分组协作的混合式教学模式在高校健美操教学中的应用研究 [J]. 运动精品，2019，38（08）：41–43+45.

对照组学生在实验前基本身体情况和素质能力条件方面相同，整个周期教学实验才具有研究的意义和价值。

2. 实验后身体素质情况统计

身体素质练习总课时为 16 教学周，每周三次课，力量训练时间 20 分钟，每一次课着重练习上肢力量、腰腹力量和下肢力量三类的其中一类，练习内容以实验项目为主，每次练习 2 ~ 3 组，柔韧性练习分配在一周的最后一次课中，练习时间为 15 分钟。男女生实验后身体素质差异性见表 6–3 和 6–4。

表 6-3　两组男生实验后身体素质差异性

测试项目	实验组（6 人）	对照组（6 人）	P
俯卧撑（60s）	60.27±3.62	59.85±3.59	＞0.05
健身球俯卧撑（30s）	32.62±1.96	24.26±1.46	＜0.05
两头起（60s）	45.52±2.73	44.82±2.69	＞0.05
肋木举腿（30s）	27.46±1.65	19.14±1.15	＜0.05
跳绳单摇（60s）	162.72±9.76	154.08±9.24	＜0.05
连续团身跳（60s）	46.34±2.78	35.91±2.15	＜0.05
柔韧性（30 分）	18.22±1.09	14.07±0.44	＜0.05

从表 6–3 可以看出实验组（男生）与对照组（男生）俯卧撑和两头起的 $P > 0.05$，说明俯卧撑和两头起这两项身体素质实验指标两组男学生并无显著性差异，而健身球俯卧撑、肋木举腿、跳绳单摇、双摇和柔韧性这五项身体素质实验指标的 $P < 0.05$，反映出健身球俯卧撑、肋木举腿、跳绳单摇、双摇和柔韧性这五项身体素质实验指标在两组男学生中存在显著性差异。

表 6-4　两组女生实验后身体素质差异性

测试项目	实验组（9 人）	对照组（9 人）	P
俯卧撑（60s）	45.86±4.13	46.35±4.17	＞0.05
健身球俯卧撑（30s）	28.76±2.59	23.13±2.08	＜0.05
两头起（60s）	39.76±3.58	32.44±2.91	＜0.05
肋木举腿（30s）	20.98±1.97	16.16±1.45	＜0.05
跳绳单摇（60s）	165.72±14.91	158.86±14.29	＜0.05
连续团身跳（60s）	48.22±4.34	42.16±3.79	＜0.05
柔韧性（30 分）	21.12±1.90	20.87±1.88	＞0.05

从表 6–4 可以看出实验组（女生）与对照组（女生）俯卧撑和柔韧性 P ＞ 0.05，说明俯卧撑和柔韧性这两项身体素质试验指标两组女学生并无显著性差异，而健身球俯卧撑、两头起、肋木举腿、跳绳单摇和双摇这五项身体素质实验指标的 P ＜ 0.05，反映出健身球俯卧撑、两头起、肋木举腿、跳绳单摇和双摇这五项身体素质实验指标两组女学生中存在显著性差异。

（四）实验中学习情况统计

对比统计实验组和对照组学生在进行成套动作教学过程中，运用自主学习和分组协作两种不同的教学方法时，实验组和对照组学生在学习动作的积极性、动作的完成能力等方面的区别。

通过对实验组和对照组学生在教学过程中的观察并对学生课上、课下的学习态度、上课过程中的整体表现、课上个人展示课下自主练习、学习的内容、课上分组展示课下小组协作练习、学习的内容、课上、课下动作学习能力、课上、课下动作掌握能力等情况进行评价，并分析实验组和对照组学生在课上及课下自主练习和分组协作练习学习内容时的积极性和动作完成能力。男女生学习情况对比见表 6–5 和表 6–6。

表 6-5 男生学习情况对比

	实验组（分组协作教学法）	参照组（自主学习教学）
学习积极性	非常积极	比较积极
动作完成能力	良好	较好

表 6-6 女生学习情况对比

	实验组（分组协作教学法）	参照组（自主学习教学法）
学习积极性	非常积极	非常积极
动作完成能力	很好	良好

从表 6–5、表 6–6 可以看出实验组（男生）比对照组（男生）在学习动作的积极性和动作完成能力上都要更好，而实验组（女生）和对照组（女生）在学习动作的积极性上面是一样的，但在动作完成能力上运用分组协作教学法的实验组（女生）要比运用自主学习教学法的对照组（女生）教学效果更好。

（五）成套动作教学效果统计

成套技术动作水平是反映健美操项目教与学掌握能力的主要考试内容，在整个教学实验中，把成套动作分为两次进行测试，第一次为期中测试，第二次为期末测试。在实验过程中存在打分情况的均由三位专项健美操教师进行。男女生成套动作测试成绩见表 6–7 和 6–8。

表 6-7 男生成套动作测试成绩

测试内容	实验组（100 分）	对照组（100 分）	P
期中测试成绩	60.38±3.62	60.56±3.63	＞0.05
期末测试成绩	81.95±4.97	76.15±4.35	＜0.05

表 6-8　女生成套动作测试成绩

测试内容	实验组（100 分）	对照组（100 分）	P
期中测试成绩	67.33±6.06	68.17±6.14	＞0.05
期末测试成绩	89.05±8.14	84.45±7.60	＜0.05

从表 6–7、表 6–8 可以看出实验组（男、女生）和对照组（男、女生）在第一次期中测试的成绩 $P > 0.05$，并没有显著性差异，但在第二次期末测试的成绩 $P < 0.05$，明显存在显著性差异。反映出运用分组协作教学法的实验组（男、女生）和运用自主学习教学法的对照组（男、女生）经过 8 周的教学时间成套动作成绩 $P > 0.05$，说明没有显著性差异，但是经过 16 周的教学时间，两组学生（男、女生）成套动作成绩 $P < 0.05$，明显存在显著性差异。由此说明对于不同层次水平同一班级的学生在教学过程中运用分组协作教学法整体比自主练习教学法在课堂上的学习效果更佳。

综上所述，女学生相比男学生在自主练习教学法和分组协作教学法这两种教学方法的运用过程中，学习的效果均比男生更好。

分组协作教学法相较自主练习教学法，更适用于不同层次水平的同一教学班级，健美操专项技能水平较高的学生可以从学习积极性、动作的完成能力等方面帮助健美操专项技能水平中等及健美操专项技能水平较弱的学生。因此，针对上述分析给出以下建议：

第一，针对不同层次水平同一教学班级的健美操专项学生，可以考虑在教学过程中多运用分组协作教学法，适当减少自主练习教学法的运用，可以更好地在课堂中体现因材施教的教学理念，同时也能更好地体现出以学生为主体，教师为辅的新时代教学指导思想。

第二，女学生在健美操课堂学习过程中比男学生普遍要更加积极，在进行分组时可以适当地考虑男女学生均衡搭配，这样能让女学生的积极性更好的影响到男学生，能够更有效地提高整堂课的氛围以及整个班级的教学效果。

四、“翻转课堂”教学模式的应用

翻转课堂是在信息时代背景下，随着现代信息技术的快速发展和网络技术的广泛应用而出现的新型教学模式。这一教学模式的出现为高校健美操教学活动的开展提供了一种全新的教学方法和教学思路，如果能够在开展教学活动的过程中加以合理的应用对高校健美操教学质量的提升和教学改革的推进将会产生重要的促进作用。

（一）翻转课堂的应用价值

翻转课堂，通常又被称为颠倒课堂，其改变了以往教育教学活动中，课上老师讲解学生学习，课下学生按照任课教师要求完成作业的传统教学程序，而是借助现代信息技术和计算机技术，在上课之前就让学生利用多媒体课件或者是教学视频针对教学内容进行自主学习，在上课之后再在任课教师的组织和指导之下针对某个问题进行讨论或者是深入剖析，并在课程结束之后进一步地巩固和提升。其在高校健美操教学中的应用价值主要体现在以下几个方面。

1. 有助于教学成效的提升

（1）翻转课堂在高校健美操教学中的应用，能够有效增加学生的自主练习时间，从而使得教学成效明显提升。在传统的高校健美操教学中，多数任课教师采用的都是“教师讲解示范，学生模仿练习”的方式，也就是任课教师首先对所要学习的新动作进行讲解和动作示范，让学生通过理解和观察形成正确的动作表象，然后再在此基础之上，让学生进行模仿和重复练习，并最终达到动作掌握的目的。

在采用这样的教学模式开展高校健美操课堂教学时，除去准备活动、教师讲解示范、课堂总结和布置练习以及整理放松的时间，真正留给学生进行自主练习的时间是非常少的，特别是在教授难度较大的动作时，任课教师的讲解和示范往往会占用更多的时间，那么学生要在仅剩的时间里通过自主练习来切实掌握所学习的新动作难度还是非常大的。

然而在将翻转课堂引入高校健美操教学之后，由于学生在课前就已经通过自主学习对教学内容有了一定的了解和掌握，所以，就会大大缩短任课教师用于动作讲解和示范的时间，相应地也就留给了学生更多的自主练习时间，而在学生练习的过程中，任课教师也可以及时地发现学生的问题，并进行有针对性的纠正和指导，这对于教学成效的提升无疑具有积极的促进作用。

（2）翻转课堂在高校健美操教学中的应用能够帮助学生更快、更好地掌握学习的新动作，并以此来促进教学成效的提升。将翻转课堂引入高校健美操教学之后，学生不但能够在课前就利用多媒体课件或者是教学视频对相关的动作进行仔细的观察，而且还可以进行反复地观看和揣摩，从而很好地避免了上文所述的两种情况，有效地促进了教学成效的提升。

2. 有助于学生自主学习能力的培养

在传统的高校健美操教学中，任课教师的角色是知识和技能的传授者，学生的角色只是知识和技能的被动接受者，任课教师怎么讲解学生就怎么听，任课教师怎么示范学生就怎么模仿，长此以往，学生的学习就会对任课教师产生严重的依赖性，并逐步丧失自主学习的能力。而在将翻转课堂引入了高校健美操教学之后，学生不但可以在课前利用多媒体课件或教学视频进行自主学习，并逐步培养和发展自己的自主学习能力，而且还可以通过在课堂教学中提出自己自主学习中的疑问，并与任课教师和其他学生进行探讨来进一步打开自己的思路，学生不再是知识和技能的被动接受者，任课教师也不再是教学中的权威，双方是以一种合作互动的方式来共同进行探讨，共同开展学习活动，任课教师在教学中发挥的是一种引导和促进的作用，通过双方甚至是多方的探讨，学生的自主学习层次会得到进一步的深化，自主学习能力也会得到进一步的提升。①

3. 有助于良好师生关系的构建

在传统的高校健美操教学中，多数学生对任课教师都抱有一种敬畏的心态，对任课教师的指令和要求也仅仅是被动地服从，很难形成一种平等和谐的教学氛围和师生关系。但是，在将翻转课堂引入高校健美操教学之后，在课堂上师生之间的交流互动的机会逐渐增加，任课教师真正成为学生学习活动的参与者，这对于良好师生关系的构建无疑具有积极的促进作用。

（二）翻转课堂的应用流程

翻转课堂的教学流程主要可以分为课前、课中和课后 3 个主要环节，以下就

---

① 黄容."翻转课堂"在高校健美操教学中的应用研究 [J]. 当代体育科技，2017，7（03）：113+115.

据此对翻转课堂在高校健美操教学中的应用流程进行分析。

（1）课前。课前环节主要涉及的工作包括：①任课教师应准备好相应的教学视频或教学课件，并设计学生自主学习的任务和要求；②利用网络资源进行教学内容的发布。例如：任课教师可以组建一个学习群，每周定时将教学视频、教学课件以及学习的任务要求上传到群里，而且还可以利用学习群随时与学生进行互动交流；③在开展健美操教学的过程中，往往需要学生进行动作演示，为了方便动作演示、小组指导和课后练习，在课前任课教师就应根据学生人数进行合理的分组，并设置小组长。

（2）课中。在课程环节主要涉及三个方面：①组织各组学生，根据自己课前自主学习的情况，提出在学习过程中遇到的问题或者是疑问，并让学生进行集体讨论；任课教师在学生讨论的基础上，对其中共性的问题或者是经过讨论依然没有解决的问题进行统一指导和讲解示范；②让各小组的同学进行动作展示，并让其他小组的同学一起进行观摩和评价；在此基础之上，任课教师再对学生动作演示中的问题进行集体指导和讲解示范；③组织学生进行自主练习，任课教师利用观察，适时地进行指导和纠错；④自主练习之后再次组织各组学生进行小组展示，同时进行摄像，并在摄像结束之后根据视频进行点评。

（3）课后。任课教师将学生的录像发送给各个小组的学生，并让学生在对比教学视频或者是教师发送的优秀健美操视频的基础上，进行有针对性的练习，以实现进一步的巩固与提升。

（三）翻转课堂的应用要点

在将翻转课堂引入高校健美操教学时要注意，并不是所有的教学内容都适合采用翻转课堂的模式开展教学活动，任课教师应根据教学实际进行合理的筛选。例如健美操基本手势，并掌、花掌、开掌等和基本步伐，踏步、走步、并步、开合跳等，这些都是健美操运动中的基础动作，虽然通过教学视频和教学课件，学生也能够了解动作的要领和重点，但是在课前练习的过程中，任课教师却不能对学生出现的错误进行及时地纠正，而这些基础动作一旦形成错误的动作定型，对其他后续动作的学习是非常不利的。因此，在开展健美操基础动作教学时，相比较而言，采用传统的教学模式反而更为适宜。

参考文献

[1] 陈瑞琴 . 健美操理论与实践创新 [M]. 北京：体育大学出版社，2010.

[2] 陈天鹏 . 新形势下健美操教学理论与实践研究 [M]. 中国原子能出版社，2016.

[3] 邓唏翎，邓艳香 . 健身健美操 [M]. 桂林：广西师范大学出版社，2013.

[4] 方熙嫦 . 健美操 [M]. 福州：福建科学技术出版社，2015.

[5] 国家体育总局职业技能鉴定指导中心组 . 健美操 [M]. 北京：高等教育出版社，2005.

[6] 何荣，王长青 . 健美操教程 [M]. 北京：北京师范大学出版社，2010.

[7] 黄玲，朱晓娜 . 动感艺术：健美操 [M]. 北京：海洋出版社，2009.

[8] 黄荣，张鹏，王彦旎 . 健美操 [M]. 北京：清华大学出版，2015.

[9] 黄容 .“翻转课堂”在高校健美操教学中的应用研究 [J]. 当代体育科技，2017，7（03）：113+115.

[10] 姜强强 . 竞技健美操成套动作编排的创新和趋势研究 [D]. 武汉: 武汉体育学院，2014，27–29.

[11] 李德玉，胡素霞 . 健美操（第 2 版）[M]. 北京：化学工业出版社，2018.

[12] 李丁辛 . 新媒体对健美操发展的影响及对策研究 [J]. 体育世界（学术版），2018（07）：55–56.

[13] 刘敏 . 现代健美操运动 [M]. 北京：北京体育大学出版社，2012.

[14] 满小妮，杨旭东，于天博 . 现代健美操运动技能分析与教学研究 [M]. 北京：中国纺织出版社，2018.

[15] 牛文英 . 健美操教程 [M]. 西安：陕西科学技术出版社，2015.

[16] 欧鹏飞 . 健美操文化要义与教育研究 [M]. 中国原子能出版社，2016.

[17] 史正义，李霞 . 健身健美操教程 [M]. 天津：南开大学出版社，2012.

[18] 王锦，刘佳 . 表演性健美操作品编创特点分析 [J]. 首都体育学院学报，2017，29（6）：540–543.

[19] 王婧．健身健美操在职业性体育教学中的实用性分析 [J]. 福建茶叶，2019，41（9）：126.

[20] 王志强，张娅，纪力．优化教学模式对健美操课教学效果的研究 [J]. 大家，2010，（13）：297–298.

[21] 位桂香，任红桦，黄晋萱．健美操 [M]. 北京：中国书籍出版社，2016.

[22] 魏娜娜．对健美操艺术美——和谐美构成要素的分析 [D]. 武汉：湖北大学，2012：5–25.

[23] 文岩．健美操教程（第 2 版）[M]. 上海：复旦大学出版社，2014.

[24] 熊纯子．健美操发展趋势谈健美操教学改革分析 [J]. 当代体育科技，2017，7（12）：242–243.

[25] 徐静，江雪冰．基于分组协作的混合式教学模式在高校健美操教学中的应用研究 [J]. 运动精品，2019，38（08）：41–43+45.

[26] 徐元玉，董冰，张丁月．高校健美操实用性教学与训练 [M]. 东北师范大学出版社，2016.

[27] 闫凤娟．新视角下我国健身性健美操多元艺术要素融合发展的研究 [D]. 广州：广州大学，2012：18–45.

[28] 俞爱玲．高校健美操教学模式的创新 [J]. 体育学刊，2002，9（2）：77–79.

[29] 岳建军，杨念恩．竞技健美操运动项目特征研究 [J]. 体育文化导刊，2014，（10）：83–85，172.

[30] 岳晓燕．中国竞技健美操的竞技实力分析 [J]. 河南师范大学学报（自然科学版），2011，39（2）：171–174.

[31] 张婧．论健美操的审美理想与审美创造 [D]. 呼和浩特：内蒙古师范大学，2014：3–56.

[32] 张五平．健与美 健美操 [M]. 广州：广东世界图书出版有限公司，2016.

[33] 张晓莹，马全军，许寿生，等．竞技健美操裁判员执裁水平的评价研究 [J]. 中国体育科技，2015，（6）：62–68.

[34] 张晓莹，赵轩立．竞技健美操难度组合 C289 接 A187 的运动学分析 [J]. 体育学刊，2018，25（5）：132–138.

[35] 赵晨子．高校健美操训练的理论与实践 [M]. 北京理工大学出版社有限责任公

司，2017.

[36] 赵晓玲，马煜澄，蒋嘉陵 . 健美操教程 [M]. 重庆：重庆大学出版社，2017.

[37] 赵晓玲 . 健美操教程 [M]. 重庆：重庆大学出版社，2017.

[38]周凯.新规则视角下竞技健美操技术发展趋势[J].湖北体育科技,2017,36(07):612–615.

[39] 朱晓龙，李立群 . 健美操 [M]. 杭州：浙江大学出版社，2015.

[40] 孟建花 . 公共体育课程创新性教学方法探析——以健美操为例 [J]. 晋城职业技术学院学报，2020，13（02）：54–56.

[41] 相银芝 . 竞技健美操的创新研究 [D]. 苏州：苏州大学，2014：15–41.